A Representação da Criança
na Literatura Infantojuvenil

Coleção Estudos
Dirigida por J. Guinsburg
(*in memoriam*)

Coordenação de texto Luiz Henrique Soares e Elen Durando
Preparação Rita Durando
Revisão Maria Luísa Rangel
Capa e diagramação Sergio Kon
Produção Ricardo W. Neves e Sergio Kon.

Isabel Lopes Coelho

A REPRESENTAÇÃO DA CRIANÇA NA LITERATURA INFANTOJUVENIL

RÉMI, PINÓQUIO E PETER PAN

CIP-Brasil. Catalogação na Publicação
Sindicato Nacional dos Editores de Livros, RJ

C616r

    Coelho, Isabel Lopes
    A representação da criança na literatura infantojuvenil : Rémi, Pinóquio e Peter Pan / Isabel Lopes Coelho ; [prefácio João Luís Ceccantini]. - 1. ed. - São Paulo : Perspectiva, 2020.
208 p. ; 23 cm. (Estudos ; 375)

    Inclui bibliografia
    ISBN 978-65-5505-038-7

    1. Literatura - História e crítica. 2. Literatura infantil - Brasil. 3. Estruturalismo (Análise literária). I. Ceccantini, João Luís. II. Título. III. Série.

20-66945   CDD: 809
                                                   CDU: 82.09

Camila Donis Hartmann - Bibliotecária - CRB-7/6472
07/10/2020   09/10/2020

1ª edição

Direitos reservados em língua portuguesa à
EDITORA PERSPECTIVA LTDA.

Av. Brigadeiro Luís Antônio, 3025
01401-000 São Paulo SP Brasil
Telefax: (011) 3885-8388
www.editoraperspectiva.com.br

2020

Sumário

Prefácio – *João Luís Ceccantini* XIII

Nota Introdutória XIX

1. A REPRESENTAÇÃO DA INFÂNCIA NO ROMANCE, O ROMANCE COMO FABULAÇÃO DA INFÂNCIA 1

2. "SANS FAMILLE" E O ROMANCE INFANTOJUVENIL REALISTA: A TRANSFORMAÇÃO DA CRIANÇA-OBJETO EM SUJEITO 25

    A Criança-Objeto do Século XIX na Literatura Francesa: Ecos e Origens. 36

    O Quarto Estado Como Tema do Romance 45

    Sans famille: Um Romance Pendular de Linguagem Dramática 50

3. AS TRANSFORMAÇÕES DE PINÓQUIO 63

O Romance Collodiano e o Papel da Criança
no *Risorgimento* Italiano 81

Gêneros Literários e Fontes Presentes em
As Aventuras de Pinóquio 91

As Transformações das Personagens-Brinquedos
do Século XIX 99

A Revolução da Linguagem Literária em *Pinóquio*. . . .103

4. "PETER E WENDY", INVERSÃO DO FAZ DE CONTA:
A REALIDADE DELIRANTE. 107

Peter ou Wendy: Problemas na Definição do Herói . . . 117

A Infância Vai ao Divã. 123

"Surge Peter" 132

Peter Pan nas Obras de Barrie 140

Crianças Sem Coração 144

Entrevista Com Peter Hunt 149
Notas. 159
Bibliografia. 177

Para a Zezé.

Piping down the valleys wild
Piping songs of pleasant glee,
On a cloud I saw a child,
And he laughing said to me:
"Pipe a song about a Lamb!"
So I piped with merry cheer.
"Piper, pipe that song again."
So I piped, he wept to hear.

"Drop thy pipe, thy happy pipe,
Sing thy songs of happy cheer!"
So I sung the same again,
While he wept with joy to hear.

"Piper, sit thee down and write
in a book, that all may read."
So he vanished from my sight;
And I plucked a hollow reed,

And I made a rural pen,
And I stained the water clear,
And I wrote my happy songs
Every child may joy to hear.[1]

WILLIAM BLAKE, *Songs of Innocence and of Experience.*

Prefácio

O estudo de Isabel Lopes Coelho que dá corpo a esta obra, originalmente uma tese de doutorado defendida na Faculdade de Filosofia, Letras e Ciências Humanas da Universidade de São Paulo (USP) – aqui reformulada –, pode ser considerado, com certeza, um símbolo da maturidade a que afinal chegou o campo configurado pelas obras *sobre* literatura infantil produzidas por pesquisadores brasileiros.

Se a nossa produção *de* literatura infantil é, como se sabe, bastante jovem, remontando há pouco mais de um século, o discurso crítico *sobre* literatura infantil é, no Brasil, ainda mais recente. Inicia-se em meados do século XX e tem por obras emblemáticas trabalhos como *Problemas da Literatura Infantil* (1951), de Cecília Meireles, e *Literatura Infantil Brasileira* (1968), de Leonardo Arroyo. Contudo, uma produção acadêmica sistemática sobre o tema virá à luz apenas no início da década de 1970 e de forma tímida, quando serão realizadas as duas primeiras teses de doutorado e as quatro primeiras dissertações de mestrado nessa área.

Algumas décadas mais tarde, o cenário já é totalmente outro. Além de circularem no mercado muitas obras teóricas sobre literatura infantil, algumas hoje já consideradas "clássicas" na área, como *Literatura Infantil Brasileira: História e Histórias* (1984), de

Marisa Lajolo e Regina Zilberman, ou *Literatura Infantil: Autoritarismo e Emancipação* (1987), de Regina Zilberman e Lígia Cademartori, há um crescimento acelerado, contínuo e substantivo da produção acadêmica sobre o assunto a partir dos anos 1980.

Até 2016 foi produzido, no âmbito da literatura infantil, o expressivo número de 223 teses e 1246 dissertações[1], vinculadas sobretudo a cursos de pós-graduação das universidades públicas brasileiras – federais ou estaduais – e de algumas poucas instituições particulares. Esses dados são especialmente relevantes porque propiciam um eloquente contraponto para registrar aqui a originalidade da pesquisa desenvolvida por Coelho, em que se sobressai de forma muito positiva tanto a eleição do *corpus* de obras analisadas como a perspectiva teórica adotada ao longo do estudo.

Um primeiro destaque a ser feito diz respeito à constituição desse *corpus*, composto por três obras seminais da literatura infantil europeia – *Sans famille* (1878), do francês Hector Malot (1830-1907); *As Aventuras de Pinóquio* (1883), de Carlo Collodi (1826-1890); e *Peter e Wendy* (1911), de James Mathew Barrie (1860-1937). A primeira delas foi estudada por Coelho na sua versão original, em francês, uma vez que no Brasil nunca foi traduzida na íntegra, circulando entre nós somente uma adaptação abreviada, de Virginia Lefevre. No caso das outras duas obras, a pesquisadora valeu-se tanto das versões na língua de origem das narrativas (italiano e inglês, respectivamente) quanto de traduções de muito boa qualidade, contempladas por edições primorosas da editora Cosac Naify, publicadas justamente quando Coelho esteve à frente do setor de literatura infantojuvenil dessa ousada casa editorial.

Acrescente-se ao fato de essas três obras ocuparem um papel fulcral no subsistema constituído pela literatura infantil europeia que sua eleição para a pesquisa, no contexto brasileiro, se justifica ainda mais pela razão de que foram muito pouco estudadas em nosso país. Isso não impediu, entretanto, que tenham exercido vasta influência em muitos escritores da literatura infantil brasileira.

Uma rápida pesquisa na plataforma de dissertações e teses da Capes (Coordenação de Aperfeiçoamento de Pessoal de Nível Superior) permite constatar que – como se poderia esperar – houve um número muito maior de estudos sobre obras da literatura brasileira em comparação com as poucas obras estrangeiras analisadas, mesmo as canônicas. Sobre *Sans famille*, nenhuma dissertação ou tese foi realizada no país. Sobre o livro *Peter e Wendy*, também não há nenhum trabalho acadêmico de mestrado ou doutorado produzido. Quanto à personagem Peter Pan e à obra *As Aventuras de Pinóquio*, há, no conjunto, pouco mais de três dezenas de trabalhos (levando-se em conta tanto dissertações quanto teses), mas com a particularidade de que não há quase nenhuma abordagem das obras do ponto de vista literário.

Trata-se de um pequeno conjunto de pesquisas que, em sua maioria, são oriundas de outras áreas do saber (educação, psicologia, comunicação). E quando nos deparamos com um trabalho desenvolvido na área de letras, ele quase não se ocupa de aspectos amplos que estejam estreitamente ligados ao campo da teoria ou da história da literatura. Concentra-se, de um modo geral, em questões pontuais, como a das *adaptações*, das *traduções* ou de *aspectos linguísticos* bastante específicos.

Vale ressaltar que, no campo dos estudos literários, tampouco nos textos teóricos brasileiros não originados na academia essas obras fundantes da literatura infantil europeia foram objeto de estudos específicos. Nesse cenário lacunar, acrescente-se ainda que também não se verificou no mercado uma presença substantiva de traduções de obras teóricas estrangeiras sobre literatura infantil hoje já consideradas clássicas, não estando ao alcance do leitor brasileiro que não domina línguas estrangeiras a reflexão sobre esses três romances essenciais realizada por estudiosos internacionais de grande reputação na área, tais como Jack Zipes, Franco Cambi, Carlo Marini, Jean Perrot, Denise Escarpit, Ganna Ottevaere-van Praag, entre tantos outros autores citados e comentados no trabalho de Coelho.

O outro grande destaque, de caráter abrangente, que não se pode deixar de apontar no estudo da pesquisadora, conferindo-lhe inconteste originalidade, é o enfoque geral assumido para analisar os três títulos em questão, largamente inspirado pelo modelo teórico empregado por Erich Auerbach numa das obras teóricas da primeira metade do século xx que mais exerceram influência no campo dos estudos literários, em âmbito internacional e nacional: *Mimesis: A Representação da Realidade na Literatura Ocidental* (1946), traduzida para o português e publicada no Brasil apenas em 1971 pela editora Perspectiva.

No caso da literatura nacional "adulta", foi recorrente a presença de *Mimesis* como referência importante na obra de muitos de nossos pesquisadores, assim como se tornou clara a influência que essa obra de Auerbach exerceu no método crítico de intelectuais brasileiros do porte de Davi Arrigucci Jr., Roberto Schwarz e Antonio Candido, entre muitos outros. No caso de Candido, existe até mesmo um registro curioso de sua imensa admiração pelo crítico alemão. Jorge Ruedas de la Serna, professor e pesquisador mexicano da Unam, no alentado livro que organizou em homenagem a Antonio Candido, narra que numa visita ao México perguntou ao crítico paulista quem ele gostaria de ser, na hipótese de que um dia pudesse voltar a nascer. Para espanto do professor mexicano, Candido, segundo Serna, não apontou nenhum grande herói socialista, famoso esportista ou renomado homem das letras, respondendo surpreendentemente: "Eu escolheria nascer Erich Auerbach"[2].

O episódio dá a medida do que significou para Candido entrar em contato com o tipo de abordagem literária de que se valia o grande erudito alemão, uma vez que, em seus ensaios, a verticalidade alcançada pelo discurso crítico, mesmo nos textos mais complexos, nunca impediu que despertassem no leitor o prazer e o gosto pela literatura. Esse aspecto defendido por Auerbach, que rejeitava os estudos "mecanicistas" e percebia a crítica como atividade viva e como uma arte, associado à problematização da "representação e a apreensão do mundo", questão central em sua obra, são, assim, absorvidos e personalizados de forma engenhosa não apenas por Candido, mas por diversos pesquisadores brasileiros que se dedicaram a analisar importantes obras de nossa literatura "adulta" de diferentes épocas, alcançando excelentes resultados.

No entanto, essa tendência não teve sua contrapartida no campo dos estudos nacionais relativos à literatura infantil. A consulta aos principais livros teóricos sobre o assunto, produzidos nas últimas décadas, deixa muito evidente a ausência de *Mimesis* ou de qualquer outro texto de Auerbach na bibliografia das obras. Isso se dá tanto com os trabalhos que circularam sob a forma de livro quanto com aqueles de origem acadêmica e que estão disponíveis apenas sob a forma de dissertações de mestrado ou teses de doutorado.

A única exceção verificada consiste num título importante para os estudos da área (originalmente uma dissertação de mestrado): *O Texto Sedutor na Literatura Infantil* (1986), de Edmir Perrotti. Ainda assim, a presença de Auerbach nessa obra ocorre de forma acanhada; dá-se apenas por um curto parágrafo de um capítulo inicial, empenhado em realizar o "estado da questão", em que se opõe a natureza do *discurso utilitário* à do *discurso estético*.

Face a essas observações a respeito da flagrante ausência de Auerbach no horizonte teórico que emoldura a produção sobre literatura infantil no país, ganha ainda mais vulto esta obra de Coelho. Distingue-se pela originalidade e pela competência com que realiza a arrojada empreitada de eleger o crítico alemão como a referência teórico-metodológica central de seu trabalho. Tal vinculação é claramente reiterada no primeiro capítulo da obra – "A Representação da Infância no Romance, o Romance Como Fabulação da Infância" –, que possui, aliás, bastante autonomia, assim como os três que o sucedem, todos podendo ser lidos como ensaios independentes, capazes, por si sós, de cativar o leitor para além da obra considerada como um todo.

Nesse primeiro capítulo, são tecidas considerações que situam com muita propriedade aspectos históricos fundamentais para compreendermos como se manifesta, a partir da segunda metade do século XIX, a representação da infância no romance ocidental. Coelho discorre sobre a natureza heterogênea dessa representação, que se revela de maneira diferenciada no "romance infantojuvenil" e no "romance familiar", no "romance de formação" e "no romance de aventuras", e que prioriza ora uma visada pedagogizante, ora aquela voltada à evasão. Em sua argumentação, a pesquisadora explora com especial ênfase o processo de transformação que se dá no romance voltado às crianças na transição do século XVIII para o XIX. Esclarece como, em oposição ao veio utilitarista então predominante, os escritores introduzem em suas narrativas cada vez mais o "cenário da vida subjetiva da criança".

Também nesse primeiro capítulo, essencialmente teórico, que antecede os outros três – cada um correspondendo à análise de uma das obras literárias que constituem o *corpus* –, Coelho explicita que, tal como Auerbach, seu objetivo é o de investigar de que maneira ocorre a representação da realidade nos textos da literatura ocidental. Além disso, ajusta essa formulação bastante ampla para a especificidade de seu objeto: "Como acontece a representação da infância na literatura infantojuvenil?"

A estudiosa manifesta sua franca admiração pelo método utilizado por Auerbach em *Mimesis*, elogiando a "maneira magistral como o autor penetra em cada texto, escolhendo apenas uma cena, ou um parágrafo, quiçá às vezes mesmo um gesto para elaborar o conceito de realidade de todo um período"[3]. E, ao fazê-lo, antecipa ao leitor do presente trabalho o *modus operandi* que emprega nos outros três capítulos do livro.

De cada um desses clássicos da literatura infantil ocidental, Coelho pinça um excerto meticulosamente selecionado pelo potencial metonímico que possui, apresentando-o logo no começo do capítulo ao leitor e passando a analisá-lo com muita argúcia. Discute-o tanto a partir de sua imanência (com uma reflexão sobre elementos linguísticos e estruturais) como no que diz respeito às relações que estabelece com o amplo contexto histórico e social do qual emerge o fragmento narrativo selecionado – sempre correspondente a um episódio de função narrativa capital no conjunto do romance analisado.

Assim, para o capítulo referente a *Sans famille*, é escolhido um fragmento do episódio em que Rémi e cinco trabalhadores ficam presos em uma mina de carvão na cidade de Varses; para o capítulo que se reporta a *As Aventuras de Pinóquio*, o fragmento selecionado é um episódio decisivo na trajetória da personagem, o da viagem inesperada ao País dos Folguedos; para o capítulo que diz respeito a *Peter e Wendy*, o capítulo eleito é "Um Lar Feliz", aquele em que Wendy "domestica" o bando de meninos que vivia com Peter na casa subterrânea. Com base nesses fragmentos e valendo-se do modelo fornecido por Auerbach, Coelho alcança análises verticais dos três romances.

Seu enfrentamento pessoal dos textos, realizado num estilo elegante e cheio de vida, ilumina-se ainda mais na medida em que a pesquisadora não se furta a mobilizar também uma verdadeira constelação de autores teóricos estrangeiros, responsáveis pelo que há de melhor na fortuna crítica dos três escritores em pauta. O resultado de conjunto alcançado pelo manejo preciso dessa multiplicidade de vozes é nunca menos do que brilhante. Desencadeia uma profusão de sentidos capazes de reapresentar ao leitor maduro alguns clássicos da infância sob uma perspectiva francamente renovada e como portadores de uma densidade nem por todos conhecida ou sequer imaginada.

João Luís Ceccantini

Nota Introdutória

Em *Mimesis*, Erich Auerbach se propõe a responder a seguinte questão: como de fato acontece a representação da realidade nos textos da literatura ocidental? Para chegar a uma hipótese, escolhe vinte obras que julga representar suas respectivas épocas históricas, originando, assim, cada um dos capítulos do livro. Pela maneira magistral como o autor penetra em cada texto, escolhendo apenas uma cena, ou um parágrafo, quiçá às vezes mesmo um gesto para elaborar o conceito de realidade de todo um período, *Mimesis* tornou-se referência para iluminar não apenas a literatura, mas a própria história da intelectualidade ocidental. Por mais indubitável que seja a leitura que Auerbach propõe sobre as obras que aborda, ainda assim há de se entender como vinte obras representam toda a história da literatura ocidental, da Grécia antiga ao século xx. A esse questionamento Auerbach parece ter uma simples e sincera resposta:

O método da interpretação de textos deixa à discrição do intérprete um certo campo de ação: pode escolher e dar ênfase como preferir. Contudo, aquilo que afirma deve ser encontrável no texto. As minhas interpretações são dirigidas, sem dúvida, por uma intenção determinada; mas essa intenção só ganhou forma paulatinamente, sempre durante o jogo com o texto, e, durante longos trechos, deixei-me levar pelo texto. Os textos também são, em sua grande maioria, escolhidos ao acaso, muito mais graças ao encontro casual e à inclinação pessoal do que à intenção precisa. Em pesquisas dessa espécie, não se mexe com leis, mas com tendências e correntes que se entrecruzam e complementam da forma mais variada possível. Não estava, de modo algum, interessado em oferecer somente aquilo que servisse, no sentido mais estrito, à minha intenção; pelo contrário, empenhei-me em acomodar os múltiplos dados e dar a minhas formulações a correspondente elasticidade.[1]

A resposta de Auerbach deixa evidentes pontos centrais de seu trabalho: o estudo parte de uma intenção clara (responder a pergunta inicial); todas as conclusões advêm diretamente do texto e somente dele; a seleção das obras admite uma interferência pessoal; a análise não parte de uma resposta preconcebida, mas se desenha à medida que o texto aparece de maneira mais evidente para o leitor.

Essa linha de raciocínio, pela sua lógica eficiente e natural, pela flexibilidade com que olha o objeto de estudo, com pequenas adaptações necessárias à natureza de cada desafio, parece ser uma metodologia transponível para outras situações e paradigmas. E foi inspirado nessa metodologia que o livro aqui presente surgiu. Por tratar do universo da criança e do jovem, porém não exclusivamente, o problema que se colocou de início foi: como acontece a representação da infância na literatura infantojuvenil? Consciente das limitações evidentes que não permitem comparar o trabalho de Auerbach a este, foi necessário delimitar os livros de análise para um espectro temporal bem mais conciso daquele apresentado em *Mimesis*.

De certa maneira, a pergunta primordial citada acima sempre permeou os escritos para crianças e jovens. Pois a literatura infantojuvenil é tanto reflexo quanto produtora da imagem da infância. Um dos momentos históricos mais intrigantes da literatura infantojuvenil é justamente a partir da segunda metade do século XIX, quando essa representação se aproxima de um olhar mais realista. Reflexo de uma nova organização social pós-Revolução Francesa[2], a criança surge como protagonista, como heroína, guinando a estética dos textos para um caminho de extrema originalidade.

Na melhor influência que Auerbach pôde proporcionar, grande parte da motivação da escolha dessas obras deu-se por afinidades pessoais e experiências de leitura crítica, o que não dispensa o argumento científico.

■ ■

Historicamente, a literatura infantojuvenil tem como vocação a instrução, a formação de caráter. Reflete tanto as normas do "jogo social" como as do "jogo cultural"[3]. Essa característica da literatura infantojuvenil nunca se perdeu. Porém, em algumas épocas, como no século XVIII, a porção "instrutiva" das histórias infantojuvenis tornou-se o objetivo principal das narrativas, em detrimento da construção literária propriamente dita.

A magia que a literatura infantojuvenil do século XIX jogaria sobre os leitores teria uma grande dose de realidade. A percepção de que a criança e o jovem são seres autônomos e a infância é uma fase preciosa da vida deslocou as narrativas dos castelos encantados para as ruas sujas das grandes cidades. A mudança temática das histórias para crianças e jovens necessariamente implicou uma nova forma de expressão, distanciando-se da estrutura do conto e aproximando-se da forma do romance. Escarpit demonstra essa transição:

Típico das tendências do século XVIII, o conto moral continua a ser oferecido aos jovens leitores durante todo o século XIX. Mas, pouco a pouco, particularmente na França, sua estrutura se modifica. A "história" moralizadora e pedagógica se estende. O *récit* se divide em unidades de *récit* mais curtos para constituir capítulos. As personagens se multiplicam. A intriga se complexifica, e um novo elemento surge na literatura infantojuvenil, o suspense. O conto moral se transforma naquilo que os italianos chamam de *nouvelle* e que nós [franceses] chamamos de "pequeno romance" (*petit roman*).[4]

Escarpit demonstra como a forma de expressão está intimamente associada à nova ideia de criança. Nesse sentido, pode-se também resgatar um outro conceito bastante caro para a literatura: a ideia de romance de formação. Denominado pela crítica de *Bildungsroman*, de acordo com Moretti é a "forma simbólica da modernidade", a reação literária de uma Europa que tenta criar uma "cultura da modernidade" e na qual a burguesia busca legitimidade[5]. A juventude tornou-se a marca da renovação de uma geração que ainda precisa de uma transformação rumo ao amadurecimento. O ponto crucial do *Bildungsroman* é o conflito básico que o subgênero oferece: a noção subjetiva da personagem *versus* a socialização necessária para seu amadurecimento, ou a relação entre o mundo objetivo e o subjetivo[6]. De acordo com Moretti, a questão pertence à civilização moderna burguesa: "o conflito entre o ideal de autodeterminação e a demanda igualitária de socialização"[7].

As obras infantojuvenis do século XIX se aproximam da moderna forma do *Bildungsroman* sem abandonar a tradicional estrutura da narrativa do herói, que empreende uma viagem repleta de desafios em busca de sua identidade e seu amadurecimento. Essa característica conecta as três obras deste livro, pois seus protagonistas realizam uma viagem, saem de seus lugares de origem e se deslocam para outros espaços. Dessa forma, também as obras bebem na tradição dos romances de aventura.

Este livro procura captar um espírito de época, investigar as ambições literárias de escritores, descrever a forma estética das obras, sem perder a conexão com o ambiente histórico. Tenta, ainda, traçar os limites e as confluências entre o mundo objetivo e o ficcional, e como a estética narrativa é ao mesmo tempo fruto e agente da construção de valores que organizam as sociedades e as culturas. Especificamente na literatura infantojuvenil do século XIX, os três capítulos a seguir tentam demonstrar como a representação da criança e da infância que aparece nas obras é fruto de uma mudança de percepção de papéis sociais, de contextos históricos e de discussão intelectual. O protagonismo infantil em tais romances abriu portas para a compreensão da criança como ser autônomo. Mas o que este trabalho visa, acima de tudo, é contribuir para o debate tanto de ordem formal como afetiva; como se fosse um convite para relembrar os lugares perdidos outrora tão importantes da infância.

1. A Representação da Infância no Romance, o Romance Como Fabulação da Infância

> *Pois os livros infantis não servem para introduzir os seus leitores, de maneira imediata, no mundo dos objetos, dos animais e seres humanos para introduzi-los na chamada vida. Só aos poucos o seu sentido vai se constituindo no exterior, e isso apenas na medida em que se estabelece uma correspondência adequada com o seu interior.*
>
> WALTER BENJAMIN, *Reflexões Sobre a Criança, o Brinquedo e a Educação*.

Um dos conceitos mais reveladores da obra de Sigmund Freud (1856-1939) é a ideia de "romance familiar do neurótico"[1]. Quando a criança se depara com um mundo objetivo que não atende a seus desejos ("princípio de prazer" e "princípio de realidade"), ela se evade dessa "realidade" para construir sua própria utopia, seu mundo possível, com regras definidas e, sobretudo, na qual é a protagonista. A fabulação infantil é um exercício de construção da identidade, um recurso legítimo que a criança encontra para se tornar um indivíduo dotado da capacidade de agir, decidir e tentar não se frustrar. É o momento da vida em que o imaginado acontece no presente, a possibilidade torna-se a opção mais concreta, a ilusão manifesta-se com ares de real. A criança, em sua própria fábula, conscientemente abandona as regras do mundo objetivo, as imposições dos adultos e os limites da infância para criar uma nova moral, na qual pode ser heroína ou vilã, salvar ou destruir, num movimento narcisista sem sofrer julgamentos externos. O ambiente da imaginação infantil é, em essência, o lugar no qual é permitido mentir sem haver um juízo calcado na moral.

Essa fabulação, contudo, só existe em si mesma num tempo e num espaço determinados. Por mais referencial que seja em relação ao mundo objetivo, trata-se de uma "ficção elementar", para resgatar um termo freudiano. Portanto, resume-se a ser fruto da imaginação de uma criança. Imaginação essa que se consolida como "verdade" e só será resgatada no adulto, que não mais tem consciência dessa operação e cristalizou a fabulação como fato. Não por acaso, Freud batizou esse conceito de "romance". O processo de elaboração da fábula por uma criança – ligeiramente visto acima – guarda semelhanças em diversos pontos com a construção de um romance literário.

Quem esclarece essa conexão é a crítica francesa Marthe Robert (1914-1996), em sua obra *Romance das Origens, Origens do Romance*. Dedicada a resgatar as origens do gênero, Robert assume em sua obra algumas ideias importantes para a compreensão do romance. Uma delas seria que o romance é um gênero indefinido e por isso torna-se o meio de expressão mais adequado para representar a imprevisibilidade da vida moderna. Outra seria que o "romance familiar" varia entre duas "idades", a da "criança perdida" e a do "bastardo". Qualquer que seja o tipo do "romance familiar", ambos operam dentro de uma lógica que se assemelha ao pacto que a criança faz consigo ao chamar de real a sua imaginação:

O romance nunca se contenta em *representar*, pretendendo muito mais fornecer, de todas as coisas, um "relatório completo e verídico", como se respondesse não à literatura, mas, em virtude de não sei que privilégio ou magia, diretamente à realidade. Assim, ele trata espontaneamente suas personagens como personagens, suas palavras como tempo real e suas imagens como a própria substância dos fatos, o que vai ao encontro não de uma doutrina saudável da arte – em que a *representação* é ela própria assinalada no interior de um tempo e espaço *convencionados*: palco e cenários de um teatro, versos de um poema, moldura de um quadro etc. –, mas do convite ao sonho e à evasão de que o romance faz, por outro lado, sua especialidade.[2]

O romance, portanto, se faz real dentro de seu próprio contexto, sem perder a perspectiva de dialogar com o mundo objetivo, mesmo não tendo qualquer elemento que o faça existir como fato. Para o leitor, resta a evasão, que espelha mas não reflete a realidade do mundo objetivo e sim aquilo que o escritor considera real em sua ficção.

Se o romance como gênero guarda essa relação intrínseca com a fabulação infantil, a história de seu desenvolvimento nos mostra que a criança e o jovem como personagens ficaram por muito tempo à margem da elaboração narrativa ficcional. Foi apenas na segunda metade do século XIX que surgiram como adventos literários – sob as perspectivas formal, temática e estilística – tipos de textos semelhantes ao romance, dedicados a retratar e a incorporar a figura do jovem e da criança como protagonistas da ficção, sendo eles também o público leitor. O período viveu uma proliferação intensa de histórias inéditas – ou seja, que não bebiam diretamente dos textos tradicionais ou ao menos não faziam referência explícita a eles, como os contos de fada, as fábulas, os textos clássicos e até os de cunho religioso. A produção do século XIX para o público jovem apresenta personagens marcantes, autônomas em suas ações, inseridas em uma estrutura narrativa que admite um exercício literário mais complexo. Acrescente-se a isso elementos da imaginação e da fantasia. Trata-se do momento em que os escritores de obras destinadas a jovens leitores clamam por voz própria e reconhecimento de mercado e de público.

Há, porém, uma diferença bastante sintomática entre a construção de um romance destinado explicitamente ao público infantojuvenil[3] e a do "romance familiar". Enquanto o "romance familiar" nasce livre em termos formais (pode abarcar quantos gêneros quiser, além de criar novas estruturas) e temáticos (os eventos da vida não são suficientes para dar conta da variedade de temas), o romance voltado para o público infantojuvenil nasce com uma vocação: a de formar cidadãos. As críticas francesas Denise Escarpit e Mirrelle Vagné-Lebas elencam os aspectos, em geral, considerados para a escrita de um romance infantojuvenil:

Formar a criança no âmbito social, quer dizer, dar a ela instrumentos necessários que lhe permitam compreender a sociedade em que ela vive, bem como o papel que será exigido que ela desempenhe ou que ela escolherá desempenhar, se tornou, desde que a criança é considerada um "futuro adulto", um outro objetivo da "educação". Não se trata apenas de formar um homem "honesto", mas de modelos políticos e sociais do momento. Trata-se, de certa maneira, de instrução e educação cívicas![4]

O comentário das autoras revela como o romance infantojuvenil surge com uma função social, no sentido de servir de instrumento para que seu leitor compreenda formas de moldar o pensamento e, por consequência, de se comportar. Essa premissa diminui, ou até elimina, o efeito de "evasão" na leitura do romance, uma vez que a relação do romance com o real deixa de ser referencial para se tornar complementar. Assim, as narrativas juvenis teriam por função representar um mundo objetivo cujo juízo de valor atribuído tanto às personagens como aos conflitos remetem a instruções pedagógicas.

Porém, mesmo sob o pano de fundo da didática, em parte herdado do romantismo, o jovem, na literatura romanesca do século xix, deixa de ser uma personagem praticamente ausente ou de importância quase nula quanto ao seu papel de herói e protagonista da história, para ser caracterizado com profundidade psicológica. Essa ambição narrativa só é atingida seguindo uma nova orientação estético-formal, que se diferencia de poemas, parlendas e *nursery rhymes* outrora recitados às crianças, cujas estruturas não comportam aspectos fundamentais de uma representação mais realista da criança e da infância.

Conforme os estudos de Ian Watt, são dois os elementos narrativos constitutivos do romance que aproximam a ficção da realidade: a caracterização da personagem e a apresentação do ambiente. Em *A Ascensão do Romance*, ele destaca tais recursos narrativos como a base para diferenciar o romance de outros gêneros literários:

> O conceito de particularidade realista na literatura é algo geral demais para que se possa demonstrá-lo concretamente: tal demonstração demanda que antes se estabeleça a relação entre a particularidade realista e alguns aspectos específicos da técnica narrativa. Dois desses aspectos são de especial importância para o romance: a caracterização e a apresentação do ambiente; certamente o romance se diferencia dos outros gêneros e de formas anteriores de ficção pelo grau de atenção que dispensa à individualização das personagens e à detalhada apresentação de seu ambiente.[5]

O comentário de Watt é precioso ao trazer para a consciência uma leitura mais profunda acerca do romance e de sua representação do real. A descrição dos ambientes – não apenas cenários, mas também contextos históricos e sociais – e a maneira como as personagens são construídas conduzem o leitor a uma situação cotidiana mais próxima de sua realidade objetiva, porém, sob um olhar específico e intencional do autor. A beleza dos romances reside no fato de que, ainda que esteja compromissado com o mundo objetivo, será sempre um olhar subjetivo e ideológico. Dessa maneira, o estudo comparativo entre romances se beneficia com a identificação não apenas dos elementos que os unem enquanto participantes do mesmo gênero literário, mas também dos diversos modelos ideológicos que se manifestam nas nada inocentes páginas de suas histórias. Nesse âmbito, a representação da infância nos romances do século XIX não segue um discurso homogêneo quanto à sua ambientação ou à caracterização das personagens. Os romances variam em intencionalidade sob o pano de fundo macro da formação do leitor e, por sua vez, do cidadão dentro do contexto do mundo objetivo daquele momento. Em um extremo, encontram-se obras com viés absolutamente pedagógico e engajadas em um discurso político-social, enquanto em outro extremo, mais raro, há aquelas que promovem a pura evasão, chegando a flertar com o fantástico. Portanto, a imagem que se tem da criança no século XIX por meio da literatura varia de país para país, de cultura para cultura, de momento político para momento político, não obstante se esteja observando o mesmo intervalo histórico, mais especificamente a partir de 1850. Esse aspecto se torna capital para a análise da literatura infantojuvenil à medida que contribui para desmistificar uma ideia generalizante acerca da infância, trazendo para o particular as diversas infâncias que existiram e existem, muitas delas representadas na literatura. A força de tais representações está justamente nos heróis que viverão essas diversas infâncias e se tornarão símbolos de uma época.

■ ■

Foi sob os ecos da Revolução Francesa que a criança surgiu com mais evidência como personagem em romances. Tais livros, porém, não se dirigiam ao público infantojuvenil, nem as crianças eram protagonistas das histórias, ou ainda a infância era tratada como tema. Mas o momento, mais precisamente na década de 1790, foi marcado por obras que versavam sobre a precária instituição familiar, em franca reconstrução pós-revolução. Foi a partir da queda da monarquia e da implementação de um novo modelo político que a França se viu preocupada com o núcleo familiar, tema extensamente versado por escritores da época. Especialmente as mulheres viram-se responsáveis pelas crianças no novo papel que exerciam como mães, a partir dos valores burgueses intensificados após a queda da monarquia. Uma perspectiva bastante interessante do período é a adotada por Lynn Hunt em sua obra *The Family Romance of the French Revolution*. Hunt também aproveita o conceito de "romance familiar" proposto por Freud, assim como fez Marthe Robert, mas dessa vez para explicar o novo cenário político pós-revolução. Para Lynn, a morte do rei Luís XVI significou a substituição do pai, assim como o neurótico substitui a figura paterna por outra personagem, invocando, assim, suas aspirações sociais. No novo quadro familiar do começo do século XIX, ainda que frágil e insipiente, a criança passou a ser objeto de interesse, pois é ela quem, em certa medida, legitima o conceito de família (pai, mãe, filho), além de ser a representante do *avenir*, do futuro. As crianças-personagens dos romances dessa época eram geralmente meninos órfãos, renegados – ou seja, sem a figura paterna aparente –, mas que, pela necessidade, se tornavam pais de família, cumprindo os anseios da nova sociedade burguesa. Os "romances infantis", como ficaram conhecidos na época, tornaram-se muito populares, especialmente entre as mulheres, que passaram a consumi-los em grande quantidade[6] ajudando, inclusive, a popularizar o gênero. Ainda assim, tais obras[7] não propunham exatamente uma representação da infância, mas apenas uma versão politizada do papel da criança no núcleo familiar.

O mérito da presença da infância no ambiente narrativo e da criança e do adolescente como indivíduos nos romances do século XIX pertence a dois autores que também não tinham, em princípio, intenção de escrever para o público jovem: Victor Hugo e Charles Dickens (1812-1870). Da segunda geração romântica, eles são considerados historicamente responsáveis pela inclusão de personagens infantis mais realistas nos enredos dos romances do século XIX. Nos textos desses autores, as personagens crianças e jovens aparecem como marginalizadas, excluídas e em condições precárias e injustas. Tais escritores, respectivamente da pós-restauração francesa (1830) e do período vitoriano inglês (1837-1901), procuravam no romance um espaço para considerar sua era, para dar, como diz Auerbach, "o quadro e a atmosfera autêntica da época, o romance histórico e o romance pessoal, psicológico, individualista, que fixa a vida íntima e a evolução das personagens"[8].

A apresentação do ambiente ficcional nos romances, como apontado por Ian Watt, teria de considerar o inchaço das cidades em detrimento da vida no campo, o crescimento populacional, a tecnologia que começava a ganhar espaço, acelerando a transição do conhecimento humano para a automação, além das mudanças políticas e econômicas que contribuíam para a formação de um novo cenário social. Por sua vez, as personagens inseridas nessa ambientação eram retratadas de acordo com sua função social: o empreendedor, o imigrante que se aventurava em um novo país e outras minorias que tentavam se adaptar aos novos tempos, protagonistas de uma época.

E é nesse contexto de ambientação e de caracterização de personagens que surgem as primeiras protagonistas crianças nos romances, figuras outrora ignoradas das narrativas. O papel que em princípio lhes cabe, especialmente às órfãs, é o de marginalizadas em uma sociedade indiferente às suas condições de abandono afetivo e de miséria. Não por acaso, pois no século XIX ocorreu um fenômeno, em relação ao tratamento das crianças e dos jovens, que advém de um processo econômico latente: a pobreza das famílias nos centros urbanos obrigou-as a abandonar seus filhos. Qualquer semelhança desse fato do mundo objetivo com os contos de fada não é mera coincidência e nem esse fenômeno é uma característica singular do século XIX.

De fato, as ondas de crises econômicas ao longo da história europeia, desde a Idade Média, demonstram como abandonar os filhos era uma solução para famílias sem recursos. Tal fato ilustra como as crianças e os jovens recebiam pouco valor afetivo e como a ideia de família nuclear ainda não tinha se desenvolvido por completo. A literatura para crianças irá refletir essa prática, acrescentando o elemento fantástico. Os mais conhecidos exemplos de abandonos de crianças são os contos *João e Maria* e *O Pequeno Polegar*. Ambos presentes na coletânea organizada e publicada pelos irmãos Grimm, *Contos Maravilhosos Infantis e Domésticos*, tais contos apresentam, sobretudo, a esperteza das crianças diante da miopia dos pais. As duas tramas se desenvolvem de maneira a mostrar os pequenos heróis se valendo de astúcia e paciência para criar subterfúgios de sobrevivência além de meios para restaurar a paz, corrigindo a situação inicial de pobreza.

Já no século XIX, abandonar os filhos em orfanatos era, em princípio, uma prática incentivada até pela Igreja Católica[9], tornando-se um ato "institucionalizado" e passando a ser um dado de grande importância e relevância para a época. O abandono de bebês e crianças em hospitais e instituições logo se tornou prática comum.

A vida dessas crianças, caso elas sobrevivessem aos primeiros anos nos internatos frios e sem estrutura apropriada, seria marcada pelo trabalho fabril, em quantidade de horas proporcionalmente maior do que a dos adultos e sem direito a estudo. Pouco a pouco, começa-se a perceber que há uma questão moral envolvida nessa prática. Alguns fóruns de discussão acolhem o tema de maneira a olhar para a criança sem destino não exatamente como uma força de trabalho, mas sim como um indivíduo que merece ter direitos e, em especial, necessita de cuidados e de formação intelectual básica[10].

Esse tipo de reação social, ainda que incipiente no começo do século XIX, porém de crescimento veloz, inspirou "escritores engajados" a abordar o tema em seus romances, dando à criança de suas histórias ares de vítima. A importância de Victor Hugo para a construção da imagem infantil na literatura da segunda metade do século XIX talvez ainda esteja subestimada. Especialistas em literatura infantojuvenil, porém, já incorporaram esse "feito histórico" hugoano em suas historiografias. É o caso da crítica suíça Ganna Ottevaere-van Praag. Para a pesquisadora, Cosette e Gavroche são idealizados como o retrato da inocência, opondo-se aos adultos que, por sua vez, são insensíveis e truculentos:

Victor Hugo introduziu a criança na literatura francesa. [...] Cosette e Gavroche são as primeiras verdadeiras crianças da literatura francesa. São "tipos" literários, mas também, vítimas da sociedade. Na obra hugoana, a infância não é somente uma idade da inocência e o reflexo da bondade divina. O poeta engloba as crianças no seu culto de vítimas da sociedade, classificando-as entre os fracos e oprimidos. Nas marolas dos grandes poetas românticos ingleses, a criança é um símbolo da inocência, mas também de perseguição. A criança hugoana participa de um sistema maniqueísta caro ao poeta: a criança inocente em oposição ao adulto brutal. Victor Hugo faz nascer na literatura francesa para jovens uma corrente romanesca idealista e sentimental, drenando uma quantidade de pequenos deserdados, de sem famílias criados por saltimbancos ou abandonados por pais gananciosos. [...] Infelizmente, esse tema ainda é pertinente nos dias de hoje. Muitos escritores "idealistas" retomaram de Victor Hugo uma imagem serena da infância e se sentem na missão de evocar as deploráveis condições de existência dos jovens, quase nunca sem aludir aos eventos contemporâneos, com o único objetivo de mostrar como essas lamentáveis vítimas da sociedade superam as aflições e corrigem seus defeitos. Quem não se lembra de Rémi, o pequeno abandonado [do romance] *Sans famille*, humilde, oprimido e resignado? Os deserdados, no romance infantil, acabam por se evadir à sua triste condição para recuperar uma situação outrora privilegiada.[11]

Sabe-se que Victor Hugo pertence à segunda geração romântica francesa, mas também flerta com o Realismo moderno, à medida que ousa tratar da vida ordinária em tom dramático. Não por acaso, pela inocência e condição social, Cosette e Gavroche, heróis de *Os Miseráveis*, em muito se assemelham ao garoto Rémi, do romance *Sans famille* (1878), de Hector Malot (1830-1907). Publicado dezesseis anos depois da obra hugoana, o romance de Malot é um dos mais emblemáticos exemplos dessa nova perspectiva de caracterização da criança na literatura surgida no romance infantojuvenil. Protagonizado pelo garoto francês Rémi, *l'enfant trouvé*, a opção estético-temática serviu de antecedente para que autores como Malot propusessem um tom elevado para o tratamento literário de um novo tipo de protagonista. A ideia de criança, então, entra para a literatura romanesca em tom dramático, como protagonista, inserida em um tempo definido que só pertence a ela: a infância.

A situação marginal da criança é apenas um dos reflexos da condição precária do homem da pós-Revolução Industrial que Hector Malot explicita em *Sans famille*[12]. Essa visão panorâmica da condição social e econômica da França só se faz presente no romance pelo recurso da viagem: é Rémi quem conduz o leitor pelas diversas regiões francesas, com suas atividades econômicas específicas, suas dificuldades e injustiças. Já do ponto de vista da construção da subjetividade da personagem, Rémi empreende uma viagem para a qual não está preparado e na qual será testado.

A literatura para crianças e jovens muitas vezes revisitou o tema do abandono em seus diferentes contextos e momentos históricos. Certamente, a condição econômica é um argumento racional, ainda que absurdo, para o justificar o abandono de crianças. Pouco antes de Malot, como já foi citado, Charles Dickens imortalizou Oliver Twist, o garoto órfão que simbolizaria todas as crianças de rua que já tiveram que trabalhar em condições desumanas e até mesmo roubar para sobreviver. Porém, Oliver

Twist, ao contrário de Rémi, faz da condição marginal que foi infligida a ele uma oportunidade de subverter a moral, agindo de maneira a aceitar a sua situação e, assim, criar subterfúgios também marginais para sua sobrevivência em sociedade. Por aceitar sua marginalização, Oliver Twist escancara a hipocrisia social e se imortaliza como o herói de uma geração.

A literatura, como lhe é peculiar, expande a temática de maneira metafórica. Embutida no argumento da condição social, a rejeição da criança como ser marginalizado também representava uma questão socioafetiva. O chamado "impulso de abandono" acomete especialmente mães que não se sentem preparadas para lidar com os filhos e criam "soluções" para que as crianças não façam mais parte da vida cotidiana familiar, como estudar em colégios internos distantes ou enviá-las para morar com parentes em outras cidades. Mas haverá um momento, especificamente no final do século XIX e no início do século XX, em que a situação se inverterá: o herói adolescente ou mesmo criança não mais será abandonado pelas suas famílias, mas ele mesmo sairá de casa, numa clara recusa de viver o modelo familiar tradicional. Personagens emblemáticas ficarão canonizados por suas rebeldias: Pinóquio, o boneco de madeira que abandona diversas vezes seu pai Geppetto em busca de uma nova aventura; Huck Finn, que prefere viver a pobreza sozinho a participar da hipocrisia da sociedade conservadora sulista norte-americana; Peter Pan, que abandona a família para nunca mais voltar.

■ ■

O que poderia ser chamado de "salto quântico" da literatura infantojuvenil europeia tem início mais precisamente após 1830, período em que surgem novas técnicas de impressão (especialmente a litografia e a cromolitografia), permitindo a produção de obras mais interessantes para as crianças e os jovens sob os aspectos visual e gráfico. Se a aparência dos livros demonstrava uma identidade visual para cativar o público infantil e juvenil, as histórias também passaram a ser escritas com a mesma intenção. A partir de 1850, a representação da infância no ambiente ficcional se tornou um recurso narrativo – e temático – que encurtou a distância entre as histórias e seu público, contribuindo para a formação de um repertório literário que permitisse ao leitor criar laços de reconhecimento com o texto.

O desenvolvimento da indústria livreira voltada para a literatura infantojuvenil está intimamente ligada à percepção da criança e do jovem como seres autônomos, à incipiente estabilidade financeira de parcelas da população e ao crescimento econômico, que permitiam às famílias consumirem para as crianças[13]. Estas, por sua vez, com o aumento da oferta de livros, foram alçadas à esfera de protagonistas nas páginas dos romances.

A partir de 1850, como reforçam Briggs e Butts, a Inglaterra passou a ter uma nova expectativa quanto às suas crianças, sendo que essa percepção influenciou diretamente o surgimento de dois novos tipos de narrativas em romances infantojuvenis: os romances de aventura[14] e os romances escolares[15]. Ambos compartilham uma espécie de genética do romance de formação, cuja estratégia narrativa implica dar um mergulho vertical em uma única personagem, inserida dentro de uma ambientação absolutamente específica, de modo que o conflito "eu *versus* mundo" atinja o ápice da tensão, forçando a personagem ou a se render ou a se retirar – em alguns casos mais dramáticos, a recorrer ao suicídio como recurso narrativo[16].

A função da personagem é obedecer ao seu *telos*, o seu objetivo, o qual é predeterminado na narrativa, considerando que a estratégia de escrita é, sobretudo, expor ao leitor aquilo que não se pode comentar publicamente. Mas a grande beleza do romance de formação não está na dissolução do conflito, seja pelo apaziguamento seja pela total ruptura. É o processo de mudança da personagem, que a aproxima de sentimentos e questionamentos, colocando à prova suas convicções sobre o mundo e sobre si mesma.

São inúmeros os romances dos séculos XVIII e XIX que utilizaram a estética do romance de formação para tentar compreender o homem e seus conflitos pessoais face às novas e modernas sociedades que surgem. A cultura germânica guarda um dos mais emblemáticos romances do gênero, *Os Anos de Aprendizado de Wilhelm Meister*, de Johann Wolfgang Goethe, cuja mudança de paradigma na historiografia da literatura gerou até mesmo um termo referencial em alemão: *Bildungsroman*[17], romance de formação. Quem se debruça tanto sobre a obra quanto sobre o viés crítico é Marcus Mazzari. Em sua leitura sobre o romance, ele contribui com a ideia de que o romance de formação utiliza o recurso da viagem para proporcionar as oportunidades de amadurecimento da personagem. Em suas palavras:

> No romance *Os Anos de Aprendizado de Wilhelm Meister*, a expansão plena e harmoniosa das capacidades do herói, a realização efetiva de sua totalidade humana é projetada no futuro e sua existência apresenta-se assim como um "estar a caminho" rumo a uma maestria ou sabedoria de vida, a qual é representada menos como meta a ser efetivamente alcançada do que como direção ou referência a ser seguida. As possibilidades e limites de tal realização são refletidos nesse gênero literário, sendo que o "telos" da totalidade é representado como contraste à imagem do herói ainda não "formado". É também nesse ponto que se concentra a tensão dialética inerente ao romance de formação, entre o real e o potencial ou, como formulado por Hegel, entre a "prosa das relações" e a "poesia do coração". Enquanto elementos constitutivos do *Bildungsroman*, estes dois polos são também complementares entre si, pois sem se apoiar em sua realidade histórica toda formulação utópica seria impensável, pois deve estar sempre intimamente engastada em seu contexto social, político e econômico. O utópico revela-se assim como uma transcendência imanente, necessita de uma historicidade para poder afirmar-se.[18]

A citação deixa clara a importância do "estar a caminho" de um objetivo maior. Para isso, a personagem se deparará com aquilo que ela deseja ser, em oposição com o que de fato é capaz de ser ("entre o real e o potencial"), sendo que o desejo se associa ao campo utópico, enquanto a realização possível se encontra no campo histórico.

Tal limite, entre o real e o potencial, deve ser tênue, para que o conflito atinja o ápice da tensão e provoque uma ruptura. O romance de aventura traz essa possibilidade de viver a utopia, realiza o desejo dos garotos de devorar histórias que transcorram em ambientes exóticos, que apresentem perigos impensáveis na vida urbana tendo como protagonistas personagens jovens – um desejo natural cultivado pelo sucesso da hegemonia inglesa ultramarina, no mundo objetivo. Escrevem Briggs e Butts:

> A primeira e mais importante característica da história de aventura foi a fusão do extraordinário com o provável, pois, se os eventos em um conto fossem muito ordinários, falhariam no aspecto da excitação, mas uma sequência de incidentes completamente extraordinários falharia

no aspecto da credibilidade. Essa noção do provável foi alcançada ao se escolher para o jovem herói um garoto adolescente normal, o filho de um clérigo ou de um gerente, por exemplo. Nem muito particularmente esperto, mas também não estúpido, mas com muita "valentia", ele geralmente sai de casa no início da história por causa de uma crise doméstica para procurar a sorte em outro lugar. Após a morte de seu pai, no início de *Sequestrado* (1886), de R.L. Stevenson, por exemplo, o jovem David Balfour decide procurar seus outros familiares. O cenário em geral é exótico; o jovem herói sai acompanhado de alguém, e normalmente leva consigo um presente especial dessa pessoa – um objeto material como um mapa ou uma arma, ou talvez um utensílio para aprender uma nova língua ou para disfarçá-lo. Surgem as complicações e as dificuldades – naufrágio, ataques de canibais, traição – e a narrativa gradualmente cresce em direção a um grande clímax, o qual muitas vezes se traduz por uma batalha feroz contra o poderoso inimigo.[19]

Nesse trecho, os autores deixam evidente como a ideia do jovem como indivíduo surge com força nas narrativas de aventuras, focadas não no aprendizado religioso, mas sim em apresentar outras culturas, outros cenários, abrindo espaço para que o texto traga um aspecto literário mais refinado. A estrutura do *récit*, no entanto, em muito se assemelha à da viagem do herói e, por consequência, à do romance de formação: um acontecimento desconecta o jovem de sua família e o força a empreender uma viagem para um lugar desconhecido, acompanhado de um tutor e de objetos que podem ajudar o herói a superar obstáculos.

Além do ambiente exótico e longínquo, a aproximação do herói (uma pessoa comum) com o leitor criava um interesse ainda maior para tal fenômeno editorial. Especialmente na Inglaterra – que influenciou boa parte do que era publicado na Europa –, a cultura editorial viu surgir obras e mais obras sobre o tema, que chegavam a vender, em alguns casos, 150 mil exemplares por ano[20].

Essas narrativas navegavam por outros mares, sem trazer consigo o peso da obrigação cristã. Porém, não menos carregadas de moral, especialmente em relação à ideia da hegemonia inglesa sobre o mundo, algo pelo que o escocês Robert Louis Stevenson (1850-1894), por exemplo, não se deixou influenciar. Stevenson desponta como um dos autores preferidos dos leitores ao publicar as obras *A Ilha do Tesouro* (1883)[21] e *As Minas do Rei Salomão* (1885), reforçando o romance de aventura como um dos gêneros mais amados da literatura infantil e juvenil. Ainda que tais narrativas ofuscassem a real motivação dessas explorações – a colonização e a consequente escravidão –, as obras de Stevenson proporcionam ao leitor jovem a ilusão de desbravar o desconhecido, lançar-se aos mares sem destino certo e, sobretudo, viver a experiência de um adulto:

No limite do que preocupava o público jovem de Stevenson, as histórias tinham tudo o que os garotos do romantismo poderiam esperar: tesouros enterrados, piratas, barulhos estranhos, viagens marítimas, um herói engenhoso mas passível de erros, e um vilão "suave e formidável" que atravessou a galeria dos imortais. Por outro lado, também havia quase tudo o que era proibido para os garotos: muito sangue, rum e aquela mórbida canção "Quinze Homens no Peito do Homem Morto".[22]

Stevenson preocupa-se com seu leitor no âmbito estético e temático, ao apresentar obras para deleite, fruição da leitura, sem abdicar de construir, ou melhor, construindo um padrão narrativo complexo em termos de enredo e de desenvolvimento das personagens, exigindo um acompanhamento contínuo e atenção no desenrolar da história. As obras de Stevenson não trazem a condição precária das crianças órfãs cujo destino é decidido por adultos insensíveis, como em *Sans famille*, mas sim a idealização da idade adulta – até mesmo acrescentando passagens, como apontado no trecho acima, com elementos outrora "proibidos" para os jovens, como a presença de bebidas alcoólicas e certa violência.

Outro escritor que se destacou como grande expoente do romance de aventura, influenciando muitas gerações, foi o francês Jules Verne (1828-1905), hoje também considerado um autor do gênero de ficção científica. Suas obras se espalharam rapidamente por toda a Europa, adentrando também o concorrido universo literário inglês. A conexão com o mundo real nas obras de Verne advém da percepção das mudanças sociais e econômicas provenientes da revolução científica, impulsionadas pela Revolução Industrial. O elemento narrativo que proporcionava o "escapismo" nas histórias de Verne não se fazia presente por meio da magia ou das navegações, mas sim a partir da exploração do mundo, utilizando a tecnologia como instrumento principal de descoberta. Verne pertence à tradição de escritores de narrativas de aventura, tendo mesmo declarado uma preferência pessoal por romances como *Robinson Crusoé* (1719), mas sua inventividade e proximidade com o mundo da tecnologia serviram como uma máquina do tempo impulsionando-o diretamente para o século xx. Cornelia Meigs, em *A Critical History of Children's Literature*, ressalta a importância de Verne para um novo posicionamento de mundo que não o vitoriano:

> Essas histórias [de Jules Verne] serviam, também, como literatura de evasão para os vitorianos tardios que se acharam confrontados com o fato de que a Revolução Industrial e todas as conquistas científicas e tecnológicas do século não trouxeram o milênio, que as favelas e pobreza e ignorância ainda floresciam. O herói mais aceito para esses vitorianos era o homem de sucesso no campo do empreendedorismo, e os heróis de Jules Vernes se encaixavam de maneira admirável no projeto. Outro desejo também foi satisfeito por Jules Verne. *Robinson Crusoé*, de Defoe, fez com que os homens pensassem em ilhas desertas e homens engenhosos que dominavam as circunstâncias. Jules Verne disse que ele mesmo tinha uma paixão por aventuras inspiradas nas de *Robinson Crusoé*, que o colocaram na estrada que ele deveria seguir, e sua *A Ilha Misteriosa* (1875) é uma das melhores histórias de ilhas desertas já escritas.[23]

O romance de aventura, portanto, foi um dos principais exemplos de evasão da imaginação – talvez o primeiro para a literatura voltada para jovens –, mas com muitos pontos de conexão com a realidade (contexto histórico, econômico e social), o que criava, ainda mais, a ilusão de veracidade do romance.

No mesmo movimento de Stevenson e Verne – o de desenvolver uma narrativa mais livre dos aspectos morais comuns às obras para crianças e jovens de então –, Rudyard Kipling (1865-1936) também não sucumbiu ao moralismo típico dos romances escolares. O romance *Stalky & Co.*, escrito já no final do século XIX, traz leveza pelo seu humor e quase que certo deboche ao representar a vida dos meninos em internatos[24].

O romance escolar também se originou com as mudanças econômicas na Inglaterra. Na transição de uma sociedade agrária para urbana e industrial, a próspera classe média em formação ajudou a fomentar a ideia de que a educação formal era importante para crianças e jovens – talvez a única obrigação que deveriam ter, uma vez que o trabalho infantil começou a ser questionado. Com isso, o surgimento de internatos praticamente duplicou entre 1841 e 1900[25]. Outro fator que contribuiu com esse movimento foi o Ato de Educação, em 1870, que garantia educação básica para toda a população. A indústria editorial logo percebeu a oportunidade e autores, geralmente ex-alunos dos internatos[26], começaram a ensaiar os primeiros romances, invariavelmente explorando suas próprias experiências[27].

Vale, por fim, dizer que tanto o romance de aventura como o romance escolar configuram subgêneros do romance e, em alguns casos, também estão diretamente associados ao conceito de *Bildungsroman*. Essa informação se torna central quando se nota que o romance de formação tem suas origens na busca da representação da classe burguesa. Os conflitos das narrativas, a caracterização das personagens, a descrição dos ambientes, na grande maioria das vezes, refletem as angústias de uma classe que busca com ansiedade legitimação social[28]. Não por acaso, muitas das histórias *Bildungsroman* dirigidas às crianças, mesmo que resvalem em questões sociais humanitárias – como a obra de Malot –, ainda assim visam o bem-estar a partir de uma perspectiva do progresso e da autonomia. Nesse sentido, um tópico explorado nos romances de formação infantojuvenis é a importância do estudo e a valorização da escola como instituição (originando, assim, o romance escolar). O que, em alguns casos, provocou o aparecimento de obras cuja óptica de desenvolvimento humano apoiava-se na educação de valores burgueses, refletindo uma nova representação da infância.

■ ■

Mesmo com todo o moralismo do período vitoriano inglês tardio, o surgimento da criança como herói no romance do século XIX fica ainda mais evidente e pungente quando se observa a representação da infância nas obras antecessoras. John Locke (1632-1704), um dos maiores pensadores da puericultura do século XVIII, construiu uma base interpretativa sobre a criança que serviu de modelo para a pedagogia e a literatura da época, cujos resquícios ainda ecoam em algumas metodologias de ensino e produções literárias. Na visão de Locke, a criança nasce como um ser vazio, uma página em branco, que deve ser preenchido com informações educativas para a ajudar a torná-la um indivíduo capaz de compreender o mundo e a atuar de maneira crítica sobre ele. A literatura, portanto, exerce uma função de suporte para o discurso pedagógico.

Nesse contexto, a criança nunca poderia protagonizar uma história, pois seu papel restringia-se a receber conteúdo e não a viver experiências. A estratégia textual praticada pelos escritores em consonância com as ideias de Locke foi transformar todo e qualquer objeto em um potencial elemento educativo, que comunicasse a lição, que expressasse uma utilidade para além de sua função essencial. São dessa época, por exemplo, histórias que têm como protagonistas átomos, chaleiras, sapatos, cadeiras, todos eles com a função de introduzir, por meio de uma narrativa literária, um assunto de cunho informativo.

Em seu livro *Children's Literature: A Reader's History from Aesop to Harry Potter*, Seth Lerer estuda a fundo esse período da literatura infantojuvenil. No capítulo dedicado a John Locke, o crítico descreve tal momento literário e destaca o caráter instrumentalizador dessas narrativas:

A função da literatura infantil é dar sentido às coisas, e não foi nenhum acidente quando um dos gêneros que emergiram no despertar dos escritos de Locke foi a biografia ficcional de objetos inanimados. Tais livros emergiram, no início de 1800, sob o propósito de sátiras sociais. De *The Golden Spy* (1709), por Charles Gildon, passando por *Adventures of an Atom* (1769), de Tobia Smollett, e também por *Adventure of a Guinea* (1760), de Charles Johnstone, e *Adventures of a Bank-note* (1770), de Thomas Bridges, além de outros incontáveis, objetos falantes lotavam as estantes das livrarias de Londres. Assim como muitos romances da época, esses eram episódicos e aventurosos, preocupados em expor o trabalho de profissões específicas, negócios ou artesanato. Era como se os objetos do dia a dia pudessem se tornar eles mesmos personagens – como se a caneta, a moeda, o brinquedo, o livro, a carroça fossem, de fato, os verdadeiros agentes da nossa vida, e não nós mesmos.[29]

A citação deixa claro como o papel da criança retratada nesses textos era o de coadjuvante. Neles, as questões mais imediatas ligadas ao desenvolvimento das crianças como indivíduos eram ignoradas. Além das obras de cunho explicitamente pedagógico, voltadas a um interesse que não a fruição literária, John Locke trouxe uma outra inovação editorial ao campo do livro para crianças, que perduraria por anos a fio: associar textos do cânone literário a um conteúdo informativo, criando uma obra cuja referência está em si mesma e cuja função está para além da mesma. O exemplo mais significativo desse movimento são as fábulas de Esopo editadas pelo próprio Locke.

A edição das fábulas de Esopo proposta por Locke traz logo nas primeiras páginas a figura dos animais personagens das historietas, bem como seus nomes escritos em tipologias apropriadas ao processo de alfabetização, de modo a explicitar a relação entre a forma do objeto e das palavras que o representam. O resultado é uma obra complexa, repleta de aparatos extratextuais que precedem as fábulas, ficando estas em segundo plano. Com essa lógica de edição, o livro em si ganha a importância de objeto de referência. Dessa maneira, recai sobre a edição a preocupação quanto à impressão e aos recursos gráficos que, de maneira geral, ajudaram a melhorar a qualidade das obras destinadas às crianças, com o prejuízo, no entanto, de se encarar a literatura como um mero suporte pedagógico[30]. Esse conceito de edição da literatura – caso ainda seja pertinente falar em "literatura" – desvincula a fruição da leitura ficcional da "pintura da vida cotidiana", para usar as palavras de Auerbach, da criança. Assim, quando escritores introduzem na literatura do século XIX o cenário da vida subjetiva da criança, não apenas rompem com o modelo lockiano, mas também abrem um canal direto com o seu público leitor.

A literatura como instrumento educativo e moralizante não foi um fenômeno localizado apenas na Inglaterra, mas abarcou toda a Europa. Inegável, nesse aspecto, o diálogo que a obra *As Aventuras de Pinóquio* promove com o leitor de seu tempo ao questionar esse modelo de educação (social e escolar) indiferente às vontades da criança. No romance de Carlo Collodi, o cerne do conflito reside na transformação do boneco de madeira em um menino. Pinóquio, apesar de querer se transformar em um menino, não concorda com o método: abdicar de todas as suas paixões, "fazer o bem", "agir corretamente" (respeitar o pai, não mentir e estudar). Pinóquio recusa o chamamento da jornada, mas não a vivência da aventura. Ao fazer isso, ele se transforma no anti-herói, naquele que não é o exemplo. Mas, como Pinóquio vive o conflito de querer se transformar em menino – só não está disposto a realizar a trajetória "correta" –, arrepende-se de suas ações impulsivas. Assim, Pinóquio não é uma personagem maniqueísta. Ao contrário do garoto francês Rémi, ele relativiza o "bem" e o "mal", reconhecendo em diversas passagens que deveria ter agido de modo diferente.

A criança em *As Aventuras de Pinóquio*, portanto, desvincula-se do papel de vítima da sociedade e assume responsabilidade pelos seus próprios atos. Publicado originalmente de forma seriada no intervalo dos anos 1881 e 1883, o romance traz, a cada capítulo, um episódio – estrutura muito parecida com a de *Sans famille*[31]. Nas pequenas histórias que compõem o todo, Pinóquio é obrigado a escolher entre aquilo que é convencional e racionalmente correto ou a opção mais aventureira e excitante. Diferentemente de Rémi, os episódios vividos por Pinóquio não têm um desfecho positivo; o boneco nunca consegue desfrutar plenamente de suas escolhas, é enganado, roubado, até ser morto.

A obra *As Aventuras de Pinóquio* foi escrita sob os ecos do *Risorgimento* italiano – movimento de unificação dos Estados, posterior ao das outras nações europeias –, mas se distingue em vários aspectos da literatura infantojuvenil produzida na época, na Itália e na Europa, mesmo que tardiamente. A cultura literária italiana para crianças surge tempos depois em relação àquela produzida na França, na Inglaterra e na Alemanha – países protagonistas no florescimento da literatura infantojuvenil e do mercado livreiro europeu[32]. Com o intuito de construir uma identidade moral comum a todo o território italiano, as histórias infantis predominantes nesse período lembram muito as obras editadas por John Locke, cuja narrativa servia de mero suporte para expressar valores morais ou de aprendizagem básica.

Por volta de 1830, para se certificar de que a literatura infantojuvenil italiana de fato seguiria esse curso, as histórias deveriam ser previamente selecionadas em concursos promovidos por instituições educacionais, como a Società Fiorentina dell'Istruzione Elementare[33]. Não por acaso, sendo os educadores também homens religiosos, os textos vencedores apresentavam alto grau de moral católica e de cunho educativo. No caso dessas obras, os autores não eram escritores propriamente ditos, que defendiam a autoria de seus textos a partir de um estilo ou uma vocação. Tais obras eram escritas por *scrittori-pedagogi*, que partiam de conceitos predefinidos para "encaixá-los" em um texto narrativo orquestrado, didático e utilitário[34]. Um exemplo de clássico da literatura infantil italiana desse perfil é a obra *Giannetto*[35], de Luigi Alessandro Parravicini (1800-1880), que inspirou vários escritores ao longo do século XIX. Em certo grau, Parravicini inspirou

Collodi, cuja obra-prima é considerada um veneno e uma bênção para a cultura italiana, além de parodiar esses "romances escolares". O crítico italiano e especialista em literatura infantojuvenil Antonio Faeti evoca os tempos pedagógicos do *Risorgimento*: "A escola, no que tange à leitura e ao romance, era totalmente destituída de uma vocação para o prazer de ler, era dominada pelo medo de que a leitura, se dirigida às burlas exemplares e punitivas de Giannino, se revelasse portadora da desordem e da transgressão [...]."[36]

De imediato é possível dizer que a escola rechaçava os romances quando eles eram de fato romances, isto é, quando apresentavam uma irreverência labiríntica, quando escapavam dos limites, das imposições de uma didática e de uma pedagogia que eram ampla e sistematicamente "antirromanescas", subdividindo-os em "livros de leitura e de distinção", livros de texto e livros de Estado.

Mariella Colin também corrobora a ideia de que o romance era banido das escolas, uma vez que o gênero era tido como "perigoso" para as crianças, por sua característica de promover a reflexão e o desenvolvimento intelectual do leitor. Portanto, "em razão de seu perigo intrínseco", os romances eram rejeitados em massa, tanto pelos educadores católicos como pelos educadores laicos[37].

Mas, se *Pinóquio* é um acontecimento único para a literatura italiana, a personagem não está isolada na historiografia da literatura infantojuvenil universal como anti-herói. Assim como o boneco de madeira flerta com o erro, Tom Swayer (1876) e Huckeblerry Finn (1884), personagens de Mark Twain (1835-1910), fogem de suas vidas opressoras para desenhar o próprio futuro. Nenhuma dessas personagens age de acordo com códigos morais ou no intuito de dar exemplos de bom comportamento. Tais textos não incorrem em redundâncias, pleonasmos, clichês ou temáticas definidas, mas se esmeram em criar situações, cenários e personagens nunca antes narrados em livros destinados às crianças. Assim, essa literatura também contribui para o surgimento de um novo leitor, mais exigente e comprometido, além de desafiar as rotulações "adulto" e "infantojuvenil", forçando sua autonomia como "literatura".

■ ■

A literatura infantojuvenil foi alçada a uma nova fase, de maior autonomia em relação a temáticas, tipos de escrita, caracterização de personagens e cenários, desenvolvendo narrativas específicas para o gênero. A figura do anti-herói, nesse contexto, é historicamente importante para formar a consciência e a percepção dos escritores de que a criança não necessariamente é um ser divino, inocente, moldável. Pelo contrário, com o amadurecimento da ideia de infância como uma fase autônoma do desenvolvimento do ser humano, a criança ganha, no final de século XIX e começo de século XX, um campo de estudo específico, no qual se destacam não apenas o direito ao estudo e à saúde, mas também um aprofundamento de seu desenvolvimento no âmbito psicológico.

O reflexo dessa nova ideia de infância para a literatura infantojuvenil é perceptível a partir do surgimento de obras literárias cujo tema é a própria infância. A representação da infância na literatura foi um tema bastante abordado, por exemplo, na Inglaterra do século XIX[38]. Lewis Carroll (1832-1898) e Edward Lear (1812-1888) não pouparam esforços e criatividade ao se dirigirem aos leitores crianças de uma forma absolutamente inovadora e questionadora.

Na primeira fase do período vitoriano, a criança era tida como um perigo, um indivíduo que precisava ser moldado de acordo com as mais rígidas normas da boa educação e dos bons costumes. A segunda fase – que já anuncia a chegada da era edwardiana (1901-1920) e, com ela, a Era de Ouro da literatura infantil, criando para sempre um modelo acerca da literatura ideal[39] – compreende a criança como um ser emotivo, que necessita de cuidados, além de representá-la com extrema beleza[40].

A pesquisadora Jackie Wullschläger em *Inventing Wonderland: The Lives and Fantasies of Lewis Carroll, Edward Lear, J.M. Barrie, Kenneth Grahame and A.A. Milne*, resgata a vida e obra de cinco dos principais autores da literatura infantojuvenil inglesa. Em seu trabalho, ela demonstra como essa literatura reforça a ideia da Inglaterra como potência, um discurso otimista muito presente nos períodos vitoriano e edwardiano[41]. Alavancada pelos modernos métodos de impressão, a literatura infantojuvenil dessa época proliferava em diversidade e oferta de obras, cujas narrativas, em sua maioria, refletiam a imagem próspera da soberania do país.

Porém, algumas obras publicadas nesse período questionam a ideia absoluta de era e de infância felizes, utilizando o recurso narrativo de criar lugares de escape para as personagens que buscam uma experiência mais subjetiva. A ideologia em torno da figura da criança, nesse começo de século XX, abre mão de interpretá-la como um ser divino, enviado por Deus, para dar lugar a filhos, irmãos e irmãs, personagens cuja primeira característica é pertencer ao seio familiar. Esse movimento consolida-se pela percepção da infância como etapa da vida – assim como a adolescência e a idade adulta –, dotando as personagens crianças da noção de pertença – primeiro na família, depois no mundo. Por consequência, as obras desse período trazem, pela primeira vez, a experiência da introspecção em personagens crianças. Tal vivência, muitas vezes, ocorre em cenários que promovem o "escapismo", em uma tentativa de ainda manter, no registro da narração, a conexão com a fantasia.

É visível também a guinada na composição do ambiente. Wullschläger rememora algumas obras emblemáticas da época que usam esse recurso:

Os cenários dos clássicos para as crianças vitorianas e edwardianas sugerem o clima de uma era dourada, de um país seguro, próspero e otimista. No entanto, o País das Maravilhas, a Terra do Nunca de Peter Pan, a margem do rio em *O Vento nos Salgueiros*, o idílio de uma estação rural em *The Railway Children*, o jardim de rosas encantado em *O Jardim Secreto*, também comemoram a fuga, o voo a um mundo dos sonhos irreal.[42]

Um exemplo clássico citado de obras "escapistas" é *O Jardim Secreto* (1911), de Frances Hodgson Burnett (1849-1924). Apelando a um elemento simbólico da literatura clássica infantil, o jardim, presente em inúmeros textos icônicos como *A Bela e a Fera*, ou *A Bela Adormecida*, *O Jardim Secreto* é considerado o primeiro romance do século XX para crianças[43]. O jardim é o lugar em que a órfã Mary Lennox, a garota mimada, agressiva e egoísta pouco a pouco se deixa seduzir pela natureza e, quase como um ato de redenção, torna-se uma pessoa mais consciente de seu papel como indivíduo dentro de uma coletividade. A simbologia da criança no jardim, no romance de Burnett, não significa apenas o lugar de evasão, mas sim de cura, de reconciliação e de um outro ponto bastante significativo para a representação da criança no século XX: a distinção definitiva entre a criança e o adulto.

Não por acaso, um dos maiores símbolos da literatura moderna infantojuvenil, Peter Pan surge, pela primeira vez, em *Kensington Gardens*, ou seja, nos "jardins de Kensington". No romance *The Little White Bird*, o escocês James Matthew Barrie (1860-1937) apresenta ao leitor o garoto Peter, que mora no parque, cuja característica principal é não envelhecer. A pedido de seu editor, Barrie dedica um trabalho exclusivo à personagem Peter Pan voltado a crianças. Origina-se, assim, a peça *Peter e Wendy*, cuja estreia se deu em dezembro de 1904.

Um toque de magia e fantasia finalmente aparece nos textos destinados aos jovens leitores, uma fuga do realismo social da primeira fase do período vitoriano. A literatura inglesa, de uma maneira geral, volta-se para temáticas e formas estéticas próximas do que conhecemos hoje como "realismo fantástico". H.G. Wells (1866-1946), Ford Madox (1873-1939), Henry James (1843-1916) e G.K. Chesterton (1874-1936) são exemplos dessa nova perspectiva literária.

Novamente, o professor Seth Lerer ilumina esse ponto com sua pesquisa e acrescenta que o universo fantástico surge na literatura da época com uma clara referência shakespeariana, especialmente a partir de referências a peças como *A Tempestade* e *Sonho de Uma Noite de Verão*[44]. Não por acaso, o dramaturgo J.M. Barrie irá criar uma peça para a personagem Peter Pan, cujo sucesso é lembrado com grande surpresa:

> Se *Peter Pan* de Barrie foi a peça mais bem-sucedida de 1904, boa parte desse sucesso veio, sem dúvida, da evocação de uma fantasia na natureza, pela mistura de *A Tempestade* e os tambores indígenas, se apropriando da alta escola vitoriana e da cultura doméstica até a aparência nostálgica edwardiana. *Peter Pan* é uma peça que olha para trás, para uma era perdida de segurança vitoriana. Ela procura um significado em uma vida fantástica, ao invés de empírica ou científica. Ela vê a vida como teatral e performática, ao invés de autêntica e sincera. Ela expõe as convenções da vida social como convenções e, no processo, chama a atenção para o abismo entre a moral e a propriedade.[45]

A relação entre a criança e o adulto na literatura infantil passaria por um novo paradigma no início do século XX. *Peter e Wendy* desafia a tradição da literatura infantojuvenil ao propor uma obra cuja ambientação, a Terra do Nunca, é um lugar que existe dentro da mente de cada criança, excluindo, dessa maneira, o adulto do universo infantil.

A peça *Peter e Wendy*, que logo se tornaria o romance, resgata e aproveita elementos de muitas das histórias da tradição da literatura infantil e juvenil, criando, assim, uma empatia imediata. Porém, longe de ser um *mélange* de histórias, Barrie se apropria de elementos comuns a outras narrativas para abordar uma questão que ressoará no século xx: diante do que a sociedade se tornou, estaria Peter correto ao se evadir do mundo objetivo para viver como bem entende no mundo utópico? Barrie, de certa maneira, mostra a impossibilidade de ser herói, ou ao menos de identificá-lo como tal, nos moldes dos romances de aventura do final do século xix.

A diferença fundamental, no entanto, entre tais "mundos irreais e dos sonhos" e a Terra do Nunca reside no fato de que, enquanto em outros romances, como o já citado *O Jardim Secreto*, tais lugares são acessados por portais no mundo objetivo, em *Peter e Wendy* esse lugar está presente no inconsciente. Ao criar essa estratégia narrativa, Barrie une a ambientação do romance à subjetividade de cada personagem – a Terra do Nunca é única para cada uma delas.

Novamente, recuperamos Freud para, agora sim, entrar no século xx. Peter Pan transforma em ficção o desejo da plenitude da infância nunca realizado no adulto. Aquilo que no consciente aparece em forma de sonho, em Peter Pan é vivido na própria infância: o desejo de livrar-se do pai, casar-se com a mãe, além de abdicar de toda e qualquer obrigação que prepara a criança para o mundo adulto.

Assim, com obras como *Peter e Wendy*, o romance para o público infantojuvenil deixa de ser uma manifestação estética que evoca apenas as mazelas sociais, e transforma-se na expressão do desejo, na ação daquilo que, quando adulto, se tornará apenas um lugar perdido no inconsciente. Transforma-se, portanto, na fabulação de um discurso verdadeiro.

2. Sans famille e o Romance Infantojuvenil Realista
A Transformação da Criança-Objeto em Sujeito

Os leitores de *Sans famille* (Sem Família)[1] certamente se lembram de um dos mais angustiantes e extensos episódios do romance no qual o garoto Rémi e cinco trabalhadores ficam presos em uma mina de carvão na cidade de Varses, localizada na região montanhosa de Cévennes, ao sudoeste da França. Confinados por alguns dias, a uma profundidade de aparentemente quarenta metros, com o ar comprimido e pesado, além de apenas uma lamparina que servia como único ponto luminoso na escura mina, o capítulo "Dans la remontée" ("No Poço Cego")[2] descreve o auge da tensão da cena. O teste de sobrevivência para Rémi e os trabalhadores não se restringia à privação de alimentos e de bebidas ou à estafa física, mas cada minuto colocava em xeque a sobrevivência daquelas pessoas:

Fez-se silêncio na mina; nenhum ruído chegava agora até nós; ao nível dos nossos pés, a água era imóvel, sem uma ruga, sem um murmúrio. A mina enchera-se, como dissera o mestre, e a água, após invadir todas as galerias desde o solo ao teto, emparedava-nos na prisão da maneira mais sólida, mais hermética do que um muro de pedra. Esse silêncio pesado, impenetrável, esse silêncio de morte era ainda mais assustador, mais estupefato que o ruído terrível que ouvimos no momento da irrupção das águas; estávamos no túmulo, sepultados vivos, e trinta ou quarenta metros de terra pesavam sobre nossos corações.

> O trabalho ocupa e distrai; o repouso nos dá a sensação de nossa situação, e conosco, mesmo com o mestre, houve um momento de aniquilação.
> Eu tinha medo de água, medo das sombras, medo da morte; o silêncio me aniquilava; as paredes incertas da rampa me esmagavam como se todo o seu peso caísse sobre meu corpo. Eu nunca mais verei de novo Lise, nem Etiennette, nem Alexis, nem Benjamin? Quem os uniria senão eu? Então eu não veria mais Arthur, ou Madame Milligan, Mattia ou Capi? Poderíam fazer Lise entender que eu estava morto por ela? E mamãe Barberin, a pobre mamãe Barberin! Meus pensamentos se encadeavam assim, um mais lúgubre do que o outro; e, quando eu olhei para meus camaradas para me distrair e os vi tão abatidos, tão aniquilado quanto eu, voltei para as minhas reflexões, ainda mais tristes e mais sombrias. No entanto, eles estavam acostumados com a vida da mina, e por isso não sofreram falta de ar, de sol, de liberdade; a terra não pesava sobre eles.[3]

A passagem sugere o confronto de Rémi com a morte. *L'enfant trouvé*, ou o menino abandonado, e os mineradores se deparam com o ponto final, o momento em que suas vidas se humanizam, quando deixam de ser apenas operários para se tornarem sobreviventes. Essa proximidade com a morte faz com que Rémi relembre suas experiências passadas, dotando-o, pela primeira vez no romance, de uma percepção de indivíduo, de estar presente no mundo com um significado maior do que o de apenas representar um menino de rua. O garoto, ao se deparar com o absoluto, encontra sentido em sua jornada.

Rémi, nessa hora, não está acompanhado de seu tutor Vitalis – que morre no final da primeira parte, um recurso narrativo que prepara Rémi para ganhar sua independência definitiva. O silêncio da mina permite que o garoto entre em contato profundo com seus medos e suas lembranças. Revisita pela memória todos aqueles que conheceu durante sua aventura errante pela França. O garoto se dá conta de que não é mais uma criança sozinha no mundo. Rémi construiu laços de amizade com crianças como ele, às quais se dedica, com as quais se preocupa. Não por acaso, uma de suas inquietações é saber como eles se reunirão novamente, caso ele venha a falecer. Encerrado no caixão de terra e pedra, Rémi faz as contas de todos aqueles a quem deve ou estima.

Essa tomada de consciência do "eu" é bastante significativa não apenas para o desenvolvimento da narrativa, mas para a própria importância de *Sans famille* na formação da literatura infantojuvenil francesa. A criança "coisificada" do século XVIII finalmente ganha *status* de sujeito. A passagem do acidente nas minas, para Rémi, simboliza a transformação daquilo que é subjetivo, uma enunciação da personagem como ser autônomo, e cria a real distinção com o "tu". Mas, ainda assim, representa todas as crianças abandonadas em busca de um propósito. Por esses motivos, a figura única de Rémi extrapola sua condição de personagem ficcional para se tornar um símbolo literário, um exemplo de superação no imaginário do leitor. É a experiência socializante da subjetividade que o leva para a dimensão do mundo subjetivo, não mais apenas objetivo[4].

Tal foi uma das grandes contribuições de Malot para o desenvolvimento de uma literatura francesa mais moderna para jovens leitores, próxima dos anseios da juventude. *Sans famille* representa um novo sopro a essa escrita, além de laica e distante dos romances edificantes católicos dos séculos XVIII e XIX[5]. Não por acaso, Malot escolhe o gênero romance como forma para aprofundar questões íntimas das personagens, contrapondo-se às narrativas épicas, preocupadas em descrever as sagas de mitos populares. O espaço narrativo é reduzido consideravelmente de um amplo território para aquilo que é do campo da experiência pessoal, do âmbito doméstico, do tempo presente[6]. Trata-se de uma experiência calcada em uma atitude edificante e corajosa da personagem, dando a ela *status* de herói.

A figura de Rémi, portanto, representa um novo conceito de herói para a literatura infantojuvenil francesa da época. Face a inúmeras dificuldades, que muitas vezes vão além da maturidade da personagem, o herói não se deixa abater e busca ele mesmo o caminho para seguir a sua jornada. Também corrobora essa teoria o pesquisador francês Yves Pincet, que dedicou grande parte de seus estudos à obra de Malot. No artigo "Hector Malot, romancier de la jeunesse active et volontaire", Pincet enfatiza a característica altiva dos heróis de Malot:

Colocando as jovens personagens em situações excepcionais, mas que podem corresponder às angústias fundamentais dos jovens leitores, Malot conseguiu cativar a atenção deles [dos jovens]. Para enfrentar as dificuldades da vida, que são evocadas com realismo sem cair em miséria excessiva, os jovens personagens encontram eles mesmos os recursos necessários que lhes permitem superar as provas: a coragem, a tenacidade, a resistência física, mas também a espertaza e a amizade são qualidades suscetíveis a ajudar a enfrentar os obstáculos. Os garotos e as garotas, nos romances de Malot, são seres disponíveis, capazes de aplicar a força física, a inteligência e de encontrar, assim, soluções para as situações problemáticas que se apresentam a eles. Sem dúvida, os infelizes providenciais acasos às vezes fazem parecer que essas personagens são submetidas a um destino muito exigente, mas, essencialmente, cada romance coloca em evidência os efeitos de uma disposição que dá sentido à vida. As jovens personagens de Malot são, antes de tudo, sujeitos que agem para atingir seus fins.[7]

Em Malot, e mais especificamente em *Sans famille*, os heróis crianças são colocados em situações de perigo extremo, "excepcionais" como pontua Pincet. Esse recurso gera um certo incômodo ao leitor mais atento pelo texto atingir o limiar que separa o "pacto ficcional"[8]. Ou seja, o ponto em que autor e leitor aceitam estarem imersos em um universo de regras próprias e, portanto, não necessariamente fiel ao mundo objetivo, porém sem perder a verossimilhança. Tais "provas" a que as personagens de Malot são submetidas simbolizam as diversas etapas da vida que um jovem deve superar para se tornar um adulto. Essa superação depende exclusivamente da ação da personagem, dotando-a de um espírito resiliente, corajoso e, sobretudo, de inteligência singular. Vem dessa força o sentido para a jornada de Rémi e, por consequência, de sua própria existência.

Além de "atingir sua finalidade", como expressa Pincet, o herói é também um indivíduo social e não pode estar desvinculado do coletivo. Pois, se assim fosse, não poderia servir de exemplo. O próprio significado da jornada, em seu sentido mais amplo, é o de integrar o herói à sociedade após sua ausência para vivenciar a experiência transformadora. No romance de Malot, a cena do acidente na mina configura um momento central do *récit* justamente por abarcar essa dupla conotação. O herói Rémi tem que confrontar a morte, uma experiência absolutamente individual, porém, em certo sentido, compartilhada com outros cinco mineradores. O desafio mental e físico imposto ao garoto também significa a superação do grupo. Para Rémi, esse momento é capital: representa sua integração na sociedade; a partir dele, o garoto faz parte do corpo de mineradores, iguala-se aos adultos, não é mais uma criança estigmatizada pelo abandono.

Tal comportamento mais autônomo e ativo é facilmente identificável em dois trechos do episódio do acidente nas minas. Preso no poço cego já há alguns dias, o grupo liderado pelo mestre elabora algumas possíveis maneiras de melhorar a situação coletiva no buraco e até tenta criar estratégias para uma possível saída. Na falta de comida, o grupo poderia apenas dispor de água. Mesmo assim, seria necessária uma operação para coletar a água sem cair nas profundezas da mina. Rémi é escalado pelo mestre para o desafio, que claramente não queria arriscar um de seus funcionários para a tarefa. O garoto não reclama e aceita prontamente a tarefa que lhe é dada. E ainda tranquiliza o mestre, demonstrando ao grupo que é tão capaz como qualquer outro adulto de realizar o desafio. O diálogo evidencia esse jogo de força:

Aos tormentos da mente, além disso, agora se juntaram os tormentos do corpo. A posição em que fomos obrigados a ficar em nosso patamar era mais cansativa; já não conseguíamos fazer movimentos para engolir, e nossas dores de cabeça tornaram-se afiadas e desconfortáveis.
"Se nos impedem de comer, nos é permitido beber", disse Compayrou.
– Para isso, se é tudo o que quer, temos água à vontade.
– Esvazie a galeria.
Pagès queria descer, mas o mestre não lho permitiu.
"Você vai danificar a escavação; Rémi é mais leve e mais esguio, ele irá descer e nos passará a água.
– Em quê?
– Na minha bota."
Deram-me uma bota e eu me preparei para deslizar até à água.
"Espere um pouco, disse o mestre, que eu lhe dou a mão.
– Não tenha medo, quando eu cair, não acontecerá nada. Eu sei nadar.
– Eu quero lhe dar a mão".[9]

A cena que se segue coroa o heroísmo de Rémi. Porém, ao segurar a mão dele, o mestre escorrega e ambos caem no poço de águas escuras e geladas. Desorientado e mergulhado por completo na água, Rémi tem uma espécie de *flashback* ao relembrar Vitalis ensinando-o a nadar, quando é submerso novamente pelo mestre, em uma atitude desesperada. O garoto mantém-se calmo e dá as orientações para o mestre se apoiar nele: "Segure-se firme, mestre, e apoie-se com a cabeça para cima, você está salvo". Ele tem tranquilidade para ouvir as vozes do tio Gaspar e seguir em direção ao grupo. Salvos, o mestre não hesita em reconhecer a bravura de Rémi: "Venha cá – ele me disse –, eu lhe dou um abraço; você salvou a minha vida". Esse gesto do mestre simboliza o reconhecimento de que o aprendiz o superou, que agora ambos estão de igual para igual.

O segundo momento em que Rémi demonstra ser "ativo e disponível" está perto do desfecho do acidente das minas. A água finalmente começa a descer e os mineradores agora conseguem ouvir, bem ao longe, o socorro chegando. O desafio é fazer com que o salvamento chegue bem próximo do poço cego onde eles estão presos. Voluntariamente, Rémi se oferece para fazer uma tentativa de nadar até a outra galeria e, assim, chamar a atenção da equipe de resgate. O mestre não impede Rémi, pelo contrário, deixa-o à vontade para decidir sobre seu destino, num gesto de confiança. A fala de Rémi demonstra segurança ao elaborar o plano, ao contrário do mestre, que, mesmo valorizando o gesto, hesita na resposta. O plano de Rémi, de fato, não encontra sucesso. Mas pouco importa. O garoto é o único entre os mineradores a propor alternativas, a pensar em estratégias, a se oferecer voluntariamente ou a aceitar as tarefas sem hesitar. Além disso, é também capaz de manter o espírito elevado, mesmo com a privação de comida, de ar, de liberdade, sem conhecer o destino que o espera.

A bem da verdade, o garoto Rémi e os leitores talvez não conheçam o desfecho da narrativa. Mas o narrador de *Sans famille*, sim. Apresentando-se como "Eu sou uma criança abandonada" logo na primeira frase do romance, o narrador em primeira pessoa e no tempo presente cria uma situação ambígua sobre a diegese do romance. Porém, tal dúvida dissipa-se com a sequência da narrativa e com o contexto da narração, no qual fica claro que tal narrador rememora sua infância. Assim, a ambiguidade proposital do início pode ser explicada por um certo estigma do narrador, uma marca que o condiciona a nomeá-lo, para sempre, uma criança abandonada. Porém, o narrador adulto aplica uma óptica positiva a sua própria condição de abandonado – um recurso frequente usado por Malot para suavizar as situações problemáticas da obra. A atitude "ativa e disponível" de Rémi quando criança, essa que está sendo narrada pela lembrança, não o condiciona a "ser" abandonado e sem família, mas sim a transformar a sua jornada em aprendizado e mérito. Essa ambiguidade faz parte da estratégia de narração em *Sans famille*, constituindo um dos pontos mais singulares do romance. A primeira frase, por exemplo, representa uma paralipse, ou seja, o narrador afirma ao leitor, no tempo presente da narração, algo que não é mais verdade no tempo presente do mundo objetivo[10]. O narrador de *Sans famille* deixa a entender que é uma criança abandonada quando já é um adulto cuja identidade foi recuperada. Porém, se o narrador revela de imediato sua condição atual, diga-se, restaurada, todo o propósito do romance – narrar a transformação do herói – se desfaz. Dessa maneira, cria-se um suspense em relação ao destino do herói que sustenta o *récit*.

E será logo na segunda frase do romance ("Mais, jusqu'à huit ans, j'ai cru que, comme tous les autres enfants, j'avais une mère, car, lorsque je pleurais, il y avait une femme qui me serait si doucement dans ses bras en me berçant, que mes larmes s'arrêtaient de couler")[11], o tempo narrativo muda do presente do indicativo ("je suis") para o pretérito perfeito composto ("j'ai cru") e o imperfeito ("j'avais", "je pleurais", "il y avait", "me serait" etc.), ambos utilizados para indicar uma história no passado. O leitor atento, dessa forma, percebe que há uma estratégia para confundi-lo sobre qual narrador é o legítimo: a criança que irá viver os fatos ainda por serem narrados, ignorante dos acontecimentos que virão, ou o adulto onisciente que exprime suas reflexões a partir da narração? Afinal, o narrador é uma criança falando no presente ou um adulto comentando o passado? Pelo emprego do discurso direto livre, o narrador se coloca ora como o herói criança da cena, ora como o adulto experiente e vivido.

Nesse ponto, poder-se-á empregar a denominação proposta por Lejeune para o narrador de biografias sobre a infância. Na tentativa de identificar diversos tipos de narrador e narrativas presentes nos *récits* com essas características, Lejeune estabelece uma classificação a partir das ambiguidades criadas nos textos. Uma dessas classificações poderia ser parcialmente aplicada ao romance de Malot: o conceito de narração em segundo grau – *la narration au second degré*[12]. Para Lejeune, nessa modalidade, o narrador torna-se "narrador-personagem" e a personagem, por sua vez, narrador, deixando o leitor confuso quanto a quem, naquele momento, domina a palavra. Essa oscilação ocorre por todo o romance de Malot, sendo facilmente identificável. Porém, enquanto Lejeune descreve que a narração em segundo grau ocorre no emprego do pretérito perfeito composto associado ao tempo presente, em *Sans famille* o *récit* é narrado, em sua quase totalidade, no imperfeito. A proposta de classificar a voz do narrador de *Sans famille* como de segundo grau, no entanto, se sustenta quando ambos – "narrador-personagem" e personagem – utilizam o mesmo tempo verbal (no caso, o imperfeito) para expressar tanto a experiência que está sendo vivida quanto a que foi vivida.

Além do tempo verbal, outro elemento que corrobora esse efeito dúbio é a linguagem utilizada por ambos (narrador e personagem). Pela similitude, as falas não podem ser distinguidas uma da outra – a da criança, Rémi, torna-se complexa quando não inverossímil, e a do narrador ganha ares infantilizados. São inúmeras as passagens nas quais se pode exemplificar a maneira como o narrador e a personagem se confundem. No capítulo IV, por exemplo, "A Inundação", a cena em que Rémi percebe que há algum problema nas minas é descrita da seguinte maneira:

Como eu vinha de empurrar minha caçamba no poço de Saint-Alphonsine pela terceira vez, ouvi ao lado do poço um barulho formidável, um estrondo espantoso como jamais tinha ouvido desde que eu trabalhava na mina. Seria um desmoronamento, um colapso geral? Eu ouvia: o barulho continuava ecoando por todos os lados. O que aquilo significava? Meu primeiro sentimento foi assustador, e eu pensei em me salvar molhando as escadas; mas todos já tiravam sarro de mim com frequência por conta de meus medos, e a vergonha me fez ficar. Era uma explosão de mina, uma caçamba que caía no poço; talvez apenas os detritos que desciam pelos corredores.[13]

A narrativa é rápida: o suspense é criado e logo dissipado. O trecho começa com o narrador adulto descrevendo suas sensações ao ter ouvido o grande barulho dentro da mina. Esse narrador, capaz de voltar ao passado pela memória e resgatar suas sensações, conhece a causa desse enorme estrondo. Porém, logo na sequência da descrição de suas impressões, vêm as perguntas: "Era aquilo um desmoronamento, um colapso geral?", "O que aquilo significava?". Esses não são questionamentos do narrador, mas sim da personagem Rémi, do "narrador-personagem", que desconhece seu futuro. Por alguns instantes, a narrativa cria um suspense sobre a causa do barulho. Mas, logo em seguida, o narrador adulto retoma a palavra e explica que se tratava de uma explosão da mina, fazendo com que uma caçamba caísse no poço. E, uma outra vez, uma incerteza se instaura pelo uso do "talvez" na última frase ("talvez apenas os detritos que desciam pelos corredores"). Assim, narrador e narrador-personagem oscilam, em um espaço narrativo muito curto, na tomada da palavra, o que gera um rápido movimento de suspense/dissipação do suspense do episódio narrado.

Em outro momento, o *mélange* entre narrador e herói fica ainda mais evidente. No episódio já mencionado no qual Rémi é escalado pelo mestre para pegar água usando uma bota, ambos caem na água escura e perigosa. Para descrever essa cena de modo a criar uma tensão no leitor, o narrador passa a usar o infinitivo associado ao pretérito perfeito composto – primeiro indício de sua "transformação" em "narrador-personagem" – e seus comentários evidenciam que ele desconhece o que está por vir:

Nas minhas viagens com Vitalis eu aprendi bem a nadar e a mergulhar para me encontrar tão à vontade na água quanto sobre a terra firme; mas, como se localizar neste buraco escuro?

Eu não tinha pensado nisso quando eu me deixei deslizar, eu não pensei que o mestre teria se afogado e, com o instinto de um cachorro terra-nova, eu estava jogado na água.

Onde procurar? De que lado dar a braçada? Como mergulhar? Era isso o que eu me perguntava quando senti ser agarrado pelos ombros por uma mão desesperada e fui forçado a submergir na água. Uma boa pernada me fez voltar à superfície: a mão não me deixava.[14]

O menino ("narrador-personagem") se pergunta como deve agir, o que procurar, como sair dessa situação de perigo. Mas, similar à passagem mencionada anteriormente, logo o adulto ("narrador") retoma a narração e descreve como Rémi-criança conseguiu escapar do afogamento e ainda salvar o mestre.

O romance de Malot, portanto, é construído como uma grande fabulação do adulto Rémi olhando para seu passado. A voz do narrador transporta o leitor para o tempo de sua infância, apagando o homem para dar existência apenas ao garoto Rémi. O narrador adulto explica sua jornada tentando entender a orfandade, o motivo do abandono de seus pais biológicos e adotivos. Reconstruir sua família perdida e a questão mais importante para o amadurecimento da personagem: Rémi substitui o pai pela figura de Vitalis. Será a partir dessa problemática que nasce toda a motivação da viagem de Rémi: reunir-se com seus pais biológicos, resgatar suas origens, recriar seus núcleos de afeto (considerando seus pais e *mère* Barberin) dos quais ele foi privado ainda criança. Nessa jornada, *Sans famille* também é considerado um romance *on the road*, cuja viagem é tanto literal como metafórica, e que permite Malot descrever, como pano de fundo, em minúcias, as regiões da França percorridas pelo herói – tanto do aspecto geográfico quanto em suas características culturais e econômicas. Ao lançar Rémi em busca de sua identidade burguesa, ou seja, para sua a ascensão social, o garoto evolui de uma criança abandonada para um indivíduo reconhecido socialmente.

Por esses motivos, *Sans famille* também pode ser considerado um "romance familiar" dentro do conceito freudiano do termo e, em especial, sob a interpretação de Marthe Robert. Pincet também corrobora essa interpretação. Em seu artigo já citado, o pesquisador elabora o quadro familiar disfuncional da vida de Rémi e as estratégias do narrador em interpretar e substituir figuras chaves em sua fabulação:

> Os diferentes momentos do fantasma descrito por Freud e seus discípulos aparecem em *Sans famille*. Rémi é deposto da casa da mamãe Barberin e, mais tarde, é expulso da família Acquin. O pai adotivo, Barberin, aparece estranho a Remi, uma vez que ele é rígido, implacável, e os Driscoll, os falsos pais, são ao mesmo tempo distantes e sem coração. O leitor vê cenas de destituição do herdeiro antes que o herói faça comparações entre as famílias, entre a madame Milligan e a mamãe Barberin. O desenlace estabelece uma restauração dinástica e permite que o herói ofereça de maneira equitativa justiça distributiva depois que o traidor é confundido na cena de reconhecimento final. Vitalis, que foi um artista glorioso, é dotado do prestígio que o pai fictício desfruta na fantasia do "romance familiar". A rivalidade edipiana parece decisiva na formação do herói: oferecendo a vaca leiteira à mãe Barberin, uma vez que o marido mau a obrigou a vender Roussette, ele aparece como um príncipe e, ao instruir Arthur, Lise e Mattia, ele representa o papel de pai que Vitalis já representou uma vez, ao ensiná-lo a ler e a representar a comédia.[15]

Pincet retoma a arqueologia das diversas possibilidades de famílias que são expostas a Rémi e que acompanham a narrativa: a mãe Barberin que se descobre não biológica, o homem que o vende para Vitalis, que, por sua vez, será a figura paterna do romance até, finalmente, Rémi substitui-lo pelo pai biológico no desfecho triunfal – a "rivalidade edipiana" que Pincet comenta. As estruturas familiares de Rémi tornam-se importantes para a análise crítica do romance à medida que a dramatização e complexidade da trama familiar acompanham o amadurecimento de Rémi. Do dia em que o garoto é vendido a Vitalis e sai com "os olhos escurecidos pelas lágrimas não viram ninguém para pedir ajuda: ninguém conhecia a estrada, ninguém por perto para pedir ajuda – Eu comecei a chamar: Mamãe! Mamãe Barberin!"[16], ao triunfo final do adulto Rémi, casado e reunido com sua família biológica inglesa, várias peripécias marcam as passagens do amadurecimento do herói.

O começo da segunda parte do romance marca a passagem da criança abandonada para o adolescente decidido, quando Rémi aceita sua condição de órfão e a vida errante. O narrador relembra: "O mundo estava diante de mim, e eu podia mirar meus passos ao Norte ou ao Sul, ao Leste ou ao Oeste, de acordo com a minha vontade. Eu não passava de uma criança e já era senhor de mim."[17] Rémi finalmente aceita que a vida errante pode significar liberdade. O garoto compreende que seguir o seu próprio destino, guiar-se conforme seu desejo e, sobretudo, ser "senhor" de si é, de fato, um privilégio para um garoto sem família.

Pois o conceito de família no século XIX já havia amadurecido para uma ideia de núcleo social afetivo, o primeiro com o qual o indivíduo se depara quando criança. É desse período a compreensão de que pais e filhos estão ligados por uma relação única e distinta da sociedade, que se restringe à vida privada. Vale, aqui, retomar o conceito de romance familiar a partir dos estudos de Lynn Hunt. Desde o começo do século a ideia de família amadureceu, definindo papéis únicos tanto para o homem quanto para a mulher e até mesmo para as crianças:

> As mulheres deveriam voltar para a casa e para sua posição na família, ainda que esses mesmos papéis (como filha e mãe especialmente) estivessem mais valorizados do que nunca. Os irmãos se tornariam pais que, por sua vez, teriam seus lugares restaurados por direito como grandes entre iguais. Ainda assim, esperava-se que os pais fossem mais amáveis, mais carinhosos, "doces" e menos inclinados a comportamentos despóticos de sua própria vontade.[18]

Tal percepção alterou profundamente a qualidade sentimental entre os "familiares", tornando, assim, a família uma instituição valorizada positivamente. Esse novo comportamento diante da ideia de família está intrinsecamente associado, por sua vez, ao surgimento do conceito de infância e da importância de distinguir a educação e o tratamento entre as crianças e os adultos.

Nesse sentido, a obra de Malot ganha força ao estampar dura e secamente desde o título o estado de "sem família" do protagonista.

Para o leitor do século XIX, a recepção tem um sentido muito nítido: o herói inicia o romance segregado de seu primeiro núcleo social, rejeitado por aqueles que têm obrigação de atribuir-lhe afeto e cuidado. É, portanto, um abandonado, alguém que não pode ser considerado indivíduo e, assim, assemelha-se a um objeto.

A CRIANÇA-OBJETO DO SÉCULO XIX
NA LITERATURA FRANCESA: ECOS E ORIGENS

Para entender o que de fato significava abordar o surgimento da figura da criança carente como personagem na literatura do século XIX, é necessário escavar as evidências tanto na literatura quanto na sociologia. Da perspectiva da literatura, um estudo minucioso que contribui para iluminar o tema é o da pesquisadora Marina Bethlenfalvay, publicado em forma de livro, intitulado *Les Visages de l'enfant dans la littérature française du XIXe siècle: esquisse d'une typologie*. Sob a premissa de que a criança, durante muito tempo, foi ignorada como personagem da "alta literatura", a autora busca as origens das primeiras manifestações literárias francesas que assumiram crianças como personagens – e, em alguns casos, até mesmo como protagonistas. A pesquisadora revela que, se o aparecimento de tais personagens nas histórias foi tardia em relação ao desenvolvimento da literatura, não foi menos impactante. Bethlenfalvay relaciona a aparição da criança vitimada na literatura romanesca a questões problemáticas da vida em sociedade do século XIX[19]. Contra a alienação de uma época voraz, surgem os "escritores engajados" que irão dominar boa parte do século XIX com suas narrativas focadas na "exploração" do ser humano em nome do desenvolvimento. Ou ainda na ascensão da burguesia que traz consigo mudanças econômicas e políticas que, por sua vez, abririam caminho para o cenário ultrassubjetivo que se apresentaria no século XX. A criança era o exemplo real da exploração nessa nova configuração econômica e social, tornando-se, assim, símbolo de uma época.

Mas não qualquer criança, e sim uma categoria que crescia sem precedentes: *l'enfant trouvé*, a "criança abandonada". A ficção recorre à realidade como uma forma de denúncia. Devido à miséria, à escassez de alimentos e às bruscas mudanças econômicas – que deixaram grande parte da população desamparada –, e também ao aumento de filhos ilegítimos, as crianças tornam-se indesejadas pelos pais. A consequência dessa combinação é o abandono que se torna um dos maiores fenômenos sociais da Europa no século XIX.

Da perspectiva da sociologia, de acordo com a pesquisa de Jean-Pierre Bardet e Oliver Faron[20], o acontecimento foi tão impressionante que não faltou material. Registros de orfanatos e outras entidades formam um dossiê apurado sobre o tema, um movimento que começa ainda no século XVIII, se intensifica com o passar das décadas, até atingir toda a Europa ocidental no século seguinte[21]. O ato massificado de deixar bebês e crianças aos cuidados de outrem tornou-se tão evidente como prática de abandono que a própria sociedade começou a se organizar para acolher essa demanda. Entidades passaram a receber tais crianças em "abrigos especializados" (*les hospices*). O maior desses agentes era a Igreja Católica que, imbuída do espírito de caridade pós--Reforma, tornou-se um dos maiores responsáveis pelo cuidado das crianças sem casa e sem família.

Mas não demorou para o que era considerado um embrião da filantropia tornar-se institucionalização do abandono e, por sua vez, um dado social de extrema relevância para a época, mudando o comportamento da sociedade e, concomitantemente, afetando os escritores mais sensíveis ou atentos à causa. Os registros pesquisados por Jean-Pierre Bardet e Oliver Faron, por exemplo, denunciam que as mães abandonavam seus filhos nesses "abrigos" e, logo em seguida, apresentavam-se como amas de leite para dar de mamar a bebês rejeitados em outra instituição, recebendo um valor pelo serviço. A Inglaterra viu surgir o fenômeno *baby farming*: uma mulher se responsabilizava por amamentar e cuidar do bebê durante alguns meses, sendo que os custos eram pagos pelos pais que, com frequência, "esqueciam" a criança com a nova mãe. Para o resgate da família como organização social, foi necessário criar campanhas para as mães manterem seus bebês e também para incentivá-las ao aleitamento. Todo esse contexto criou um "mercado do abandono": o leite materno, as cuidadoras de bebês e outras práticas de primeiros cuidados tornaram-se produtos cujo valor oscilava de acordo com a oferta e a demanda[22].

Mas o que parecia uma solução para um problema visível foi, em realidade, uma maneira definitiva de retirar as crianças indesejadas da sociedade. Pois, tais lugares podiam acolher as crianças, mas estas sobreviviam poucos anos nas precárias condições de higiene e cuidados gerais apresentados nas instituições. Quando não morriam – os dados revelam que, em Rennes, por exemplo, 20% dos bebês morriam até dois anos depois da entrada no hospital; em Paris, 83% morriam logo depois dos primeiros meses de vida; em Roma, a morte no primeiro ano era de 70%; em Badjouz, na Espanha, o número chegava aos 80%[23] –, o estigma do abandono perseguia essas crianças por toda a vida, uma vez que eram tatuadas com a insígnia do hospital.

Marcadas e estigmatizadas, as raras crianças sobreviventes seriam, pouco a pouco, inseridas na sociedade, não apenas pela obrigação moral, mas também porque se tornaram boas fontes de exploração de trabalho. O processo de socialização, ou o *contrat d'apprentissage*, passava pelas etapas de ensinar noções básicas de leitura e escrita e, finalmente, alguma atividade profissional, que se resumia a trabalhos manuais e menos lucrativos: serralheria, cutelaria, carpintaria, alfaiataria, confeitaria[24].

As crianças ainda menos afortunadas eram orientadas a trabalhar como limpadoras de chaminés – por seu corpinho pequeno – e até mesmo em fábricas. O trabalho fabril não apenas fazia parte do processo de inserção da crianças na vida social e adulta, como também era considerado um exercício educativo por seu caráter exigente, pelas naturezas disciplinadora e sistemática da atividade, e por demonstrar às crianças maneiras de subsistência independentemente da ajuda de outrem. Algumas fábricas chegavam a registrar turnos de até vinte horas, para crianças de seis e sete anos que moravam a uma hora de distância do local do serviço, guardando uma hora e meia para as refeições. O "pagamento" pelo trabalho, por sua vez, era contabilizado com produtos – cujos valores variavam de acordo com a vontade do patrão[25].

Sem dúvida, a mão de obra infantil representava um ganho para os setores doméstico e fabril. Porém, os efeitos maléficos dessa rotina no desenvolvimento das crianças passaram a ser considerados mais do que descaso. Pouco a pouco, essa humilhante realidade começou a sensibilizar a população.

Esse movimento de sensibilização da condição da criança abandonada captou o interesse de escritores engajados, que se puseram a escrever sobre essa realidade em seus romances. O já citado trabalho de Marina Bethlenfalvay sobre a imagem da infância no século XIX demonstra como os romances não pouparam o leitor da triste vida dessas crianças:

> Os romances do século XIX são repletos de crianças negligenciadas, abandonadas por seus pais. Normalmente, elas morrem; se sobrevivem, são condenadas a uma infância e vida sem conforto ou esperança, ou, ao menos, a um arrependimento perpétuo do amor que foi negado a elas. Pensemos em Berthe Bovary, em Félix Vandenesse, e em todas as crianças deixadas às amas de leite e esquecidas, porque seus pais tinham outras ocupações. Com frequência, são crianças de cortesãs: o filho de Nana, de Rosanette também, e seu cadáver suscita mais interesse do que se estivesse viva.[26]

Rosanette, a mulher da corte em *Educação Sentimental*, e Madame Bovary do romance homônimo, ambos de Gustave Flaubert, e Félix Vandenesse, do romance *A Comédia Humana*, de Honoré de Balzac, seriam exemplos de "adultos abandonados", cuja carência afetiva na infância culminou com uma vida adulta disfuncional, em busca desse amor que lhes foi negado quando crianças. Não por acaso, Bethlenfalvay cita em seu trabalho Hector Malot como um dos exemplos centrais de escritores que se dedicaram a dar voz aos abandonados, tornando *Sans famille* um romance mais do que icônico para o tema.

A manifestação cultural em torno de personagens abandonadas ou cujos destinos estão marcados desde seu nascimento não é uma marca exclusiva desse período. Essa tradição remonta aos gregos, com Édipo, Rômulo e Remo – e, quiçá, além. Mas a referência mais marcante na história da literatura infantojuvenil, no que diz respeito à construção do imaginário da personagem órfã, remonta ao conto maravilhoso e ao conto de fada. Personagens praticamente sem nome – chamadas apenas de "príncipes" ou "filhos" – vivem em um cenário genérico, em um tempo longínquo e impreciso. Na tradição da literatura francesa, Charles Perrault (1628-1703) introduziu para o grande público órfãos emblemáticos para a literatura infantojuvenil. Utilizando-se da forma do *conte de fée* (conto maravilhoso, popularmente chamado de conto de fada, apesar de sensíveis diferenças entre os dois gêneros), Perrault cristalizou Pequeno Polegar (abandonado pelos pais) e Cinderela (órfã de mãe), nos seus *Contos da Mamãe Gansa*.

Porém, mesmo com diferenças significativas quanto ao formato (conto popular e romance), caracterização de personagens (anônimas e protagonistas) e ambientação (lugares distantes e cidades, vilas ou ilhas), as "tarefas" do herói órfão em sua jornada, na maioria dos casos, mantêm-se sempre as mesmas: definir sua própria identidade, buscar o amor, a segurança e a felicidade em família, livrar-se da solidão e do abandono.

Para as crianças do século XIX, a realidade do mundo objetivo está calibrada por uma lente um tanto quanto diferente, através da qual a infância e a adolescência são reduzidas a apenas alguns anos. A emancipação de crianças abandonadas era, para elas, uma questão de sobrevivência. Nessa condição, são lançadas à força a uma vida independente, sem a tutoria de adultos. Para sobreviver, precisam escolher seus próprios caminhos, ser suas próprias referências.

Na obra de Malot, logo nas primeiras páginas do romance, Rémi, tendo que escolher entre ir com Vitalis ou ser entregue a um desses hospitais, narra sua angústia ao pensar na possibilidade desse ser o seu destino:

Havia na vila duas crianças que chamávamos de "as crianças do abrigo"; elas tinham uma placa de chumbo no pescoço com um número; eram crianças malvestidas e sujas, tirava-se sarro delas; batia-se nelas. As outras crianças tinham a maldade de sempre as perseguirem como se persegue um cachorro perdido para se divertir, e como é um cachorro perdido não há ninguém que o defenda.

Ah! eu não queria ser como essas crianças; eu não queria ter um número no pescoço, eu não queria que corressem atrás de mim gritando: "Para o abrigo! para o abrigo!"[27]

Em *Sans famille*, o estigma da orfandade é maior do que a tolerância e a compaixão. O marido da mãe de criação de Rémi, quando volta para casa depois de passar um período encarcerado, não se sente na obrigação de sustentá-lo. Com crueldade, cria um estratagema para vender o garoto escondido de sua esposa. Logo nos primeiros capítulos do romance já se identificam os adultos de índole ruim agindo de maneira cruel e pessoas de bom coração passando por privações. Essa lógica seguirá por todo o romance, a não ser por uma personagem: Vitalis, o dono da trupe, que aos poucos ocupa o lugar de mestre de Rémi.

Não seria a primeira vez que Rémi passaria por uma experiência perigosa ou traumática para uma criança[28]. A trajetória de Rémi começa pela própria violência de ter sido vendido por seu padrasto a um artista de rua, o italiano Vitalis. Ou nos dias em que morou em Paris aos cuidados do também italiano Garofoli, que supostamente acolhia crianças na mesma condição de Rémi, com a promessa de dar-lhes abrigo e comida. Mas, ao invés, abusava dos garotos, forçando-os a trabalhar exaustivamente, sob pena de maus tratos e privação das refeições como forma de punição. Ou, ainda, quando Vitalis foi preso por desacato à autoridade na cidade de Toulouse, deixando Rémi sozinho pela primeira vez, apenas na companhia da trupe, o macaco Joli-Coeur e os cachorros.

Em todos esses episódios, os desfechos caminham para uma dura vivência que, por sua vez, contribui para o amadurecimento emocional de Rémi. Quando o menino ingênuo é separado à força de sua mãe de criação, a *mère* Barberin, numa cena tocante, mal sabia ele que seu algoz, o aparentemente bruto Vitalis, seria a figura responsável por expandir seu universo de conhecimento. Será Vitalis que lhe apresentará o significado da arte e da cultura para um desenvolvimento humanístico; lhe ensinará a importância e a dignidade do trabalho para a independência do indivíduo numa sociedade calcada na desigualdade; lhe apresentará, também, os códigos de boas maneiras, de justiça e de solidariedade para a convivência coletiva; além do grande momento em que Rémi conquista uma nova habilidade sem precedentes: quando Vitalis lhe ensina a ler e a escrever.

Dessa maneira, pouco a pouco, Vitalis passa de um usurpador de criança para o verdadeiro tutor de Rémi, propiciando experiências, vivências e conhecimentos que sua *mère* Barberi nunca teria condições de lhe oferecer – por sua falta de preparo intelectual e condição social. O que aparentemente se mostrava como negativo evolui para uma surpresa necessária ao desenvolvimento do garoto como indivíduo, como cidadão. Dessa maneira se inicia a jornada de Rémi, com os elementos da tradicional viagem do herói – o chamado para a viagem, o tutor e os elementos fantásticos[29].

Em Paris, na terrível condição de escravo de Garofoli, Rémi vive a realidade dos meninos de rua das grandes cidades. A comparação entre a zona urbana e o campo é cruel: nada se produz, tudo deve ser conquistado; é explícito o contraste entre as belas casas e os cortiços e até mesmo entre as ruas imundas de neve suja em comparação com as belas alamedas exibindo as vitrines das lojas. Mas o que chama mais a atenção de Rémi é a pálida multidão que se submete a aceitar esse contraste, além das crianças de ruas, que estavam por todos os lugares, testemunhando adultos bebendo e se prostituindo: "Eu nunca tinha visto rostos tão pálidos como aqueles das pessoas que compunham aquela multidão; também nunca tinha visto igual dureza para com aquelas crianças que iam e vinham entre os transeuntes."[30] Mas o ápice da crueldade está mesmo nos dias em que Rémi terá que enfrentar Garofoli, o conterrâneo *padrone*. Rémi se depara com vários tipos de abuso infantil sofrido pelas vinte crianças que moram de maneira precária com o *padrone*: o garoto cozinheiro faminto Mattias, que não poderá jantar se não conseguir vender sua cota de sopa por dia e, por isso, tampa a saída de ar para não sentir o cheiro da comida e, em consequência, ficar com mais fome ainda; as crianças que trabalham por uma meta, sob pena de serem espancadas com uma vara; ou mesmo os garotos que ficam doentes e são deixados à morte.

Para Rémi, no entanto, o sofrimento terminaria logo, com o retorno de Vitalis. E, quando este vê a real condição das crianças, se sensibiliza: "Sim, é uma vergonha, uma covardia martirizar dessa maneira as crianças que não podem se defender."[31] Essa fala de Vitalis deixa claro como a ideia de criança inocente e vítima de maus tratos ainda resiste na narrativa de Malot: as crianças não têm como se defender, elas precisam de adultos que lhes ofereçam o bem-estar e as guiem para um caminho de acolhimento. Para o leitor do século XIX de *Sans famille*[32], essa parte é altamente significativa para sensibilizá-lo sobre a precária condição de crianças de rua. Novamente, Malot usa a estratégia da empatia com o intuito de evidenciar uma realidade social. E, uma vez mais, a situação termina de maneira que Rémi possa seguir a sua jornada.

Das diversas formas de abuso que Rémi enfrentou (ser abandonado pelos pais, não ter controle sobre sua vida, precisar trabalhar desde cedo para sobreviver, passar frio, fome, desamparo afetivo), nenhuma delas deixou tão evidente quanto a prisão de Vitalis a maneira como a sociedade legal se organiza para rechaçar os pobres e manter a segurança dos ricos. As experiências que Rémi viveu até o episódio da prisão de Vitalis têm um caráter absolutamente maniqueísta, em especial na separação entre adultos e crianças: as personagens adultas são geralmente pessoas ruins e de má índole, enquanto as crianças são vítimas de seus maus-tratos.

Do ponto de vista da trajetória do herói, tal estrutura de *Sans famille* torna-se absolutamente compreensível quando se colocam em perspectiva as dificuldades que o herói precisa enfrentar antes de atingir seu objetivo[33]. Em todos esses episódios, Malot demonstra ao leitor que a condição de garoto abandonado, ignorante e abusado não é um estigma do *enfant trouvé*. O romance se desenvolve para que o herói consiga a ascensão social. Mas, sobretudo, o texto de Malot reafirma como são importantes os valores sociais e morais aprendidos desde criança, para se atingir a recompensa de uma vida plena e cheia de conquistas. O que garante, no entanto, que *Sans famille* seja um romance do século XIX e não uma versão de uma narrativa épica modernizada é sua linguagem. Para suprir a lacuna da reflexão interior causada pelo mosaico de aventuras – que impõe um ritmo acelerado no desenvolvimento dos episódios e, por consequência, na leitura –, Malot apela para uma elevada carga melodramática no texto. No romance de Malot, o leitor precisa ser conquistado, entretido.

Sans famille, portanto, traz todas a experiência cruel que os *enfants trouvés* viviam nas ruas das cidades europeias do século XIX. O registro literário que se apresenta no romance é de superação. A fabulação que o narrador adulto criou sobre seu passado – para resgatar o termo freudiano – é sobre uma infância sofrida e exemplar, de sucesso no sentido de driblar as dificuldades, superar os desafios, mesmo que todas as realidades apontassem para um destino trágico. *Sans famille* se propõe ser um romance de aventura, mas ainda é superficial quanto à percepção de um mundo complexo, não baseado no maniqueísmo. Nesse sentido, a caracterização de Rémi ainda guarda semelhanças com as personagens dos contos tradicionais, polarizadas em seus valores[34].

Talvez seja por isso que *Sans famille*, como romance, evoque mais um sentimento de piedade do que se preste a ser revolucionário[35]. No entanto, mesmo com seu apelo sentimental como intenção primeira, não se invalida o fato de *Sans famille* alertar para um fenômeno absolutamente antiético: o fato de os *enfants trouvés* pertencerem a um sistema estabelecido de abandono justificado. Ao longo do romance, Rémi repete e verbaliza sua condição de criança abandonada, ressaltando o estigma de ser um *enfant trouvé*, além de sofrer maus-tratos por conta de sua condição. O herói de Malot não é passivo diante do cenário que se impõe a ele, estabelecendo uma diferenciação entre aquilo que a personagem acredita ser o justo e aquilo que lhe é imposto como estigma social por conta de sua origem. Talvez nesse ponto esteja também uma conexão com Gavroche, o menino que adere à luta armada e morre na batalha em busca de seu ideal de vida[36]. Nessa luta pela mudança de vida, está a tomada de consciência, que será a força motriz para Rémi procurar alternativas de uma vida melhor em seu momento presente, impulsionado pela busca da verdade de sua real origem. Não existe, porém, um conflito absoluto instaurado entre o "eu" e a sociedade; muitas vezes, o herói de Malot resigna-se a essa realidade violenta, como se soubesse que o tempo da justiça – seja lá qual justiça o irá acolher – chega em boa hora. Em suma, Rémi vislumbra um futuro mais justo, e isso basta para suportar a realidade do presente. György Lukács contribui com uma reflexão sobre essa a diferenciação entre as realidades interna e externa:

A questão hierárquica do vínculo recíproco de subordinação entre as realidades interna e externa é o problema ético da utopia: a questão de em que medida a possibilidade de pensar um mundo melhor justifica-se eticamente, em que medida é possível construir sobre ele, como ponto de partida da configuração da vida, uma vida que seja perfeita em si e não apresente, como diz Hamann, um buraco em vez de um final.[37]

Lukács convida à reflexão sobre em que medida a projeção de um futuro melhor induz a um comportamento utópico no presente. Essa reflexão só é possível em *Sans famille* uma vez que o herói do romance esboça elementos subjetivos elaborados, mesmo que de maneira superficial: tem uma identidade (nome e origem), acena para uma profundidade psicológica (mesmo que ainda incipiente), está inserido em um contexto social e histórico, além de apresentar um objetivo muito claro de ação – achar seus pais biológicos e voltar para sua mãe adotiva.

Rémi torna-se, portanto, uma das personagens mais importantes para a construção da imagem da infância do século xix, por se distinguir de seus antecessores idealizados, que chegavam a possuir poderes e ganhavam a forma física de seres da natureza. Lembremos que, na literatura infantojuvenil do romantismo, as crianças, quando presentes, eram meros recursos que permitiam o desenvolvimento da ação, e as narrativas idealizadas pelo adulto escritor proporcionavam uma literatura mais próximas de um pedagogismo, ainda distante das questões sociais e intrínsecas à vida da criança[38]. Mesmo os autores contemporâneos a Malot, que também se dedicaram a escrever sobre o fenômeno da infância abandonada – *Mémoires d'un orphelin* (1865), de Xavier Marmier, por exemplo – não chegaram a criar uma personagem tão icônica quanto Rémi. *Sans famille* ganha, portanto, certo destaque dentro da historiografia da literatura infantojuvenil francesa pela maneira como Malot propõe a representação da criança – mais engajada subjetivamente (caracterização da personagem) – conectada ao seu momento histórico (ambientação), a partir da forma textual do romance.

O QUARTO ESTADO COMO TEMA DO ROMANCE

O que de fato esses romances cujos heróis são crianças e jovens como os de Malot e de seus contemporâneos citados anteriormente sugerem como representação da infância é um momento de tomada de consciência do subjetivo ou, mais especificamente, da "afirmação da criança como ser humano completo"[39]. A história da literatura para crianças e jovens na França teve, até os anos 2000, cinco momentos de ruptura. O primeiro, em 1697, é marcado pela publicação dos contos de Charles Perrault (1628-1703), que permitiu uma literatura dirigida tanto para adultos quanto para crianças. O segundo momento de ruptura compreende os anos 1782-1783, quando o primeiro jornal para crianças foi publicado sob os auspícios do Século das Luzes, o *L'Ami des enfants*, editado e criado por Arnaud Berquim (1747-1791). Já o terceiro grande marco da literatura infantojuvenil francesa acontece de 1833 até 1880, com uma série de eventos, como por exemplo a lei Guizot (1833), que exige a construção de uma escola por vila. Com a melhora da educação, ou ao menos a presença da escola por todo o país, é natural que surja um novo público leitor. A consequência, por sua vez, é o aquecimento do mercado editorial devido ao aumento da demanda leitora, inundado por obras escritas e produzidas na França, com destaque especial para o romance de Louis Desnoyers, *Les Mésaventures de Jean-Paul Chopart* (1834). Outra figura editorial importante nessa época é o famoso editor Pierre-Jules Hetzel (1814-1886) que, com suas coleções e revistas para crianças e pais, impulsionará a literatura infantojuvenil a entrar definitivamente dentro da casa das famílias. Será esse o período mais produtivo do mercado editorial até então, com um universo vasto de revistas e obras literárias como as da Condessa de Ségur (1799-1874) e Jules Verne (1828-1905).

O quarto momento de ruptura da literatura para crianças e jovens na França é o mais relevante para este livro. Uma segunda lei sobre a educação francesa acelera, ainda mais, o mercado editorial: a lei Jules Ferry (1881) exige que o estado ofereça educação gratuita, obrigatória e laica. Como o estudo passa a ser de grande acesso, cresce também, de maneira exponencial, o público leitor infantojuvenil. As pesquisadoras Denise Escarpit e Mireille Vagné-Lebas, que sistematizaram esses momentos de ruptura, enfatizam o desenvolvimento do campo editorial – como consequência do estímulo para o estudo – para o surgimento dessa literatura romanesca mais associada às questões subjetivas da infância, com as quais se preocupa Malot. Nas palavras das pesquisadoras:

> O desenvolvimento dos métodos de impressão introduziu um novo tipo de comunicação com a criança; a relação não era mais apenas didática ou pedagógica; era também de entretenimento.
> Esse período viu também a aparição de romances tendo crianças como heróis – uma criança que vivesse, seja uma situação excepcional, como *Roman Kalbris*, de Hector Malot, seja uma existência normal, mas que se colocavam problemas de relação com os outros e com eles mesmos, como *Poum*, de Paul-Victor Margeritte, ou *Mon petit Trott*, de André Lichtenberger. O compartilhamento da experiência, tal qual era o propósito desses romances que podemos qualificar de iniciáticos, à medida que eles afirmam a criança como ser humano completo.[40]

A grande ruptura da época de Malot permite que a obra literária atinja o público leitor diretamente, considerando-o também um "ser humano completo"[41]. Tal mudança de concepção ideal da infância e da criança pode, sim, ser considerada uma ruptura. Para os românticos, por exemplo, a criança frágil e delicada era sinônimo de um despertar para a espiritualidade, além de mensageira de um plano divino; seus sucessores também concebiam a criança como inocente e pura. Porém, essa talvez seja a única semelhança no âmbito da concepção de criança e de infância entre as duas gerações. Se para os românticos a criança inocente representa uma dádiva, para seus sucessores a mesma criança insere-se no ambiente mundano: a criança frágil participa das mazelas da sociedade, da crueldade e da indiferença dos homens. Não poucas vezes, mas sim com frequência, a personagem criança na literatura irá sofrer até morrer.

Reside nessa nova percepção sobre o recente papel da personagem criança na ficção – seja ela destinada aos adultos ou aos leitores jovens – a principal mudança de registro de escrita da época em relação à representação da infância na literatura. Pois os românticos não negam a preferência pela poesia, gênero que permite uma total expressão do lirismo, conectando as ideias ao etéreo, ao sublime; seus sucessores, no entanto, elegeram o romance como principal gênero literário para representar uma nova realidade.

Tratava-se não apenas da realidade burguesa, que já despontava desde o século XVIII, mas sim da abertura para um novo tipo de personagem nessa segunda metade do século XIX: pessoas das classes mais baixas do extrato social. Sobre essa reflexão, Erich Auerbach faz uma precisa análise acerca do surgimento do romance que se dedica ao "quarto estado" em *Mimesis*, no capítulo dedicado à obra *Germinie Lacerteux*, dos irmãos Goncourt (Edmond e Jules). O autor ressalta o romance como um marco da história da literatura por assumir como protagonista uma criada e cujo enredo narrava suas aventuras eróticas. A distância temporal faz com que a sensibilidade da população leitora contemporânea não veja com tanto entusiasmo – ou espanto – tal enfoque. Mas para 1864 tratava-se de uma ousadia, que revela dados importantes sobre a evolução do romance como gênero e sua intrínseca relação com a vida social. Auerbach relembra, a título de comparação, que nos romances dos primeiros escritores realistas – Stendhal, Balzac, Flaubert – as camadas mais baixas eram apenas coadjuvantes da trama. A função do "quarto estado" nesses romances é meramente ilustrativa, uma presença insignificante, que apenas compõe o cenário para torná-lo verossimilhante.

Já no romance dos irmãos Goncourt, logo no prefácio da obra, os autores explicam a necessidade de trazer para as páginas dos livros tipos menos afortunados, tendo em vista as mudanças políticas e sociais de inclusão, como o sufrágio universal, a democracia e o liberalismo[42]. Esse ato abre um precedente sem volta na história do romance: a possibilidade de se tratar qualquer assunto, do mais baixo ao mais elevado, de maneira sofisticada em termos de estilo. Se retratar a burguesia e a vida íntima já tinha sido um primeiro passo para que a literatura criasse um distanciamento necessário dos temas das formas elevadas (tragédia, drama e as classes nobres) em prol de uma representação mais realista dos leitores – movimento que é intrínseco ao surgimento do romance como gênero –, a matéria do romance se volta para uma população muito particular – e que, por sua vez, chamava a atenção pela sua capacidade de mobilização[43]. Assim, o dito "romance realista" ganha uma nova matéria para retratar, em nível elevado, a partir do cenário social que se estruturava na segunda metade do século XIX.

Mas, ao que tudo indica, o objetivo principal de Auerbach nesse seu ensaio não é apenas desenhar os novos temas do romance, mas também apontar uma crise na relação entre o escritor e seu público. Sendo os escritores parte da burguesia e, por consequência, dependentes dela para sucesso e sobrevivência, a literatura produzida no século XIX nasce com a intenção de agradar, de satisfazer o seu público leitor – como "distração confortável e calmante", nas palavras de Auerbach. A verdadeira matéria dos escritores era o próprio romance, o lapidar do texto para que a escrita se aproximasse, cada vez mais, de um refinamento digno da arte admirada pela própria burguesia.

O *twist* interpretativo de Auerbach está justamente em apontar como mesmo os irmãos Goncourt, em *Germine Lacerteux*, ao arriscarem uma temática inédita e necessária ao romance, ainda assim não abrem mão da forma elegante e bela da escrita – para descrever o "feio" –, criando um tipo de representação do "quarto estado" distante da realidade que o cerca. Pois os Goncourt são escritores que gozam da boa vida que seu *status* social permite[44].

Ainda assim, o trabalho dos irmãos Goncourt é relevante ao abrir a sensibilidade dos escritores para essa nova matéria. E seria a geração seguinte que avançaria na tarefa de aproximar o objeto narrado à sua forma mais adequada. Auerbach elege ninguém menos que Émile Zola (1840-1902) como o escritor que de fato criou um invólucro estético para as narrativas que representassem as camadas mais baixas da sociedade. Seu romance *Germinal* (1888) não era apenas um retrato da vida do "quarto estado", mas uma representação grotesca, suja, imoral e visceral, causando reações nos leitores que fugiam das tendências burguesas de apreciação do belo. Nas palavras de Auerbach sobre o estilo narrativo empregado por Émile Zola,

a arte do estilo renunciou totalmente a procurar efeitos agradáveis, no sentido tradicional; serve à verdade desagradável, opressiva, desconsolada. Mas essa verdade serve simultaneamente como incitação para uma ação no sentido da reforma social. Não mais se trata, como no caso dos Goncourt, do atrativo sensorial do feio; trata-se, sem qualquer dúvida, do cerne do problema social do tempo, da luta entre o capital industrial e a classe operária[45].

Não por acaso, das três fontes que inspiraram Zola para escrever *Germinal*, uma foi *Sans famille*[46]. Foram justamente os capítulos que se passam na cidade mineradora que incentivaram Zola a criar um dos romances mais emblemáticos da luta da classe trabalhadora na França. Foi a partir das anotações e pesquisas de Malot que Zola – como ele descreve na apresentação da obra – representou os *travailleurs* como transformadores de uma sociedade injusta e preconceituosa.

Mas a ligação entre Malot e Zola – além do fato de terem sido amigos – se dá apenas nesse âmbito. Dentro dessa perspectiva, Malot aproxima-se muito mais dos irmãos Goncourt do que de Zola. Sua intenção está em retratar o feio, as injustiças contra as crianças, as condições que os abandonados vivem dentro de uma sociedade que cresce sem ética. Porém, o faz valorizando o trabalho, a moral, a educação. Rémi é um garoto exemplar, não se deixa corromper, tem em si e de maneira inata um senso de justiça. Não se deixa abater pelas experiências más que vive e sofre com dilemas éticos. Completa sua trajetória vivendo o mesmo ciclo: durante a jornada, seu caminho é coalhado de episódios desafiadores, o que o faz sofrer, mas Rémi persevera até conseguir retomar sua jornada. Essa insistência em ser justo, bom e correto é demonstração de maturidade ou de ignorância – ao se deixar submeter tantas vezes a mazelas. A escrita de Malot não visa chocar, mas sim criar empatia, aproximar-se de seu público pelo aspecto emocional. O escritor não quer espantar o leitor burguês, pelo contrário, cuida para que este seja fiel a suas obras.

A própria estrutura do romance em episódios faz com que o leitor seja enlaçado a cada capítulo[47]. No romance, Rémi está envolvido em uma trama em espiral: ora o mal está à frente, ora o bem se faz presente. Há uma constante reafirmação entre aquilo que é justo e correto diante do que é vil e maléfico. Cada capítulo é uma microtrama, na qual Rémi vive pequenos episódios de forte caráter moral, de situações de extrema pobreza, injustiça e descaso. Porém, por mais complicada que seja a situação de Rémi, a resolução é sempre positiva, de maneira que a jornada do herói possa seguir. Esse padrão, essa repetição da estrutura narrativa, constrói uma expectativa no leitor sobre o desfecho dos microepisódios e do próprio romance: de alguma maneira, a situação-problema será resolvida e o bem prevalecerá. O lugar-comum se faz presente por quase todo o romance, deixando poucos elementos para uma leitura que possa se aprofundar em novos tópicos. Nesse sentido, *Sans famille* repete uma estrutura binária, própria do romance popular, que apresenta um mundo familiar ao leitor[48].

SANS FAMILLE: UM ROMANCE PENDULAR DE LINGUAGEM DRAMÁTICA

O episódio das minas, se considerado desde a chegada do garoto Rémi até a partida do herói, ocupa cinco dos 42 capítulos do livro: "Une Ville noire" (Uma Cidade Enfarruscada), "Rouleur" (Caçambeiro), "L'Inondation" (A Inundação), "Dans la remonté" (No Poço Cego) e "Sauvetage" (Libertação). Esse é um dos motivos pelos quais a estrutura desse trecho se destaca dos outros da obra. Por ser um romance narrado em episódios, cada acontecimento ocupa, quando muito, dois capítulos do todo ou reserva-se a começar e a terminar em si mesmo. Ao dedicar cinco capítulos à tragédia na mina La Trouyère, Malot sutilmente identifica um momento-chave da obra, um divisor de águas. O episódio é central no romance por dois aspectos: por de fato se localizar no centro do livro – no começo da segunda parte, que espelha com a primeira em quantidade de capítulos, a notar, 21 – e por significar uma mudança expressiva na função narrativa do garoto Rémi: quando este toma consciência de sua missão como indivíduo, tanto no âmbito subjetivo (encontrar suas origens) quanto no coletivo (ajudar os menos favorecidos).

Mesmo no episódio do acidente nas minas, de alguma maneira o leitor já espera que eles sejam salvos. Até mesmo o narrador antecipa o desfecho no mínimo duas vezes durante os quatro capítulos que narram do acidente ao salvamento. No primeiro deles, o mestre acaba de distinguir o barulho de uma caçamba descendo no poço, sinal de que uma equipe de salvamento estaria chegando perto deles. O narrador, dividido entre descrever minuciosamente os detalhes do salvamento e atingir o desfecho do episódio, acalma sua ansiedade e pausa a narrativa para explicar o acidente, não sem antes discretamente revelar ao leitor um possível final: "Mas para contar esta catástrofe medonha das minas da Truyère, *assim como de fato aconteceu*, eu preciso antes te dizer como ela foi produzida, e quais meios os engenheiros empregaram para nos salvar."[49] A afirmação não deixa dúvidas de que o salvamento de fato aconteceu, cabendo ao leitor paciência para chegar ao final. Um outro exemplo de antecipação do desfecho se localiza no capítulo seguinte, no qual os indícios de salvamento já ficam mais evidentes em função do desenrolar da narrativa; o narrador está ocupado em explicar ao leitor, por meio de conhecimentos científicos, os riscos da operação de salvamento e aproveita para antecipar como as condições do ambiente se tornaram ideais para uma possível saída, deixando pistas concretas do desfecho:

Felizmente, à medida que as águas tinham baixado, a pressão atmosférica tinha diminuído, pois, se elas tivessem permanecido como estavam nas primeiras horas, nós teríamos certamente morrido de asfixia. Assim, de qualquer maneira, se nós tivéssemos sido salvos, deveríamos isso à prontidão com que o resgate foi ordenado e organizado.[50]

A primeira parte da última frase do trecho foi escrita no pretérito mais-que-perfeito ("se nós tivéssemos sido salvos"); porém, o restante da frase usa o futuro do pretérito simples. Ou seja, o narrador cria uma dúvida que imediatamente se dissipa pela afirmação.

Pela característica episódica descrita acima, o romance de Malot em muito se aproxima da definição de "romance de espaço" referenciada por Wolfgang Kayser. Nessa terminologia, a estrutura narrativa pode ser associada a um mosaico, um conjunto de acontecimentos que vão, pouco a pouco, criando o todo. Nessa colagem, cada episódio funciona individualmente – apresentam começo, meio e fim, ou seja, o conflito se resolve em si mesmo –, mas o todo ainda assim garante a unidade da obra, a construção dos *tableaux*[51]. Essa estratégia faz com que *Sans famille* tenha um tom monocórdico de ponta a ponta, há sempre um começo que finaliza em outro começo, dando a sensação de uma narrativa em espiral, que avança para uma conclusão maior.

A consequência dessa estratégia de escrita no âmbito da leitura é uma constante previsibilidade dos desfechos: não importa quão perigosa ou intrincada seja a situação de conflito, o leitor sabe que a personagem conseguirá escapar dela para seguir a sua jornada e, assim, cumprir o objetivo do livro. O efeito de *Sans famille* no leitor restringe-se a uma contínua manutenção do horizonte de expectativa. Para rememorar brevemente os conceitos da estética da recepção em Wolfgang Iser:

Os autores jogam com os leitores e o texto é o campo do jogo. O próprio texto é o resultado de um ato intencional pelo qual um autor se refere e intervém em um mundo existente, mas, conquanto o ato seja intencional, visa a algo que ainda não é acessível à consciência. Assim, o texto é composto por um mundo que ainda há de ser identificado e que é esboçado de modo a incitar o leitor a imaginá-lo e, por fim, a interpretá-lo. Essa dupla operação de imaginar e interpretar faz com que o leitor se empenhe na tarefa de visualizar as muitas formas possíveis do mundo identificável, de modo que, inevitavelmente, o mundo repetido no texto começa a sofrer modificações. Ora, como o texto é ficcional, automaticamente invoca a convenção de um contrato entre autor e leitor, indicador de que o mundo textual há de ser concebido, não como realidade, mas *como se* fosse realidade.[52]

Em seu ensaio, Iser cria uma metáfora para explicar a relação que se dá entre autor, leitor e texto: um jogo. Para ele, existe um pacto a ser estabelecido entre as duas partes. Esse pacto consiste em que o autor, por meio do texto, crie um universo que se assemelhe ao mundo objetivo (no caso dos romances realistas) e que é validado pelo leitor, por meio de sua *imaginação* e *interpretação*. Assim, as regras desse jogo, que conduzem a narrativa, começam a ser delineadas. Se o texto de fato for bem-sucedido em criar um universo novo, porém capaz de incutir no leitor a sensação de verossimilhança, o pacto é realizado. Mas há um comentário fundamental no trecho destacado de Iser, no qual o autor diz que "o mundo repetido no texto começa a sofrer modificações". O problema de *Sans famille*, no entanto, é que, uma vez o pacto aceito – o leitor compreende que Rémi é uma criança órfã e vai passar por muitas provações –, o romance não muda a sua estrutura narrativa. Há apenas uma sucessão de confirmações acerca dos episódios vividos pela personagem.

Mas isso não quer dizer que o romance não é bem-sucedido. Muito pelo contrário. *Sans famille* não quer ser o que não é: oferece ao público o que este quer ler. Não se preocupa em transgredir a linguagem, chocar, deixar uma marca em seu tempo subvertendo a expectativa do leitor. Depois de tantas provações, seu público espera que o herói saia vencedor.

Certamente, essa estratégia não vem de maneira gratuita. O preço que se paga é uma linguagem, de alguma maneira, limitada e, em certo sentido, simplória. O autor vale-se do apelo emocional para descrever as cenas com muitos adjetivos e, com isso, exagerar a ilustração, tornando-a mais dramática e, em alguns casos, até piegas. No episódio das minas, trechos como "trinta ou quarenta metros de terra pesavam sobre nossos corações" ajudam a criar o elemento melodramático. Porém, como o leitor sabe que a personagem irá sobreviver, há uma certa anestesia desses momentos mais críticos.

Algo a ser considerado é a força desse efeito anestésico no leitor experiente que, certamente, causa desinteresse pela leitura. Mas, para o leitor iniciante, o público da obra, a repetição da mesma estrutura em espiral pode causar um efeito contrário: o da segurança. Além desse elemento, estão em jogo várias estratégias que contribuem para o sentimento de empatia e para a curiosidade do leitor: o foco da leitura se mantém na solução do episódio, sem distrações ou narrativas paralelas; os diversos episódios de desafios enfrentados pelo protagonista vão, pouco a pouco, sensibilizando e conquistando o leitor em defesa do herói; e, já no desfecho, evita-se a decepção do leitor caso o herói sucumba[53].

A pesquisadora Denise Escarpit reforça a ideia de que os romances destinados às crianças no século XIX, em sua grande maioria, representavam a criança como vítima da família, da sociedade e até mesmo da escola, com o intuito de se aproximar do leitor:

Destinados a chamar a atenção para as condições da infância, esses romances são rapidamente recuperados por jovens que, dependendo do seu problema pessoal, encontram a oportunidade de se identificar com uma personagem fictícia. A imagem que é dada à infância é ampliada pelo elemento picaresco que permite pintar um afresco da miséria do povo em contraposição a uma burguesia próspera.[54]

Sans famille é um romance cruel com seu herói, mas adocicado em sua linguagem. Malot, como escritor burguês, escrevendo para leitores da burguesia, presta-se ao trabalho pioneiro de incluir na literatura uma população renegada pela sociedade. Mas assim o faz para ganhar seu público, transformando o drama da vida errante, solitária e pobre, em uma aventura pela Europa.

Como muitos romances da época, *Sans famille* foi publicado de maneira episódica na revista de literatura para adultos *Le Siècle*, para apenas em 1878 aparecer como livro pela editora Dentu, em dois volumes. Em 1880, o famoso editor Pierre-Jules Hetzel finalmente publica a obra em um volume, com ilustrações de Émile Bayard. A estratégia de revelar o texto inicialmente em uma revista para adultos sinalizava que Malot conhecia os meandros da divulgação do livro para crianças no mercado editorial: atingir primeiro os adultos que iriam recomendar o livro para os jovens leitores. Aos olhos desse público, chamado de "mediador de leitura", o romance está repleto de ideais educativas, muito próximas de uma herança rousseauniana. O constante contato com a natureza, o perfil pacato e bondoso dos heróis e o ritmo moroso dos romances, como se o tempo da história respeitasse o tempo de amadurecimento da criança em adulto, são indícios dessa estratégia narrativa[55].

São inúmeros os exemplos do romance em que Rémi tem a oportunidade de aprender sobre o mundo e as leis da natureza pelo contato direto com as experiências *in loco*. Não por acaso, *Sans famille* é recheado de centenas de personagens transitórias, cada uma como representante de uma classe social ou de uma profissão. O romance nomeia o cidadão. E não apenas: lida com fatos concretos, prosaicos, reconhecíveis na organização social francesa do século XIX.

No episódio das minas, esse aprendizado é mais do que evidente, em várias passagens, todas elas regidas pelo mestre das minas, responsável pela segurança dos trabalhadores e também por manter o espírito elevado em uma situação de crise. Logo que Rémi e os mineradores ficam presos no poço cego, o mestre toma a liderança e passa as instruções para o grupo. Tais instruções, no entanto, são feitas após uma minuciosa leitura do ambiente. O primeiro comentário esperançoso do mestre é assegurar aos companheiros que não há perigo aparente. Ao observar que a chama da lamparina estava acesa, mesmo que curta, o mestre profere uma aula de física: a chama pequena significa que o ar está pesado, portanto, comprimido. Dessa maneira, o próprio ar impediria a água de entrar nesse espaço diminuto no qual as seis pessoas se encontravam. Mas o que poderia parecer um alívio – não ser afogado pelas águas que inundaram as minas – também fazia as vezes de um ambiente enclausurado, como o encarceramento, uma vez que os mineradores também não poderiam sair dali: "Salvos? Eu não disse isso. Não nos afogaremos, é o que eu lhes prometo. O que nos salva é que, estando a subida fechada, o ar não pode sair, ele está aprisionado; mas nós também não podemos sair."[56]

Preocupado com a qualidade do ar, com a falta de comida e se de fato uma brigada de salvamento estava à procura deles – uma vez que a cidade sofreu um terremoto seguido de inundação do rio Divone –, o mestre tenta manter a calma e dar as orientações para que o grupo possa resistir o maior tempo possível: eles cavam um buraco e moldam a pedra de forma que possam se apoiar e sentar no solo íngreme sem cair na água; apagam as lamparinas de maneira que apenas uma ficasse acesa; contam histórias detalhadas de outros acidentes, para reforçar os espíritos do grupo, a fim de não perderem as esperanças, demonstrando profundo conhecimento das minas e das diversas situações de perigo às quais estavam submetidos todos os dias. Sempre atento aos pequenos detalhes, é também o mestre que escuta um barulho diferente e consegue distingui-lo da água caindo, dizendo tratar-se de carrinhos para esvaziamento de detritos – pequenas caçambas – no poço, indicando que o socorro estava chegando.

A característica rousseauniana também está presente na construção das personagens e na relação que elas guardam umas com as outras, especialmente entre as crianças bondosas e generosas.

Esse elemento também fica evidente no trecho do acidente das minas. No momento do salvamento, Rémi é recebido por Mattia, emocionado. Reunido com seus amigos, a prova de amizade e da gratidão fica clara no diálogo:

"Quando pensei que era por minha causa que você estava morto", disse Alexis, "isso me derrubou, porque realmente pensei que você estivesse morto". – Eu nunca pensei que você estivesse morto – disse Mattia.
– Eu não sabia se você sairia vivo da mina e se iriam chegar a tempo de salvá-lo, mas eu acreditava que você não tinha se deixado afogar, de modo que, se o trabalho de resgate fosse rápido o suficiente, encontrariam você em algum lugar. Então, enquanto Alexis sofria e chorava, eu me sentia febril e dizia: "Ele não estava morto, mas talvez ele possa vir a morrer". E perguntava a todos: "Quanto tempo podemos viver sem comer? Quando a água terá se esgotado? Quando a galeria será perfurada?". Mas ninguém me respondeu como eu queria. Quando perguntaram seus nomes e o engenheiro, depois de Carrory, gritou Rémi, deixei-me cair no chão chorando, e então caminharam sobre o meu corpo, mas não senti nada, de tanto que estava feliz.
Fiquei muito orgulhoso ao ver que Mattia tinha tanta confiança em mim que ele não queria acreditar que eu poderia morrer.[57]

Rémi é um herói resignado, porém ativo. Essas características, associadas à sucessão de eventos da narrativa juvenil, lembram a estrutura da épica e de suas personagens, que viviam inúmeras e incansáveis aventuras, por não terem a necessidade de lidar com conflitos internos, ao contrário dos grandes romances, elaborados, algumas vezes, com vários núcleos narrativos complexos, explorando as paixões e contradições do humano.

Georg Lukács faz uma bela e didática reflexão sobre a caracterização da personagem épica, que pode elucidar algumas características de Rémi:

A absoluta ausência de uma problemática internamente vivida transforma a alma em pura atividade. Como ela repousa intocada por todos em sua existência essencial, cada um de seus impulsos tem de ser uma ação voltada para fora. A vida de semelhante homem, portanto, tem de tornar-se uma série ininterrupta de aventuras escolhidas por ele próprio. Ele se lança sobre elas, pois para ele a vida só pode ser o mesmo que fazer frente a aventuras. A concentração problemática de sua interioridade, tida por ele como a essência mediana e trivial do mundo, obriga-o a convertê-la em ações; quanto a esse aspecto de sua alma, falta-lhe todo tipo de contemplação, todo pendor e toda aptidão para uma atividade voltada para dentro. Ele tem de ser aventureiro.[58]

A explanação acima deve ser relativizada para uma comparação mais correta entre a personagem épica e Rémi. O ponto de contato se restringe ao fato de que o herói aventuresco vive em função da ação, do movimento, sem acessar questões internas do homem, tem consciência apenas de seus atos, de suas manifestações externas. Essa talvez seja a característica mais marcante de Rémi, ao menos na primeira parte do romance: o tom monocórdico também gera uma personagem estável do ponto de vista de suas ações e reações. Não se espera que Rémi tenha um rompante, uma atitude rebelde ou mesmo violenta, mas sim que seja resiliente e fiel às suas convicções.

Rémi, nesse sentido, poderia ser caracterizado como uma personagem limiar entre o "plano" e o "redondo", de acordo com a terminologia de Edward M. Forster[59]. Para o autor, de maneira geral, os escritores podem lançar mão de duas opções para construção das personagens: os planos, aqueles que "podem ser expressos por uma só frase" e, portanto, têm participações pontuais na narrativa, sem que haja qualquer transformação da personagem; e os redondos, geralmente protagonistas das histórias, os que de fato causam empatia no leitor e cujas ações, pensamentos, inquietações são os motores para o desenvolvimento do romance. Ambos têm importância na estratégia da escrita, mas, com funções diferentes, criam efeitos de expectativas muito distintos. Nas palavras de Forster, as personagens planas "em sua forma mais pura são constituídas ao redor de uma única ideia ou qualidade: quando há mais de um fator, atingimos o início da curva em direção às redondas"[60].

Em *Sans famille*, Rémi não é nem a personagem épica nem o herói que simboliza as contradições humanas, mas sim representa as crianças abandonadas do século XIX sem o estigma de ser determinado por essa condição. Durante a primeira parte do romance, ele se comporta da mesma maneira, com consistência. A partir da cena das minas, o garoto sofre uma modificação em sua personalidade em prol de uma maior consciência de sua condição como indivíduo, mas que, ainda assim, não é suficiente para classificá-lo como uma personagem "esférica", uma vez que não há ruptura, transgressão.

Nesse sentido, Rémi é muito parecido com Oliver Twist, outro *enfant trouvé* da literatura do século XIX. Não por acaso, Forster exemplifica a personagem do plano ideal como sendo tirado dos romances de Dickens:

> O caso de Dickens é significativo. As pessoas de Dickens são quase todas planas (Pip e David Copperfield aproximam-se da redondez, mas tão timidamente que mais parecem bolhas, em vez de sólidos). Quase cada uma pode ser resumida numa frase, ainda assim há essa maravilhosa sensação de profundidade humana. É provável que a imensa vitalidade de Dickens provoque um pouco de vibração em suas personagens, emprestando-lhes sua vida, e fazendo parecer que têm vida própria. [...] Parte da genialidade de Dickens está em que ele realmente usa tipos e caricaturas, pessoas a quem reconhecemos tão logo reapareçam; todavia, consegue efeitos que não são mecânicos, e uma visão da humanidade que não é superficial. Aqueles que não apreciam Dickens têm um excelente argumento. Ele deveria ser mau. Em realidade, ele é um dos nossos grandes escritores, e seu imenso sucesso com tipos sugere que pode existir no plano algo além do que os críticos mais severos admitem.[61]

Malot não chega a ser "genial" como Dickens, mas tem como mérito representar milhares de crianças abandonadas do século XIX por meio de uma personagem caricatural que, a partir da cena do acidente das minas, sofre uma transformação de ânimo, indicando ao leitor que a condição social não é determinista para o futuro do indivíduo.

A comparação de Malot com Dickens não é gratuita e poderia ser aprofundada. Ambos marcaram a literatura do século XIX com seus textos denunciatórios voltados especialmente para os adultos, criticando suas respectivas sociedades: a França do começo da Terceira República e a Inglaterra vitoriana. É evidente a influência de Dickens na formação de Malot como escritor. As obras do autor inglês já eram muito difundidas na França (publicadas pelas editoras Hachette, Michel Lévy e Charles Lahure alcançaram grande sucesso de vendas a partir de 1855) no momento em que Malot começava a escrever. Além de ter em sua coleção particular várias obras de Dickens, as referências ao escritor inglês em seus romances é facilmente identificável, como em *Les Amants* (1859), uma citação ao livro *David Copperfield* pela personagem Martel[62]. E, ainda, o "crítico literário" Malot, em sua coluna sobre literatura no periódico *L'Opinion Nationale* dedicou um elogioso ensaio sobre várias obras de Dickens em 1861, artigo que depois foi publicado com o título *La Vie moderne en Angleterre* (1862).

O ponto de contato entre as obras dos dois escritores não está em apenas eleger crianças em situação de vulnerabilidade como protagonistas de suas histórias. Ambos as conduzem em narrativas que expõem suas condições de vida, criticam a moral e a sociedade de suas épocas. Tais textos são por alguns críticos chamados de "romances-teses" à medida que o escritor "estabelece uma convergência entre o caráter da personagem, a ação e o discurso do narrador por uma crítica ao utilitarismo e suas consequências na vida individual e coletiva"[63]. Indubitável, porém, é a diferença de estilo que os dois escritores guardam entre si. A prolixa e bem-humorada escrita de Dickens se contrapõe à breve sobriedade de Malot, características perceptíveis inclusive em suas personalidades. Se Dickens logrou mais reconhecimento de público, ou se Malot foi mais fiel aos anseios dos jovens leitores, resta deste estudo comparativo a certeza de que ambos

seguiram vias concorrentes nas quais romance moral, romance social, romance sentimental se conjugam. Defensores da infância maltratada, da pobreza desprezada, eles colocaram em cena personagens vítimas, lutando contra seres injustos e gananciosos servis da lei e da administração. Para além de qualquer posição política ou econômica, defenderam uma filosofia do coração, capaz, a seus olhos, de combater a injustiça e estabelecer um equilíbrio social.

Com essa visão profundamente humana, conquistaram um grande número de leitores e, sem dúvida, contribuíram para a formação da opinião pública favorável aos avanços legislativos e sociais em sociedades limitadas por uma moral rígida e fortes desigualdades econômicas[64].

Tal estratégia sentimental e apelativa bem-sucedida é visível pelo êxito de *Sans famille*, indubitável no mercado editorial francês e internacional: publicado em inglês e holandês desde 1880 e ainda em catálogo, o romance ganhou edições inclusive na Ásia – em japonês apareceu em 1903 e já são 121 nesse idioma, além de traduções para o russo, húngaro, turco e vietnamita –, bem como as adaptações para cinema e teatro[65].

Sans famille pode ser considerado, assim, uma obra limiar dentro da história do romance juvenil, pois avança em questões fundamentais para o desenvolvimento de uma literatura infantojuvenil autônoma, influenciando não apenas os escritores contemporâneos a Malot – como é o caso de Zola –, mas também gerações futuras. Em seu delicioso ensaio sobre leituras, Jean-Paul

Sartre revela que *Sans famille* foi uma de suas grandes descobertas dos tempos mais remotos de sua vida de leitor, ainda criança:

> Surpreenderam-me – ou melhor, fiz com que me surpreendessem –, gritaram admirados e decidiram que era tempo de me ensinar o alfabeto. Fui zeloso como um catecúmeno: ia a ponto de dar a mim mesmo aulas particulares: eu montava na minha cama de armar com o *Sem Família* de Hector Malot, que conhecia de cor e, em parte recitando, em parte decifrando, percorri-lhe todas as páginas, uma após outra: quando a última foi virada, eu sabia ler.[66]

Certamente, o "saber ler" expresso por Sartre não se restringe a uma leitura funcional, mas sim à formação de leitor fluente, que percebe as estratégias narrativas e conecta o enredo à sua realidade ficcional – ainda que calcado no mundo objetivo.

O romance de Malot não apresenta um enredo complexo, mas foi capaz de ilustrar a realidade, ainda que de maneira exagerada e maniqueísta, de temas ignorados pela quase totalidade das obras produzidas anteriormente – e até mesmo contemporâneas: a exploração e a mortalidade infantis, as condições miseráveis às quais as crianças eram submetidas, especialmente as órfãs, a exemplo de um outro sucesso editorial da época *Le Tour de France par deux enfants* (1877), escrita por G. Bruno (pseudônimo da escritora Augustine Fouillée, 1833-1923)[67]. A narrativa de *Le Tour de France...* é absolutamente similar à de Malot no que tange a um reconhecimento da França, suas diversas regiões e características, além das profissões e habilidades de trabalho[68]. A sensível diferença entre os dois romances, no entanto, reside no aspecto da intenção dessas informações no *récit*. Enquanto em *Sans famille* os dados científicos e as informações didáticas servem de pano de fundo, uma maneira de colorir a viagem de Rémi e seus amigos pelo território francês, ainda que com alguma carga informativa como visto acima, *Le Tour de la France par deux enfants* faz do pedagogismo sua motivação principal. No romance de G. Bruno, os também órfãos André e Jullien, de catorze e sete anos, vítimas da guerra que incorporou definitivamente a Alsácia-Lorena ao território francês, saem em busca de um tio em Marseille. Nessa jornada, os dois meninos se comportam como estrangeiros em terras desconhecidas, porém com olhos curiosos para aprenderem sobre a cultura fracesa que se desvendava diante deles. Ciência, geografia, história e comportamento moral são os temas desenvolvidos na obra, indicando cada atividade comercial, agrícola e industrial presente na França da época, com detalhes sobre as especialidades de cada região. Dessa maneira, o senso patriótico ganha força e domina o *récit*, o que proporciona pouco espaço para o desenvolvimento psíquico-emocional das personagens, que apenas conduzem o leitor, por meio de peripécias, por uma viagem pelos conteúdos escolares. Não por acaso, a obra desfrutou de muito sucesso de venda, impulsionado pela obrigatoriedade de sua leitura nos anos básicos da escola francesa, como "livre de lecture courante"[69].

Em oposição, *Sans famille* assume um discurso mais ousado ao permitir que o herói conviva e aprenda com a classe trabalhadora não apenas o *métier*, mas também se sensibilize pelas precárias condições de trabalho ou situações de extrema privação de posse. Diferentemente de *Le Tour de la France par deux enfants* que visa ensinar o espírito francês, o romance de Malot sensibilizou os leitores da época, em sua grande maioria da classe burguesa, distante das adversidades e mazelas que acometiam o país.

O próprio autor reconhece esse sucesso de um livro encomendado por seu editor e escrito durante uma década. A partir da encomenda de Hetzel ainda em 1869, Malot escreve uma primeira versão da obra – mais dramática e cruel que a versão original – na qual o episódio da mina se encontrava no primeiro volume. Hetzel, editor atento e cauteloso com seu público, pede a Malot que suavize as "lágrimas de sofrimento" para "lágrimas de piedade"[70] e que deixe de lado polêmicas de cunho religioso. O comentário do editor fazia referência à primeira versão do episódio das minas, que apresentava um diálogo entre os mineiros em uma querela entre católicos e calvinistas. O autor, paralisado por demandas de ordem *hors livre*, deixa a escrita de *Sans famille* para se dedicar a outro livro, *Un Miracle*. Com o advento da guerra, a casa de Malot foi destruída e, entre os escombros, o manuscrito de *Sans famille* se perdeu, restando apenas o episódio das minas e ainda de maneira incompleta. A reescrita do romance foi total, pois o próprio autor reconheceu ser mais fácil "criar do que acessar à memória"[71]. O resultado, para a época, traduziu-se nas inúmeras tiragens e traduções já comentadas, de um livro que se propõe a ser uma nova referência para a juventude da época, que não mais se identificava com os padrões, na palavra do autor, "fora de moda" de *Nouvelle Héloïse*, de Jean-Jacques Rousseau, por exemplo.

Nas últimas páginas do capítulo "Sauvetage", que encerra o episódio do acidente nas minas, Rémi narra sua reintegração na vila após o resgate. O narrador-personagem relembra como algumas pessoas o cumprimentavam emocionadas, como se sua presença fosse mérito de um milagre. Outras "em luto", diz Rémi, não se conformavam porque um garoto de rua tinha tido a sorte da sobrevivência, enquanto tantos pais de família tiveram que perecer:

> Havia alguns que vieram até mim e apertaram a mão com lágrimas nos olhos.
> Havia outros que desviavam a cabeça. Estavam de luto, e se perguntavam amargamente por que era a criança órfã que tinha sido salva, enquanto o pai de família, o filho, ainda estavam na mina, cadáveres miseráveis varridos, jogados pelas águas.
> Mas entre aqueles que me paravam na rua, havia alguns que eram bastante enfadonhos; eles me convidavam para jantar ou a entrar no café.
> "Você vai nos contar tudo o que você viveu", diziam eles.
> E eu agradecia sem aceitar, porque não me convinha nada dizer a minha história àqueles que eram indiferentes, que pensavam em me pagar um jantar ou um copo de cerveja.[72]

Os tempos de apresentação pública com a trupe acabaram para Rémi. Um prato de comida ou um copo de cerveja não eram mais suficientes para o jovem adulto Rémi, que ainda enfrenta o preconceito de ser um garoto órfão – bastando isso para ser ofendido gratuitamente –, mas conquistou uma dignidade interior que não lhe permite aceitar esmolas. Pois Rémi e os tantos outros garotos órfãos e abandonados são "seres humanos completos".

3. As Transformações de Pinóquio

> Pinóquio *representa na literatura infantil aquilo que* A Crítica da Razão Pura *de Kant representa na literatura filosófica: a conquista da autonomia e da liberdade.*
>
> PIETRO MIGNOSI, *Il pregiudizio della letteratura per l'infanzia. L'Educazione nazionale.*

> *A madeira, na qual Pinóquio foi talhado, é a humanidade.*
>
> BENEDETTO CROCE, Aggiunte alla Letteratura della Nuova Italia, *La critica – Rivista de letteratura, storia e filosofia diretta da B. Croce on line.*

Quando faltava apenas um dia para se tornar um menino de verdade, Pinóquio é seduzido por uma tentação que o afasta de seu objetivo: uma viagem inesperada ao País dos Folguedos. Não seria a primeira vez que a marionete de madeira sabotaria sua própria trajetória para viver uma grande aventura. A repetição do fracasso em *As Aventuras de Pinóquio*, de Carlo Collodi, é refletida na estrutura regular do romance: o herói se desvia do caminho de se tornar um menino, a fim de conhecer um mundo fantástico e viver experiências únicas. Assim, Pinóquio se encontra no meio de um paradoxo: a marionete curiosa em conhecer o mundo só conseguirá se tornar um menino se seguir as orientações, de certa forma, castradoras, da Fada dos Cabelos Turquesa[1]. A marionete de madeira deve se comportar, não mentir, ir à escola, ser bom com seu pai Geppetto. Mas sua natureza brincalhona a leva a lugares incríveis nos quais conhece pessoas excepcionais, animando-a a seguir viagem e desviar, cada vez mais, das orientações da Fada. A decepção acontece, pois essa transgressão sempre vem acompanhada de um *twist* negativo, que a leva a arrepender-se de suas escolhas.

Dessa maneira, a narrativa se constrói a partir de um argumento muito evidente, além de um ritmo constante, no qual há picos de tensão e de euforia que logo se transformam em decepção. A tensão existe a partir da oposição entre o comportamento correto que o protagonista é orientado a seguir confrontado com seus próprios desejos – que, por sua vez, marcam os momentos de euforia. Para deixar de ser uma marionete de madeira, Pinóquio deve abandonar aquilo que mais o impulsiona e o excita para a vida. Ou seja, o boneco está exposto a um dilema: seguir suas paixões ou ser racional?

Esse dilema fica bastante evidente no capítulo XXIX do romance. Após um ano de bom comportamento e arrependido de suas travessuras, o boneco finalmente recebe o perdão da Fada dos Cabelos Turquesa e está apto a se tornar um "menino de verdade":

Pinóquio prometeu e jurou que haveria de estudar e que se comportaria sempre bem. E manteve a palavra por todo o resto do ano. De fato, nos exames semestrais, teve a honra de ser o melhor aluno da classe; seu comportamento, em geral foi considerado tão louvável e satisfatório, que a Fada toda contente lhe disse:
– Amanhã finalmente o seu desejo será cumprido.
– Ou seja?
– Amanhã vai deixar de ser um boneco de madeira para ser um menino de bem.
Quem não presenciou a alegria de Pinóquio diante dessa notícia tão esperada não poderá jamais imaginar o que foi. Todos os seus amigos e colegas de escola iriam ser convidados para no dia seguinte virem a um grande lanche na casa da Fada, a fim de festejarem juntos o belo acontecimento; e a Fada mandou preparar duzentas xícaras de café com leite e quatrocentas torradas com manteiga dos dois lados. Aquele dia tinha tudo para ser muito agradável e alegre, mas...
Infelizmente, na vida dos bonecos, há sempre um mas que estraga tudo.[2]

No trecho acima, pode-se identificar a Fada como a representação de uma figura quase materna, ponderada, símbolo da ordem no romance, que acompanha o boneco em sua sofrida trajetória de amadurecimento. Ao longo da história, a Fada acolhe o boneco de maneira afetiva, lhe dá conselhos e revela a rota para que ele cumpra sua transformação final – em direção ao seu definitivo estabelecimento na sociedade. Porém, a Fada também desempenha o papel de corrigir e punir Pinóquio quando este não é obediente; o castigo é a forma corretiva de educar a marionete e, como tal, serve-se muito bem da metáfora dos fios que são manipulados por outrem. Após cada punição, Pinóquio se arrepende de seus atos e volta a implorar pelo perdão da Fada. Depois de tantas punições – há um episódio específico em que a Fada oferece ao faminto Pinóquio pão feito de gesso, frango feito de papelão e damascos feitos de pedra[3] –, o boneco é vencido pela exaustão do sofrimento e abandona sua luta contra as regras dos adultos. Passa, então, um ano agindo da maneira esperada de um garoto bem-comportado: vai à escola, tira boas notas, se comporta exemplarmente. Esse trecho da narrativa demonstra como a aceitação desses valores – ser "o melhor aluno da classe", ter um comportamento "louvável e satisfatório" – representam a verdadeira transformação: de uma natureza impulsiva e selvagem para um cidadão de compromissos reais; de um brinquedo a um "menino de bem".

Dois detalhes do trecho destacado, porém, valem a pena serem analisados com maior profundidade. O primeiro diz respeito ao breve diálogo entre a Fada e o boneco de madeira. Pinóquio hesita quando a Fada menciona que seu verdadeiro desejo será "cumprido". Após um ano de estudos, Pinóquio já não sabe mais qual é o seu verdadeiro desejo. Em contrapartida, a marionete de madeira tinha muitos desejos quando não frequentava a escola – ir ao circo, enriquecer sem ter que trabalhar, brincar constantemente, não ter responsabilidades –, desejos esses legítimos e cultivados a partir de sua própria experiência de vida. Deixar de ser um boneco para se tornar um menino certamente é uma das vontades de Pinóquio. Pois, uma vez menino, finalmente ele terá a chance de ser um garoto com pai, mãe e crescer para uma vida adulta e responsável. Porém, seus desejos mais profundos advêm de sua intrínseca característica de boneco de madeira. Ou seja, sua natureza é de um ser feito para brincar, enquanto garotos, na ordem do romance, devem crescer e se tornar homens trabalhadores, acolhidos pela sociedade. A essência de Pinóquio não condiz com o que se espera de um garoto e a tensão se instaura nesse momento.

Assim, a luta de Pinóquio equipara-se a uma batalha quixotesca: seu principal vilão torna-se ele mesmo; Pinóquio enfrenta suas próprias convicções e paixões para merecer *status* de uma figura legítima. Suas vivências pelo mundo, sua natureza curiosa e brincalhona, as experiências que adquire dessas viagens são afrontas aos valores de respeito, bom comportamento e até comprometimento com a família e a sociedade. Mas é justamente nessas aventuras que a marionete também vivencia os piores sentimentos, além de terríveis experiências, que o fazem desistir de suas conquistas pessoais. Volta, então, a tornar-se um fracassado arrependido em busca de perdão, para se transformar em algo que não quer ser.

Um outro desdobramento desses atos repetitivos e fracassados de Pinóquio leva a compreender que, em certo sentido, o boneco não quer se tornar um menino. A vida de um menino em nada se parece com as possibilidades de aventura experienciadas pela marionete. O que Pinóquio aprende ao longo da narrativa é que não existe, no mundo dos homens e das "pessoas de bem", espaço para diversão e espontaneidade, sem a obrigação e o peso da vida adulta. Um exemplo de sacrifício personifica-se no próprio Geppetto, cuja função narrativa é, além de outras, ser o contraponto do homem maduro e generoso, um modelo para o boneco se inspirar.

O segundo detalhe do trecho destacado que merece maior aprofundamento é a última frase: "Infelizmente, na vida dos bonecos, há sempre um [dia agradável e alegre] mas que estraga tudo". Esse trecho é um exemplo de como o romance tende a ser circular. Em *As Aventuras de Pinóquio*, ao final de cada episódio, o boneco falha em avançar para atingir o objetivo que lhe é imposto: resistir às suas paixões e fazer o bem, para ter o direito de se tornar um menino. O leitor já espera que, no capítulo seguinte ao trecho destacado, ao invés de acontecer a grande festa prometida pela Fada, Pinóquio cairá em uma nova tentação e se distanciará, mais uma vez, do dia de sua transformação. E é exatamente no capítulo XXX que Pinóquio tem um dos diálogos mais desconcertantes e engraçados do romance, com seu colega de escola Pavio – o menino esguio e "espevitado". Pavio conta a Pinóquio que irá partir naquela mesma noite para o País dos Folguedos, onde

> não há escolas, nem professores, nem livros. Nesse bendito país não se estuda nunca. Não há aulas às quintas-feiras e a semana se compõe de seis quintas-feiras e um domingo. Imagine que as férias de junho começam em primeiro de janeiro e acabam no último dia de dezembro. Um país que me agrada de fato! Como deviam ser todos os países civilizados![4]

A fala de Pavio põe em xeque todo o esforço de Pinóquio durante um ano de bom comportamento. Afinal de contas, qual o propósito de ser tão disciplinado, de estudar tanto? Não seria a vida melhor aproveitada se não houvessem obrigações e se as pessoas pudessem usufruir de seu tempo da maneira como bem quisessem? Não seria esse o verdadeiro processo civilizatório, em contraposição ao excesso de trabalho mecanicista, repetitivo e, por isso, sem sentido? Ao dizer que esse novo lugar parece "ótimo", Pinóquio revela sua verdadeira vontade: a de abandonar a promessa feita à Fada e ir com Pavio. A questão-chave do romance – a transformação da marionete em um menino – resume-se, quase ao final do livro, em uma promessa e não em uma vontade legítima: "É inútil tentar-me", diz Pinóquio a Pavio, "agora já prometi à minha boa Fada que me tornaria um menino de juízo e não quero faltar com a minha promessa"[5]. Durante todo um ano, Pinóquio apenas suportou a condição de bom estudante, pois era o preço que tinha de pagar para cumprir a promessa que fez à Fada. Mas, e se Pinóquio não precisasse se tornar um menino? E se, sendo uma marionete por toda a vida, pudesse ser feliz?[6]

O diálogo que transcorre ao logo do capítulo, além de hilário, demonstra a maestria de Collodi em fazer Pinóquio cair em sua própria armadilha mental. No começo, a marionete rejeita o convite de Pavio para seguir com ele, dizendo que não quer decepcionar a Fada:

– Mas aonde vai com tanta pressa?
– Para casa. A minha boa Fada me pediu que eu voltasse antes do anoitecer.
– Espere mais dois minutos.
– Estou me atrasando.
– Só mais dois minutos.
– E se a Fada ralhar comigo?
– Deixe-a ralhar. E, depois de ter gritado bastante, acabará se calando
– disse o safado do Pavio.[7]

De fato, o "safado do Pavio" faz Pinóquio cair na tentação com um discurso definitivo sobre as maravilhas do País dos Folguedos, até que o boneco, de maneira inconsciente, reverte ele mesmo a sua argumentação, desta vez em prol da aventura:

– Então, adeus mesmo; e boa viagem. [Diz Pinóquio.]
– Adeus.
– E quando parte?
– Daqui a pouco.
– Que pena! Se faltasse apenas uma hora para a partida, seria quase capaz de esperar.
– E a Fada?
– Agora já ficou tarde... e voltar para casa uma hora antes ou depois dá no mesmo.
– Pobre Pinóquio! E se a Fada ralhar com você?
– Paciência! Vou deixá-la gritar. E, quando tiver gritado bastante, vai se calar.[8]

Impossível o leitor não ter prazer nessa cômica leitura. O comportamento de Pinóquio oscila, com frequência, entre duas vontades antagônicas, cada uma delas regida por uma moral diferente. A primeira está associada ao instinto do boneco em brincar. E a segunda relaciona a impressão que o boneco quer causar na Fada e em Geppetto. Essa segunda via precisa ser domesticada, aprendida. Por isso, Pinóquio passa um ano negando a primeira vontade instintiva, de modo a reprimi-la. O diálogo, porém, demonstra que ele não foi bem-sucedido em reprimir seu instinto, mesmo após todas as experiências traumáticas que vivenciou ao longo de sua jornada.

A partir desse trecho, poder-se-ia se dizer que a narrativa evoca os conceitos freudianos de princípio de prazer e princípio de realidade, sendo que o primeiro se relaciona àquilo que proporciona prazer e o segundo, àquilo que de fato a realidade impõe. Vale a pena resgatar o trecho em que Freud elucida os conceitos:

É indubitável, porém, que a substituição do princípio do prazer pelo princípio da realidade pode ser responsável tão somente por uma pequena parte, de modo algum a mais intensa, das experiências de desprazer. Uma outra fonte de origem do desprazer, não menos regular, acha-se nos conflitos e cismes dentro do aparelho psíquico, enquanto o Eu perfaz seu desenvolvimento rumo a organizações mais complexas. Quase toda a energia que preenche o aparelho vem dos impulsos instintuais inatos, mas estes não são todos os admitidos nas mesmas fases de desenvolvimento. No meio do caminho sempre volta a suceder que determinados instintos ou partes de instintos resultem incompatíveis, nas suas metas ou exigências, com os restantes, capazes de unir-se na abrangente unidade do Eu. Então eles são segregados dessa unidade por meio do processo da repressão, mantidos em graus inferiores do desenvolvimento psíquico e têm cortadas, de início, as possibilidades de satisfação.[9]

O que interessa observar da citação de Freud é que o princípio de prazer está associado aos desejos mais primitivos e instintivos do ser e, portanto, mais imediatos e verdadeiros. À medida que o Eu "perfaz seu desenvolvimento rumo a organizações mais complexas", ou seja, ao amadurecer como indivíduo que vive em sociedade, percebe que não consegue atingir seus desejos a todo momento. De maneira breve, pode-se explicar sucintamente que tais desejos podem desviá-lo de "suas metas ou exigências" – surgindo, então, o princípio de realidade – e, por consequência, devem ser escondidos do intelecto (mesmo que por um momento) para que o Eu possa se adaptar a uma nova realidade.

Dentro do campo da psicanálise, ou seja, utilizando a terminologia dessa área do conhecimento, pode-se especular que Pinóquio, ao não reprimir seus desejos, entre em conflito com a realidade, e esse enfrentamento lhe cause dor, após um breve momento de prazer. O boneco entende que seus desejos são incompatíveis com os valores nutridos pela sociedade: o amor à família, o trabalho, a recompensa após doação. Mas, até as últimas páginas do romance, o boneco ainda luta para manter-se legítimo e não se tornar apenas mais um garoto. Vale também mencionar que Pinóquio não tem passado e, por isso, não tem memória ou mesmo traumas; ele é o momento presente. Assim, as fissuras traumáticas são construídas no desenrolar dos episódios do romance.

É o que se lê no trecho acima (do diálogo com Pavio): mesmo sabendo que era "errado" fugir com o amigo para o País dos Folguedos, Pinóquio deixa-se convencer de que, ainda assim, ser uma marionete tem mais sentido do que se esforçar para ser um menino, cuja transformação apenas acirrará o estado de infelicidade do boneco, em razão do árduo trabalho que ele tem que realizar. A própria representação do País dos Folguedos como símbolo dos prazeres sem limites, um lugar onde tudo é permitido, nada é reprimido, em que Pinóquio realiza sua utopia por um breve momento – ser brinquedo para sempre? Nunca crescer? –, é descrita como "um tal pandemônio, um tal vozerio, uma tal balbúrdia endiabrada de se meter algodões nos ouvidos para não ficar surdo"[10]. O que lembra o país da Cocanha, retratado na pintura *A Terra da Cocanha*, de Pieter Bruegel: estar entre o paraíso e o inferno, entre o bem e o mal, o certo e o errado e, no meio, todos os prazeres usufruídos sem mesura. A relação entre o País dos Folguedos e o inferno também é proposta por outros estudiosos. Na obra *Luoghi della letteratura italiana* (2003) os lugares mais frequentes ou metafóricos da literatura italiana são analisados de maneira comparativa. Não por acaso, *As Aventuras de Pinóquio* são citadas no capítulo sobre o inferno, escrito por Claudia Sebastiana Nobili. A autora reforça como o País dos Folguedos se transforma, da noite para o dia, de paraíso em inferno:

A verdadeira e original jornada da vida após a morte permanece restrita ao conto de fada, que é em muitos casos destinada a crianças, mas também pode ser uma parábola para adultos, fundada sobre o folclore e sobre a origem do ciclo épico de morte e renascimento. O País dos Folguedos, onde Collodi faz aportar Pinóquio (1883), é um paraíso que se transforma repentinamente em inferno: depois de ter viajado rumo à felicidade durante uma noite cheia de advertências, sobre a carroça de uma personagem diabólica como o melífluo e seboso Homenzinho, Pinóquio e Pavio viverão meses de felicidade no País dos Folguedos somente para depois serem transmutados em burricos e vendidos no mercado pelo sinistro Homenzinho, que mostrará abertamente seu caráter violento.

A perda das características humanas se relaciona de maneira direta com a tradição das penas infernais (basta pensar no Malebolge dantesco, onde os fraudadores são com frequência punidos por meio da perda do corpo, seu desmembramento ou deformação), e no entanto Pinóquio no final sairá vivo do inferno, e volta a ser fantoche para depois se tornar menino: o mesmo não acontecerá com seu amigo Pavio, que morrerá sem ter completado o percurso de iniciação e sem poder readquirir o aspecto humano.[11]

Talvez essa natureza não reprimida, que ainda quer se manifestar, faça com que Pinóquio se convença a juntar-se às outras crianças em viagem ao País dos Folguedos, ainda que tenha total consciência de seus atos. Fica evidente, portanto, que o problema de Pinóquio não se resume a discernir entre o "certo" e o "errado", mas sim sucumbir ao seu instinto, vencer a tentação da desobediência. O trecho do capítulo XXI traz a cena na qual Pinóquio decide ir com as outras crianças:

– E você, queridinho –, disse o Homenzinho dirigindo-se todo cerimonioso a Pinóquio –, que pretende fazer? Vir conosco ou ficar aqui?
– Eu fico – respondeu Pinóquio.
– Quero voltar para casa, quero estudar e tirar boas notas na escola, como fazem todos os meninos de bem.
– Que tenha bom proveito!
– Pinóquio! – disse então Pavio. – Ouça o meu conselho: venha logo conosco e seremos felizes.
– Não, não e não.
– Venha conosco e seremos felizes – gritaram outras quatro vozes de dentro da carroça.
– Venha conosco e seremos felizes – berraram todas juntas uma centena de vozes de dentro do carro.
– Mas, se eu for com vocês, o que dirá a minha boa Fada? – disse o boneco, que começava a amolecer e a faltar à promessa.
– Não encha a cabeça com tantas preocupações. Pense que vamos para um país onde poderemos fazer algazarras da manhã à noite.
Pinóquio não respondeu, mas soltou um suspiro; depois deu outro suspiro e mais um terceiro suspiro e finalmente disse:
– Arranje um lugarzinho para mim que eu também quero ir.[12]

Os suspiros de Pinóquio marcam o tempo que ele precisa para se decidir. Salta aos olhos do leitor a angústia das crianças quanto a serem "felizes". O coro, repetindo de forma uníssona a mesma ideia, revela, no mínimo, uma insatisfação em relação a suas vidas. O que poderia ser tão cruel e penoso na vida dessas centenas de crianças para que elas abandonem suas famílias em busca da promessa de felicidade? Seriam, todas elas, traquinas? Eventualmente, a repressão virá, quando Pinóquio terá que pagar um preço alto por essa travessura.

A sequência do episódio mostra Pinóquio e as outras crianças amontoadas em uma carroça bastante peculiar, na qual já se prevê que a diversão do País dos Folguedos não vem de maneira gratuita. Os indícios de que algo não vai bem estão por toda parte, a começar pelo fato de a fuga sorrateira se dar à noite, longe dos olhos de todos, simbolicamente a hora em que os seres soturnos saem para as ruas. Depois, a carroça sedutora, com seus guizos que quebram o silêncio da noite, não esconde os burricos de olhar triste que a puxam e usam botinhas humanas, além de chorarem como crianças. Somado a essa descrição, há a do carroceiro que lembra a personagem da literatura infantil tradicional que recolhe crianças perdidas no meio da noite[13]. Porém, o carroceiro não seduz Pinóquio. São as próprias crianças que gritam para o boneco, a fim de que ele se torne cúmplice desse ato de rebeldia e de pretensa liberdade. Mas será justamente um burrico que tentará dissuadir Pinóquio de embarcar nessa nova e perigosa aventura, como tantas outras que a marionete já vivenciou – e às quais não conseguiu resistir. Ao subir no burrico, uma vozinha longínqua prenuncia a tragédia: "Pobre idiota, quis fazer as coisas a seu modo, mas vai se arrepender."[14]

Ao chegar ao País dos Folguedos, Pinóquio e as outras crianças não acreditam na sorte que tiveram. Lá, encontraram um lugar em que de fato não havia escolas e o passatempo era brincar sem limites. O sentimento das crianças é de liberdade – Pavio chega a dizer a Pinóquio: "Se hoje você se libertou da chatice dos livros e da escola, deve isso a mim, aos meus conselhos, à minha insistência", comentário que Pinóquio agradece[15]. É um lugar, como descreve Manganelli, onde "se reúnem e se depositam todos os sonhos construídos pela desiludida mitomania infantil e pela suicida recusa de morrer do adolescente"[16] e, em especial, onde não há adultos para impor limites a essa brincadeira de mentira.

Mas, após cinco meses de brincadeiras, Pinóquio começa a sofrer a sua primeira verdadeira transformação, que servirá de elemento punitivo para todo esse período de rebeldia contra os conselhos da Fada: seu aspecto físico modifica-se, lentamente, para o de um burrico. Já com duas orelhas de burro e com febre asinina, a Marmotinha explica a Pinóquio sua transformação:

– Meu caro – replicou a Marmotinha para consolá-lo –, que está querendo fazer? Cumpriu-se o destino. Está escrito nos decretos da sabedoria que todos os meninos preguiçosos que, desprezando os livros, a escola e os professores, passam os dias em brincadeiras, jogos e diversões, vão acabar cedo ou mais tarde se transformando em verdadeiros asnos.

– Mas isso é verdade mesmo? – perguntou soluçando o boneco.

– Infelizmente, é. E então não adianta chorar. O certo era ter pensado antes!

– Mas a culpa não é minha: a culpa, acredita, Marmotinha, é toda do Pavio.

– E quem é esse Pavio?

– Um colega de escola. Eu queria voltar para casa, queria ser obediente, queria continuar a estudar para ser alguém... Mas Pavio me disse "Por que vai se amolar estudando? Por que ir à escola? Antes venha comigo

ao País dos Folguedos: lá não se estuda mais, lá nós vamos nos divertir da manhã à noite e seremos sempre felizes".
— E por que você seguiu o conselho desse falso amigo?
— Por quê?... Porque, Marmotinha minha, porque sou um boneco sem juízo. Oh, se tivesse um tiquinho de coração jamais teria abandonado aquela boa Fada que me queria tanto como se fosse minha mãe e que fez tanto por mim!... E a esta hora eu não seria mais um boneco, mas sim um garoto educado como há tantos. Mas, se eu encontrar de novo esse Pavio, ai dele! Vou lhe dizer poucas e boas.[17]

A Marmotinha elucida a Pinóquio que seu destino foi traçado baseado nas próprias escolhas da marionete e que agora precisa ser cumprido. Ao ficar no País dos Folguedos, Pinóquio não sabia a perversidade do futuro que lhe cabia. Obviamente, a marionete não teve acesso ou não se preocupou em procurar o decreto da sabedoria que sela o destino das crianças que se entregam aos prazeres da infância, em detrimento das obrigações que já lhes cabem. A vida dos garotos que se recusam a estudar é, então, servir de animais de carga e realizar tarefas braçais e serem maltratadas, como burricos (nada mais simbólico do que o animal escolhido para a transformação). A fala da Marmotinha – "O certo era ter pensado antes" – mais uma vez denota a lição que Pinóquio deixou de aprender, pois, tomado pelo impulso e absorto pela rotina de brincadeiras, não levou em consideração o mundo real e suas consequências que seguem regras ("decreto da sabedoria") escritas pelos adultos. Pinóquio se mantém no "universo paralelo" em que a obrigação de estudar para se transformar em um menino não existe. Porém, esse país paralelo, assim duramente descobre Pinóquio, não configura um ambiente independente do mundo real ("Mas isso existe mesmo?", diz Pinóquio indignado ao ouvir as palavras da Marmotinha). Nesse sentido, o País dos Folguedos nada mais é do que a representação temporal e física do princípio de prazer. Percebendo mais uma vez que caiu em tentação, Pinóquio decide culpar o amigo numa tentativa de se redimir da responsabilidade e, com isso, talvez se livrar das regras do decreto. O arrependimento se faz presente e mais um ciclo do romance se completa.

A trajetória de sofrimento do herói com a finalidade de levá--lo ao amadurecimento ou, mais ainda, a tomada de consciência do herói face às regras sociais que lhe são impostas foram assuntos capitais para o romance do século XIX. Inúmeras narrativas, voltadas tanto ao público adulto quanto ao infantil, tentaram dar conta do tema, que representa, em última instância, não o herói mitológico de Joseph Campbell – que também vive essa trajetória, porém com outro propósito –, mas sim o homem moderno cuja natureza rebelde não se amolda à sociedade civil. São romances cujo tema, como bem pontuou Lukács, "é a reconciliação do indivíduo problemático, guiado pelo ideal vivenciado, com a realidade social concreta"[18], sobre *Os Anos de Aprendizado de Wilhelm Meister*, de Goethe. Tal reconciliação, ou seja, o abandono pelo herói de seus valores de conduta pessoais idealizados, em detrimento de um valor coletivo prático, como se percebe no romance de Collodi, se dá a partir de um conflito que culmina num árduo aprendizado. Novamente, nas palavras de Lukács, "essa reconciliação não pode nem deve ser uma acomodação ou uma harmonia existente desde o início; esta conduziria ao tipo já caracterizado do romance humorístico moderno, exceto que então o mal necessário desempenharia o papel principal"[19]. O romance de Collodi não descarta o veio humorístico, responsável pelo elemento afetivo de conexão com o leitor infantil. O absurdo em relação ao mundo objetivo no romance de Collodi permite explicitar o aprendizado por meio do humor.

O exercício que Collodi propõe ao leitor é a reflexão do universo interior do indivíduo em relação ao ambiente externo. Até aqui, a imagem que Collodi constrói em *As Aventuras de Pinóquio* acerca da infância é formada por um mosaico de atitudes de rebeldia, inconformismo e liberdade. Porém, nenhuma dessas atitudes está acima das regras impostas pelos adultos, o que as tornam frágeis e efêmeras. Desponta, na narrativa de Collodi, o desejo instintivo e impulsivo da criança, que culmina com o questionamento das regras que ela deve seguir ("Não encha a cabeça com tantas preocupações" ou então "Por que vai se amolar estudando?"), em vista do futuro ("Amanhã vai deixar de ser um boneco de madeira para ser um menino de bem"), e não do presente. Esse ímpeto rebelde é conflitante com a noção de aprendizado e amadurecimento que se espera de Pinóquio. Isso rende ao romance de Collodi interpretações que oscilam entre o romance de formação – a exemplo da época pela qual a Itália passava – ao argumento oposto, o de crítica a uma educação que não valoriza a experiência individual, mas sim a coletiva e, portanto, generalizada. Se observarmos a intenção "educativa", típica do romance de formação, o aprendizado ou amadurecimento do herói culmina com o abandono das prioridades íntimas em prol da aceitação de estruturas coletivas. Ao explorar esse conceito no romance de Collodi, percebe-se um Pinóquio que sofre ao se ver isolado, sem ajuda, maltratado e desolado, como consequência de seus atos ditos egoístas. Seu amadurecimento só será reconhecido – simbolizado na transformação em menino – quando assumir suas responsabilidades perante o coletivo, e não mais apenas a partir de sua própria vontade. Novamente, Lukács esclarece essa relação entre "eu" e "sociedade":

Desse modo, porém, ao menos como postulado, a solidão da alma é superada. Essa eficácia pressupõe uma comunidade íntima e humana, uma compreensão e uma capacidade de cooperação entre os homens no que respeita ao essencial. Mas essa comunidade não é nem o enraizamento ingênuo e espontâneo em vínculos sociais e a consequente solidariedade natural do parentesco (como nas antigas epopeias), nem uma experiência mística de comunidade que, ante o lampejo súbito dessa iluminação, esquece e põe de lado a individualidade solitária como algo efêmero, petrificado, pecaminoso, mas sim, um lapidar-se e habituar-se mútuos de personalidades antes solitárias e obstinadamente confinadas em si mesmas, o fruto de uma resignação rica e enriquecedora, o coroamento de um processo educativo, uma maturidade alcançada e conquistada.[20]

Nesse conceito proposto por Lukács, e preponderante nas narrativas de romances de formação, o amadurecimento é visto como uma conquista positiva, o "lapidar" de uma alma selvagem e solitária, que sai de um "confinamento" em direção a experiências "ricas e enriquecedoras", por meio de seu próprio mérito, "alcançado e conquistado". Resta a dúvida, porém, como já mencionado anteriormente, se a intenção de *As Aventuras de Pinóquio* é de fato explicitar o caminho para essa pseudoliberdade do indivíduo (que sai de seu isolamento), ou se, pelo mesmo argumento, tal amadurecimento significa o abandono dos reais desejos de viver.

Uma outra ideia evocada por Collodi nesse romance é a valorização da infância como fase importante para o desenvolvimento do indivíduo. As personagens adultas do romance de Collodi não consideram Pinóquio um ser completo, pois é um boneco de madeira – mesmo tendo profundidade psicológica, personalidade desenvolvida. Para que Pinóquio se torne um menino de verdade, deve seguir uma série de condutas éticas e didáticas a fim de merecer a transformação.

Nessa simplificação do romance, Collodi deixa nas entrelinhas a dúvida em relação ao que os adultos de fato proporcionam para as crianças, a não ser uma infância cheia de obrigações e afazeres, antecipando a vida adulta. Se hoje, o brincar representa não apenas um momento de amadurecimento interno, como também um tempo para a manifestação do "eu", esse conceito era algo bastante transgressor para a Itália do XIX.

Walter Benjamin, em *Reflexões Sobre a Criança, o Brinquedo e a Educação*, uma coletânea de textos produzidos no início do século XX, já propõe essa discussão sobre o brincar como legítimo momento de introspecção:

Não há dúvida que brincar significa sempre libertação. Rodeadas por um mundo de gigantes, as crianças criam para si, brincando, o pequeno mundo próprio; mas o adulto, que se vê acossado por uma realidade ameaçadora, sem perspectivas de solução, liberta-se dos horrores do real mediante a sua reprodução miniaturizada.

A citação é reveladora quando aponta para uma interpretação da relação adulto-criança na qual o adulto inveja a brincadeira da criança por perceber que sua existência não tem sentido. Além disso, o trecho de Benjamin reforça a importância desse momento do brincar como ato de liberdade. Ora, Pinóquio é a "encarnação" do espírito livre, que não quer ter amarras, que quer sair pelo mundo descobrindo novas formas de se divertir.[21]

Uma outra ideia preciosa que Benjamin traz nessa mesma obra trata da expectativa dos adultos em relação à educação dos meninos e das meninas: um modelo rígido que não observa a natureza das próprias crianças. Na literatura, livros com características moralistas e pedagógicas reforçam a antecipação da vida adulta na infância. A imagem que se constrói da infância, portanto, é a de um momento "preparatório" para a vida adulta. Muito da liberdade associada ao romance de Collodi advém da abordagem cômica que o autor exerce sobre o assunto, exagerando o comportamento de Pinóquio acerca de sua recusa a frequentar a escola e da decisão de construir suas próprias experiências, em oposição a todos os esforços dos adultos para ensiná-lo o que é o "correto". Vejamos como Benjamin coloca a questão no artigo

"Experiência" que, de acordo com o autor, representa uma máscara que os adultos usam como forma de poder sobre as crianças:

> Mas vamos tentar agora levantar essa máscara. O que esse adulto experimentou? O que ele nos quer provar? Antes de tudo, um fato: também ele foi jovem um dia, também ele quis outrora o que agora queremos, também ele não acreditou em seus pais; mas a vida também lhe ensinou que eles tinham razão. E então, ele sorri com ares de superioridade, pois o mesmo acontecerá conosco – de antemão ele desvaloriza os anos que estamos vivendo, converte-os na época das doces asneiras que se cometem na juventude, ou no êxtase infantil que precede a longa sobriedade da vida séria. Assim são os bem-intencionados, os esclarecidos. Mas conhecemos outros pedagogos cuja amargura não nos proporciona nem sequer os curtos anos de "juventude"; sisudos e cruéis, querem nos empurrar desde já para a escravidão da vida. Ambos, contudo, desvalorizam, destroem os nossos anos. E, cada vez mais, somos tomados pelo sentimento de que a nossa juventude não passa de uma curta noite (vive-a plenamente com êxtase!); depois vem a grande "experiência", anos de compromisso, pobreza de ideias, lassidão. Assim é a vida, dizem os adultos, eles já experimentaram isso.[22]

Benjamim caracteriza dois tipos de olhar dos adultos em relação à infância. Um vem dos "esclarecidos", aqueles que se vangloriam por serem vividos, experientes e, por isso, se sentem superiores aos jovens. Outro olhar advém daqueles que nem sequer consideram a infância e a juventude como uma fase de amadurecimento, e solapam esses curtos anos com tarefas e obrigações, no intuito de já demonstrar como será a vida adulta. Seriam os pedagogos. Ambos, pedagogos e esclarecidos, ignoram a vivência da infância e juventude, as necessidades imediatas associadas aos desejos de cada criança.

No romance de Collodi, a partir desse olhar benjaminiano, a Fada dos Cabelos Turquesa reúne tanto as características da pessoa bem-intencionada (coloca-se em uma posição de superioridade em relação à Pinóquio) quanto as do pedagogo (ao exigir que Pinóquio sacrifique seu tempo indo à escola). Ela ignora as necessidades de Pinóquio de viver outras experiências que não aquelas proporcionadas pela escola, ignora que o amadurecimento de Pinóquio não está somente no aprendizado dado[23] no ambiente institucionalizado, mas sim ao explorar o mundo. Os eventos do romance, no entanto, são cruéis com Pinóquio.

Pois, a todo momento, o boneco sofre com as experiências "marginais" que, finalmente, o fazem desistir de abraçar o caminho da aventura.

Nesse episódio do País dos Folguedos, a lição é mais do que cruel. Ao fugir de um modelo de vida no qual não acreditava, a nova aventura de Pinóquio é, aparentemente, um caminho sem volta, o passo definitivo para a não transformação em um menino de bem. A escolha de Pinóquio do modelo social idílico, a infância perpétua, em oposição ao mundo regrado dos adultos, resultou em um revés moral que vem solapar a ideia de transgressão da sociedade tradicional. Quem também discorre sobre esse tema é Manganelli:

> a transformação de Pinóquio coincide com a assunção corporal de uma metáfora social: ele está "mudando" porque a linguagem da sociedade o atingiu, o enfeitiçou, e das suas mínimas orelhas fez agora orelhas monstrificadas. Ao se contemplar, Pinóquio tem três sentimentos: dor, já que pela primeira vez sabe que sofreu uma ofensa que o torna diferente de si, estranho a si; vergonha, porque suas orelhas lhe dizem que aquela metamorfose tem um significado, o escárnio daquela sociedade que ele quer e de que foge; desespero, enfim, porque experimenta o terror de ter ido longe demais na sua rejeição do humano[24].

Manganelli faz uma curiosa associação entre a "metamorfose" de Pinóquio em burrico e a essência do indivíduo, o pacto para adaptação de um novo universo de regras próprias e desconhecidas. O boneco único e especial em pouco tempo não passará de um burrico. E o culpado não é nenhum outro além de Pinóquio, envergonhado de sua natureza inconsequente. Assim, a primeira transformação de Pinóquio é também uma de suas mortes.

A primeira versão do romance[25] dava uma lição na moral italiana – liberdade ou morte –, o que não é suficiente para caracterizar Collodi um *scrittore-educatore*. Por outro lado, a versão final do livro, com o arrependimento e a transformação de Pinóquio, inicia uma nova concepção de construção de personagem muito importante na literatura infantojuvenil: a personagem que, em essência, é boa e ruim ao mesmo tempo. Nesse sentido, Pinóquio é uma personagem esférica, para retomar o conceito de E.M. Forster[26] e, por isso, talvez até mais humanizada do que as personagens humanas do romance, como Geppetto, que é resiliente, tem compaixão por Pinóquio e nunca o abandona, mesmo depois de todas as travessuras do boneco. Outras personagens e outros lugares do romance também são apresentados de maneira esférica, sendo classificadas como boas ou ruins, como a Fada, que faz o papel da mãe carinhosa e punitiva, e o País dos Folguedos, que é, ao mesmo tempo, o símbolo do jardim das delícias, mas esconde o aprisionamento para toda a vida.

Tal estrutura também não deixa de ser educativa, mas resulta não de um confronto entre o certo e o errado, mas sim da experiência. Na obra *Pinocchio nella letteratura per l'infanzia*, editada por Carlo Marini, o artigo "Pinocchio gode dell'innocenza della distrazione" (Pinóquio Goza da Inocência da Distração), de sua própria autoria, traz a ideia de que o amadurecimento aflora da própria condição vivida pela personagem, em interação com outras personagens e lugares: "Em Pinóquio, a pedagogia não é abandonada, mas sim resolve-se em si mesma, revela-se em sua própria condição; a intenção educativa, exemplificada na moral do Grilo Falante, se funde com o sutil cinismo do País dos Beócios."[27]

Marini cita uma personagem bastante importante para o romance que, assim como a Fada, interpreta o papel da voz da experiência e da sabedoria: o Grilo Falante, contrapondo-o ao mundo os vilões e malandros, do País dos Beócios. A contribuição de Marini vem a esclarecer que o aprendizado de Pinóquio está na própria experiência de vida, uma vez que deve arcar com as consequências de suas escolhas, um ato bastante maduro para uma criança.

Esse caminho nos leva para uma outra questão, também capital no romance de Collodi à luz das últimas décadas do século XIX. A temática pedagógica associada à representação da infância no romance de Collodi está intimamente ligada ao universo subjetivo da criança e à própria ideia de criança. Mas não somente. O fator motivador desse "sentimento de infância" advém, como já citado anteriormente, de uma visão burguesa (não monárquica) da sociedade, na qual a preparação da criança para o mundo adulto é uma questão estrutural e até estratégica na valorização da família, da cultura e da própria consolidação da sociedade. Não por acaso, trata-se do "século das crianças". Daí a importância da instituição da escola como "a segunda casa" da criança nesse momento histórico, envolvendo a família no processo educativo.

Collodi, em *As Aventuras de Pinóquio*, cria uma oportunidade para desenvolver tanto o tema da institucionalização da infância – pela escolarização – como também o tema do percurso histórico do homem adulto em sentido metafísico[28]. Sua visão de infância, no entanto, abarca dois sentidos opostos e não excludentes: o realístico e o simbólico. Realístico ao dialogar com seu tempo de maneira irônica e precisa, e simbólico pelo contato com a tradição além da renovação da linguagem literária absolutamente inovadora. Não por acaso, o romance de Collodi é uma obra rica e complexa, e suscita interpretações até contraditórias sobre o tema da infância. Franco Cambi, em sua obra *Collodi, De Amicis, Rodari: tre immagini d'infanzia* (1985), esmiúça a relação desses três autores fundamentais na literatura infantojuvenil italiana com o tema da infância. Em Collodi, especificamente em *As Aventuras de Pinóquio*, não há dúvidas de que a criança é um dos temas da obra, dentro desse contexto tanto simbólico quanto realista, um dos fatores que a torna um clássico da literatura infantojuvenil. Nas palavras de Cambi,

a infância é, portanto, um tema central no trabalho collodiano e um dos poucos temas (como o teatro, talvez, e a dominante ironia/comédia) que ele percorre de cabo a rabo, ocupando um espaço ao mesmo tempo filológico e simbólico, adequados a permitir uma leitura orgânica e articulada, precisa e matizada ao mesmo tempo, certamente não superficial nem trivial. Assim, aparentemente, isso permite penetrar de maneira decisiva na dimensão "alta" e "grande" de Collodi, que o torna um "clássico" não menor da nossa cultura moderna[29].

Essa dimensão "alta" e "grande" de Collodi à qual Cambi se refere torna a análise de suas obras, especialmente *Pinóquio*, uma tarefa complexa e instigante, que deve percorrer tanto os caminhos profundos da natureza do "eu" como as forças históricas que movem esse indivíduo. O desafio de Pinóquio – "amanhã deixo de ser um boneco para me tornar um menino como você e como todos os outros"[30] – é, em realidade, o desafio da Itália recém-unificada: preparar uma sociedade analfabeta e rural (Pinóquio) para um futuro próximo ("amanhã") em que todos possam ser iguais uns aos outros dentro de uma sociedade burguesa (garotos).

O ROMANCE COLLODIANO E O PAPEL DA CRIANÇA NO *RISORGIMENTO* ITALIANO

O desafio de uma Itália igualitária não seria realizado, como no romance de Collodi, em uma transformação mágica repentina. Se a Itália hoje constitui uma unidade geográfica delimitada, não se pode dizer que sua identidade cultural tenha essa mesma coesão. A configuração de nação partiu de um processo quase artificial, forçando partes distintas da península a se unificarem politicamente. Os reflexos desse movimento impositivo são perceptíveis na própria língua italiana e em seus desdobramentos literários. Existe um consenso de que a questão linguística na Itália é reflexo de um problema social: dialetos variados e por todo o território absorviam os novos termos da vida industrial e de massa[31].

Assim, a escolha de uma língua oficial italiana torna-se capital para que o ensino nacional pudesse ser padronizado em todas as escolas do país. Dentro desse projeto aparentemente estéril e impositivo, aviltou-se escolher o italiano fiorentino como modelo de uma língua oficial, em boa parte graças a um escritor de destaque da época cujas narrativas ressaltavam os feitos italianos e ajudavam a criar uma sensação de unidade, não apenas territorial, mas também cultural. Fala-se de Alessandro Manzoni (1785-1873). Seus romances históricos, especialmente *I promessi sposi*, têm por mérito uma linguagem absolutamente homogênea, esquivando-se das tendências de uso dos regionalismos, criando uma espécie de "modelo de língua escrita e falada da Itália unificada" vulgarmente conhecido como manzoniano e voltado a angariar um público leitor mais abrangente[32].

Um dos grandes pensadores da cultura italiana, Antonio Gramsci (1891-1937), em sua obra *Literatura e Vida Nacional*, elenca uma série de questões advindas dessa problemática pós-*Risorgimento* acerca da formação da cultura italiana moderna – em especial a separação entre "intelectuais" e "povo". Entre essas questões está a constatação de que, na Itália, inexiste uma literatura popular em sentido estrito (romance de folhetim, de aventuras, científicos, policial etc.) e "popularidade" persistente desse tipo de romance traduzido de línguas estrangeiras, particularmente do francês; inexistência de uma literatura para a infância. Na Itália, o romance popular de produção nacional ou é anticlerical ou é biografia de bandidos. Não obstante, há um primado italiano no melodrama, que – em certo sentido – é o romance popular musicado[33].

Nas notas agudas de Gramsci[34], lê-se que a literatura italiana se alimentou de obras traduzidas para compor a sua bibliografia do século XIX, especialmente para o leitor de romances populares – de grande circulação e de fácil acesso. Nesse processo de unificação tardia – em comparação a outros países europeus –, as manifestações folclóricas locais foram resgatadas com o intuito de fomentar o espírito de nação. Criou-se, então, espaço para uma literatura ufanista, que tendia a dar conta da problemática indivíduo *versus* nação[35]. Não por acaso, muitos escritores dedicaram grande parte de suas obras a essa discussão. Podem ser citados o filósofo e linguista toscano Niccolò Tommaseo (1802-1874), responsável pela edição do *Dizionario della Lingua Italiana* em oito volumes, o poeta satírico Giuseppe Giusti (1809-1850), que viveu grande parte de sua vida em Florença e ficou conhecido pelos poemas satíricos contra o Império Austríaco, e Giosuè Carducci (1835-1907), considerado o "poeta oficial" da Itália moderna responsável por organizar, em 1855, uma das obras mais emblemáticas do período *L'arpa del popolo: scelta di poemi religiosi, morali e patriotici*, uma coletânea de poemas toscanos e versos de Dante[36]. Junte-se nesse contexto a literatura infantojuvenil que surgirá na Itália na segunda metade do *Ottocento* com mais ênfase dentro de um programa educativo nacional – justamente por isso, de tendência pedagógica em detrimento de uma identidade literária. Daí talvez surja o comentário radical de Gramsci sobre a inexistência de uma "literatura para a infância".

De fato, os países que incorporaram literaturas estrangeiras em momentos de definição cultural e identitária só construíram uma produção literária original, que se podia chamar "nacional", tardiamente. O comentário de Gramsci, nesse sentido, é radical – mas não menos verdadeiro – ao dizer que não existia uma literatura infantojuvenil italiana, quando o que havia era uma produção influenciada por obras estrangeiras e traduções de livros de idiomas variados. Outro autor que também defende essa linha de pensamento é Giuseppe Fanciulli (1881-1951), pedagogo e escritor de livro para crianças. Em sua obra *Scrittori e libri per l'infanzia*, Fanciulli atribui um fator novo à tendência pedagógica italiana do século XIX, para além do projeto educativo nacional. De acordo com Fanciulli, a grande enchente de fábulas, ou "contos morais", advindas sobretudo da França pelos textos de Charles Perrault, serviram de inspiração para que os autores italianos pudessem começar suas próprias criações. Os "racconti morali" italianos do *Ottocento* teriam, assim, uma origem na *immitatio*, na imitação – e não exatamente na identidade da nova nação, corroborando, pois, a opinião de Gramsci.

Para Fanciulli, o romance de Collodi compreende um segundo estágio da produção literária italiana para crianças, cujo texto estaria mais comprometido com a arte e não tanto com o aspecto educativo[37]. Essa visão bidimensional da questão (arte em oposição à pedagogia) em *As Aventuras de Pinóquio* talvez se mostre um pouco redutora e simplista quando aplicada à análise do romance. Pois, como citado acima, Collodi aproveita a questão da política educacional para questionar a representação de infância e, até mesmo, do homem como cidadão. Por outro lado, a sensibilidade de Fanciulli no que diz respeito a separar em termos qualitativos o escrito de Collodi em comparação a seus colegas escritores dedicados a produzir livros voltados à alfabetização não deixa de estar correta.

Usualmente, a produção literária dedicada à cultura escolar tem raízes facilmente identificáveis. A bibliografia sobre a história da literatura italiana é enfática ao afirmar que o número de analfabetos da pós-unificação passava da metade da população italiana. Portanto, a reforma escolar foi um dos programas mais almejados pelo novo Estado. A unificação do país não estaria completa se não houvesse uma homogeneidade linguística entre os diversos microcosmos culturais seculares, agora forçados a conviverem sob um denominador comum.

Colocou-se em prática, então, a grande reconstituição do plano educacional público nacional, que afetou desde a divisão das séries por ano escolar até a grade conteudística[38]. O historiador Giulio Ferroni, em sua *Storia della letteratura italiana*, chega a apontar o número de 70% de analfabetos em 1861:

A unificação do país colocou pela primeira vez em evidência o problema de uma comunicação nacional: para ser fundado em uma língua comum não apenas literária, mas praticável por todos os cidadãos, de todas as regiões e de todas as classes sociais. Os obstáculos foram, no entanto, enormes e vieram da secular diferenciação regional, da vitalidade dos dialetos (muitas vezes adotados também na conversa das classes cultas), pelo fato de que o uso do italiano como língua comum estava limitado quase que exclusivamente à escrita, com um número muito elevado de analfabetos (que por volta de 1861 constituíam cerca de 70% da população, com concentração nas regiões do Sul). Foi evidente de imediato para as novas classes dirigentes que a alfabetização e a obtenção de uma homogeneidade linguística eram condições essenciais para a construção de uma comunidade civil, assim como fizeram os países mais modernos da Europa: e a estrutura básica para alcançar essas condições foi identificada na escola, que, unificada nas formas e nos programas, devia chegar a todo o território nacional e assegurar a todos os cidadãos o acesso a ferramentas linguísticas comuns.[39]

Um detalhe importante salta aos olhos do leitor atento. A citação de Ferroni indica que havia uma expectativa de que tal unificação linguística pudesse favorecer a transformação da jovem Itália no país "mais moderno da Europa", por meio da reforma escolar. Como se a proposta educacional fosse não apenas responsável por unificar culturalmente o país, mas também pelo progresso e desenvolvimento, vendo-se a escola como instrumento civil.

A obra *As Aventuras de Pinóquio*, publicada vinte anos depois da estatística descrita acima, é considerada um dos primeiros romances modernos da literatura italiana. Porém, justamente em sua narrativa, Collodi resgata a Itália agrária, pobre e, de alguma maneira, frágil, na qual a infância para crianças nessas condições estava longe de ser uma fase idílica da vida. O boneco de madeira experimenta a violência do mundo "real" – traição, quase morte (quando é enforcado), abuso, assédio moral, força bruta, intransigência da autoridade –, reapresentando ao leitor "pequeno-burguês" de sua época uma Itália que não deve servir de modelo[40].

Um dos críticos italianos mais citados em relação ao estudo da obra de Pinóquio, Luigi Volpicelli, em seu ensaio *La verità su Pinocchio: e saggio sul "Cuore"* (1954) propõe uma interpretação um tanto quanto ousada – e até mesmo duvidável – sobre a representação da infância pobre na obra-prima de Collodi. Para Volpicelli, Pinóquio representa o "espírito da pós-unificação", que compreende o esforço e a dedicação patrióticos para construir algo grande partindo do nada, em busca de uma "harmonia social". Nas palavras de Volpicelli:

É com base em uma moral encontrada no fundo da própria alma nacional, com o apoio dos provérbios, das fábulas, do costume próprio e também da esperança própria, que se aponta para uma nova sociedade. Em Pinóquio ressoa o espírito mais característico da Itália do *pós-Risorgimento*, com sua "honestidade" e seu "senso para poupar" do "trabalho", com sua "parcimônia" e "sobriedade", com sua dedicação aos filhos, com seu desejo de construir a partir do nada, daquele nada do qual os primeiros se afastaram e partiram, uma existência serena de trabalho e harmonia social.[41]

Apesar de Collodi ter grande admiração pela cultura italiana e, por isso, todo o interesse em manifestá-la de modo original, como faz em diversos exemplos de suas obras, ainda está em discussão, mesmo após tantos anos de estudos dedicados a decifrar o romance, a verdadeira intenção "patriótica" do autor. A visão de Volpicelli sobre *Pinóquio* aproxima a obra de Collodi a um espírito positivo em relação às novas políticas impostas pelo Estado, especialmente para essa população carente de estudo. Essa interpretação, porém, pode ser refutada a partir da própria leitura dos acontecimentos do romance, especialmente os trechos dedicados a demonstrar a relação entre Pinóquio e o estudo.

Assim, a problemática da educação é um dos temas estruturantes do romance picaresco *As Aventuras de Pinóquio*. O objetivo do boneco de madeira é o de se tornar um "menino de bem", um "menino de verdade". Para isso, a regra imposta ao protagonista no universo do romance é ir à escola e estudar, transformar-se em alguém que possa contribuir com essa Itália que quer se modernizar. Tal é o *leitmotiv* para a jornada do protagonista. Porém, Pinóquio não é qualquer herói – ou pelo menos, não o herói ideal – e, como se viu no começo deste capítulo, falha constantemente em seguir a jornada que o leve linearmente à sua transformação em ser humano. Ora, há algo de pedagógico nessa estrutura repetitiva. Por outro lado, a personagem transgride essa expectativa, como que se recusando a ser o modelo do herói bem-sucedido.

Pinóquio, nesse sentido, associa-se ao anti-herói dentro de uma longa tradição do romance picaresco. O boneco seria um *trickster*, assim como descreve Meletínski[42]. A essa tradição associam-se os bufões e todos aqueles que se desviam do curso nobre da trajetória do herói, até caírem no ridículo. Porém, aqui não se trata mais de "baixa literatura", uma vez que o romance como forma abarca esse tema, como já visto nos dois capítulos anteriores. Ainda assim, o percurso do anti-herói – ou *trickster* – mantém a característica do pós-medieval, uma vez que, por mais cômico que seja, o percurso final da viagem culmina na transformação da personagem em herói, momento em que ele se liberta da infantilidade e amadurece[43].

Nesse sentido, a situação de inferioridade social ou a situação miserável não apenas de Pinóquio e Geppetto, mas também das personagens que aparecem ao longo da narrativa – como o Arlequim, o Gato e a Raposa (no núcleo dos ladrões), o pescador, Pavio (que está sentado no alpendre da casa de camponeses), o comprador do burrico –, é totalmente justificada. A pobreza, a fome e a miséria aparecem como pano de fundo em todos os conflitos vividos pelo boneco. Não por acaso, a palavra "pobre" (em italiano, "povero") é repetida 139 vezes ao longo do romance[44].

A situação de inferioridade social de Pinóquio é estratégica nesse romance picaresco – ou antirromance – à medida que justifica os sacrifícios de Geppetto e algumas atitudes de Pinóquio para comer e se vestir e, sobretudo, para representar a necessidade de Pinóquio de frequentar a escola. Não seria a primeira vez que Collodi se dirige ao seu público acerca da temática escolar. *Giannettino*, escrito em 1877, já fazia parte deste que se tornou o subgênero da literatura infantojuvenil chamado de "romance escolar". Outros sete livros sobre o menino Giannettino na literatura de Collodi viriam a ser publicados até o ano 1890. A intenção das obras era percorrer a Itália em uma grande viagem de maneira que Giannettino aprendesse as particularidades de cada região italiana.

A representação da infância no antirromance *As Aventuras de Pinóquio*, portanto, difere categoricamente daquela dos anos precedentes da literatura italiana e também da europeia: a do menino obediente e solícito. E exatamente por seu caráter transgressor e humorístico, faz com que o leitor se identifique e aprenda pelo riso. Trata-se de um aprendizado pela leitura, porém, que se manifesta muito mais pelo caráter literário da obra do que por um dogmatismo – que, em muitos casos afasta o leitor de qualquer idade. Nesse sentido, o romance propõe uma relação mais livre entre os leitores e a narrativa, que não é pelo aprisionamento, mas sim pela conquista. Uma conquista cujo exemplo não está na boa ação, mas sim no erro – de onde advém o caráter tragicômico[45]. Um bom trecho do romance que exemplifica esse comportamento tragicômico de Pinóquio é, ainda no evento da sua estadia no País dos Folguedos, quando o boneco começa a se transformar em burrico e vai visitar o amigo Pavio para saber se tal sorte também o tinha acometido. Para a surpresa de Pinóquio, Pavio abre a porta usando também um gorro, supostamente para disfarçar as orelhas de burro. Dá-se, então, o seguinte diálogo:

Finalmente o boneco, com uma vozinha melosa e flautada, disse ao companheiro:
– Desculpe a curiosidade, meu caro Pavio, mas você já sofreu alguma vez de dor de ouvido?
– Nunca!... e você?
– Nunca! Porém hoje pela manhã comecei a sentir uma dor no ouvido.
– Também senti a mesma coisa.
– Você também?... E qual o ouvido que lhe dói?
– Os dois. E em você?
– Os dois também. Será a mesma doença?
– Tenho medo que seja.
– Quer me fazer um favor, amigo Pavio?
– Claro! Com muito gosto!
– Deixe-me ver seus ouvidos?
– Por que não? Mas, antes, quero ver os seus, meu caro Pinóquio.
– Não: o primeiro deve ser você.
– Não, meu caro! Primeiro você e depois eu.
– Pois bem – disse então o boneco –, vamos fazer um trato como bons amigos.
– Que espécie de trato?
– Vamos tirar juntos os gorros ao mesmo tempo: topa?
– Topo.
– Então, vamos lá! – E Pinóquio começou a contar em voz alta: – Um! dois! três!
À palavra três, os dois meninos tiraram os gorros da cabeça e os atiraram para o ar.
E então ocorreu uma cena que pareceria incrível se não fosse verdade. Ou seja, ocorreu que Pinóquio e Pavio, quando se viram ambos sofrendo da mesma moléstia, em vez de ficarem mortificados e lamentosos, começaram a abanar suas orelhas desmesuradamente crescidas e, depois de mil molecagens, acabaram por dar uma bela risada.[46]

Mesmo nessa horrenda situação, Pinóquio e o amigo não perdem a oportunidade de rir de si mesmos e de reconhecer o momento ridículo e patético no qual ambos se encontravam. Da promessa de se tornar um menino, o destino de Pinóquio acaba no caminho oposto, a animalização, não sem antes brincar com esse trágico acontecimento, e faz valer sua essência de brinquedo. Para o leitor, surge a oportunidade de reconhecer os erros pelo riso, aliviando a tensão e a seriedade do fracasso, permitindo que também a derrota se manifeste nesse anti-herói.

No âmbito da problemática escolar, a relação que se estabelece, nesse caminho interpretativo da obra, entre o episódio descrito acima e o novo sistema educacional italiano é de sátira. Uma plausível estratégia de Collodi ao criar o romance-fábula é distanciar-se do projeto nacional educativo à medida que critica com humor um sistema que encoraja os alunos a decorar conteúdos, a serem infalíveis, e não permite espaço para brincadeiras. Mas nem todos os heróis dos romances escolares são dotados de humor, assim como nem Giannettino nem Pinóquio foram os únicos a enfrentar o monumento que se tornou a questão da escola para a infância na Itália. Tantos outros, como *Giannetto*, de Luigi Alessandro Parravicini, *Memorie di un pulcino*, de Ida Baccini – citado no romance no capítulo XXVII – e, o mais emblemático de todos, *Coração: Um Livro Para Jovens*, de Edmondo De Amicis, se tornaram leituras obrigatórias para as crianças e os adolescentes assimilarem o novo "código moral" que seria esperado deles, ao menos no microespaço social escolar.

Muitos dos autores desses romances escolares eram os denominados *scrittori-pedagogi*: professores ou até mesmo padres contratados para escreverem histórias sobre a vida escolar das crianças e dos adolescentes. Como consequência, os valores que classificavam um bom livro italiano para a infância eram a virtude, a obediência, a submissão e o sentimento patriótico. Em muitos casos, pelo título já se podia inferir a intenção da obra: *Buon senso e buon cuore* (Bom Senso e Bom Coração, 1870-1872) e *Racconti alla buona* (Contos Para Sala de Aula, 1888), ambos de Cesare Cantù, além de *Esempi di bontà* (Exemplos de Bondade, 1844), de Mario Basari. Tais obras reforçavam a ideia do "uomo nuovo", ou seja, do "homem novo" do *Risorgimento*, em um movimento que alguns críticos chegam a classificar de "propagandístico"[47].

O livro mais categórico desse período de final do século XIX, o que melhor representa o romance escolar como subgênero dentro da proposta de unificação cultural da Itália, é o escrito por De Amicis, *Coração*. Aos olhos do leitor de hoje, a narrativa parece que ficou restrita ao seu tempo, tamanho o seu compromisso com o fato presente e sua linguagem emotiva e exagerada. Por essa mesma razão, guarda informações preciosas para a compreensão do *Zeitgeist*. Em *Coração*, o leitor acompanha a jornada do menino Enrico pelo que seria denominado na época o "primeiro grau" – entre os nove e treze anos de idade –, a partir de seu diário escolar. Por meio do livro, compreende-se a divisão das disciplinas, os horários que regem a rotina das aulas, a arquitetura da escola que espelha sua estrutura organizacional, as novas responsabilidades que se esperam das crianças nessa fase escolar (como maior independência dos professores) e também as novas responsabilidades da família que acompanha o desenvolvimento de seus filhos. Nesse sentido, *Coração* destaca-se por ser quase um manual da nova escola italiana. No entanto, um dos elementos estratégicos da narrativa que mais salta aos olhos do leitor é o esforço em dar voz a diversas personagens advindas de todas as partes da Itália. Com esse recurso, o autor demonstra que a escola é para todos – inclusive para aqueles com poucos recursos –, independentemente de suas origens. Há o garoto calabrês, o filho do ferreiro, o filho do vendedor de lenha que foi soldado, o filho do pedreiro, o filho da verdureira. As personagens ricas e pobres, advindas do Sul ou do Norte, em *Coração*, convivem em um mesmo ambiente, aprendem a mesma lição, têm as mesmas oportunidades dentro da escola. O elemento que as distingue não é a posição social que cada uma ocupa, mas sim seus valores morais, suas capacidades de discernir entre o certo e o errado. Dessa maneira, a distinção entre os alunos e alunas é feita entre os "melhores" e os "piores", sendo que os primeiros serão recompensados pelo seu trabalho árduo e comprometido, enquanto os outros serão alvo de punições, uma demonstração moral sobre o valor do trabalho.

Criticado posteriormente de maneira feroz por Umberto Eco e Benedetto Croce, *Coração* também não passou incólume pelo crivo da Igreja Católica ou mesmo do fascismo. A primeira acusa o autor de não ter incluído nenhuma cena ou momento em que se faz menção ao catolicismo; o segundo, por sua vez, de o autor não ter deixado mais claro o programa fascista na narrativa. Por outro lado, o livro foi considerado positivo pelos comunistas, justamente por dar espaço para personagens que representam a classe trabalhadora.

De acordo com Antonio Faeti, no posfácio exclusivo para a edição brasileira de *Coração*[48], o projeto do autor com esse livro se resumia a duas intenções: "Lançar um desafio duro contra um sistema corrupto" e resgatar a áurea do exército italiano – visível nas inúmeras menções a soldados e outras personagens que representam heróis e combatentes de guerra, assim como também foi De Amicis. Talvez essa seja uma das maiores diferenças entre a representação escolar de *Pinóquio e Coração*: trazer para o público leitor a gravidade e a seriedade da luta por uma Itália única e para todos. O próprio Faeti, ainda no posfácio da edição brasileira, ressalta essa qualidade de *Coração* em comparação aos outros romances escolares da época:

Depois do *Pulcino*, de Baccini, e do *Minuzzolo* (1877), de Collodi, em *Coração* vai se encontrar não mais animaizinhos metafóricos e conhecedores da grande tradição de Esopo ou os moleques incontroláveis das praças fiorentinas, mas sim os pequenos pedreiros, os filhos dos marceneiros, garotos obrigados a ficar na loja quando deveriam estar indo à escola.

Porém, é preciso sublinhar que De Amicis não é um "realista" e tampouco um "naturalista", mesmo quando relata, em *Primo Maggio* [Primeiro de Maio, 1980] ou no ensaio *Lotte civili* [Lutas Civis, 1901], o contraste duríssimo que, na Itália recém-unificada, opõe operários a patrões. Ele não é um seguidor de Zola e sequer absorve a lição de Giovanni Verga. Possui um modo próprio de contar em que a obra lírica e até o cinema, nos últimos escritos, desempenham papel fundamental.[49]

Diz, ainda, Faeti:

[De Amicis] sabe perfeitamente bem ao que se lança, em 1886, ao publicar um "livro de texto" a ser usado nas escolas, um livro que terá de confrontar os diabinhos da Condessa de Ségur, as mulherzinhas, Remigio passeando pela França sem o constrangimento de uma família, o pequeno Lorde, Alice e o capitão de quinze anos de seu ídolo francês.[50]

As diferenças mais visíveis entre *Coração* e *As Aventuras de Pinóquio* são, primeiramente, o caráter fantástico do segundo, em detrimento da descrição realista do primeiro. Porém, a fantasia em Pinóquio tem a função de criar um contraste entre o universo do boneco e do menino que ele deseja ser – e que, a todo momento, se confundem. O mundo fantástico, dessa maneira, representa tanto o caminho que o boneco tem que percorrer para se humanizar quanto a possibilidade de permanecer no universo das experiências únicas. A outra diferença entre os dois romances advém justamente desse posicionamento. Ao corroborar a ideia de que Pinóquio é uma personagem complexa, atormentada por questões mais próximas de uma dúvida existencial – permanecer boneco ou tornar-se um menino –, o boneco automaticamente se diferencia em muito das personagens de *Coração*, que são passivos diante das circunstâncias e representam uma fotografia do momento presente. Nesse sentido, o aspecto "realista" do romance de De Amicis causa um maior distanciamento, no leitor, dos "reais" conflitos da alma humana, enquanto a fantasia em Collodi cria uma ponte sensível em direção à conscientização do caráter dúbio da natureza humana.

GÊNEROS LITERÁRIOS E FONTES PRESENTES EM *AS AVENTURAS DE PINÓQUIO*

São inúmeros os "animaizinhos metafóricos" que Faeti menciona estarem presentes em *As Aventuras de Pinóquio*. Comparado a *Coração*, o romance de Collodi opta por uma estratégia menos evidente para traduzir ao leitor o contexto político de construção de uma moral nacional e coletiva. Com agendas absolutamente diferentes, Collodi cria um romance *bricolage*, ou seja, reúne referências de outros gêneros da literatura dita para crianças para sua composição do quadro geral da narrativa. Não por acaso, *As Aventuras de Pinóquio*, em muitos casos, também é considerado conto de fada, fábula e até mesmo conto fantástico[51]. Em *Pinóquio*, os exemplos de situações, falas e estruturas que lembram cantigas folclóricas não são raros. No trecho do romance analisado neste livro, pode-se destacar a canção do carroceiro que leva as crianças para o País dos Folguedos, que versa da seguinte maneira: "Todos dormem à noite / mas eu não durmo jamais"[52]; é uma referência a tantas personagens folclóricas que caçam crianças à noite nas ruas, especialmente aquelas que não obedecem a seus pais – a exemplo do já citado Homem do Saco. Também chamam a atenção os provérbios citados no romance, especialmente pelas personagens adultas que querem transmitir alguma mensagem para o boneco de madeira – boa ou ruim. Tais provérbios lembram a moral presente nos contos de fada, sobretudo os de Perrault e La Fontaine. Tal fala com conotação educativa pode ser notada, por exemplo, no discurso da Fada: "os meninos que não dão ouvidos àqueles que sabem mais que eles vão sempre ao encontro de alguma desgraça"[53]; ou então no aviso do burrico que puxava a carroça no qual Pinóquio montou para ir ao País dos Folguedos: "Lembre-se disso, seu pateta! Os meninos que deixam de estudar e voltam as costas para os livros, para a escola e os professores, para se entregarem inteiramente aos brinquedos e [às] diversões, não podem ter senão um fim miserável"[54].

Outro exemplo de presença da estrutura narrativa folclórica no romance pode ser verificada quando o narrador solicita a participação do leitor na construção da narrativa, principalmente o menino, lembrando muito o tom de oralidade dos textos populares, como nos trechos: "E a surpresa qual foi? Eu lhes direi meus caros e jovens leitores"[55] e ainda "Vocês sabem que o boneco, desde que nasceu, tinha umas orelhas muito pequeninas"[56]. Ou ainda, episódios muito semelhantes a textos populares bastante conhecidos, como quando o cocheiro bate à porta da casa de Pavio para levá-los embora, bastante similar à fábula de *Os Três Porquinhos*[57]: "Neste momento, bateram à porta, e uma voz de fora lhes disse: – Abram! Sou o Homenzinho, o cocheiro que os trouxe a este país. Abram logo, senão vocês vão ver!"[58]

Tais subgêneros eram familiares a Collodi pelas suas experiências como tradutor. Um dos primeiros trabalhos que o autor realizou no âmbito da literatura infantil foi a tradução dos contos de Charles Perrault (1628-1703), Mme. d'Aulnoy e Mme. Leprince de Beaumont. Esse trabalho originou-se de um convite de seu amigo e editor Sandro Paggi que, com seu irmão Felice, possuía uma livraria e uma editora em Florença[59]. Paggi, atento às demandas de mercado por livros estrangeiros, especialmente os franceses[60] – e aqui vale a pena retomar o comentário crítico de Gramsci acerca do interesse do público leitor por obras estrangeiras, o que causou grande influência na produção literária italiana do século XIX –, encomenda a Collodi, que era exímio falante do francês, a tradução dos contos de Perrault mais quatro contos de Mme. d'Aulnoy e de dois contos de Mme. Leprince Beaumont para uma edição que viria a ser publicada sob o título *Il racconti delle fate*, em 1876[61]. Os contos de fada e as fábulas se tornaram objetos atraentes para o mercado editorial italiano da época, não apenas pelo interesse do público leitor, mas também pelo caráter moral e de instrução que esses subgêneros adquiriram, especialmente na França dos séculos XVII e XVIII, que traziam a *moralité*[62]. Nesse sentido, tais contos se encaixavam perfeitamente na nova ordem educacional surgida no *Risorgimento*: ofereciam textos de qualidade literária, educativos e de linguagem fácil para a população iletrada.

As traduções das fábulas e dos contos de fada feitas por Collodi trazem aspectos reveladores para compreender as escolhas linguísticas do autor na construção do romance *As Aventuras de Pinóquio*. Interessante notar, por exemplo, que a fábula de Perrault *Os Três Desejos Ridículos*, que contém uma personagem cujo nariz cresce, foi omitida da seleção de sua tradução, assim como todas as escritas em verso, com exceção de *Pele de Asno*, que sofreu mudanças significativas de modo a atenuar o incesto e outras passagens mais violentas que poderiam gerar desconforto no leitor, o que conferiu um caráter mais melodramático ao conto. Nesse quesito, é notável como Collodi alterou não apenas o estilo dos textos originais, como se buscasse sua própria linguagem de escrita, mas também a ordem da narrativa, a simplificação da trama, ao criar suspense e atribuir humor irônico às cenas, como estratégias de escrita que não estão presentes nos textos franceses. A pesquisadora Ester Zago faz uma minuciosa comparação entre os textos originais e a tradução de Collodi, e constata que:

Em *Pele de Asno*, mais do que em qualquer outra tradução, Collodi usa a fórmula da linguagem típica das técnicas narrativas dos contos folclóricos, e com isso acentua a presença do narrador e, como resultado, realça a oralidade da narrativa. Igualmente, ouvintes e leitores são atraídos para o texto e convidados a participar do desenvolvimento dos eventos. [63]

De acordo com a argumentação da pesquisadora, as mudanças no texto feitas por Collodi não tinham como intenção censurar a versão original, mas sim aproximá-la de uma linguagem mais reconhecível ao leitor italiano. A pesquisadora aprofunda sua argumentação em relação ao uso das narrativas dos contos folclórios. O uso do dialeto toscano, na opinião de Zago, justificaria as apropriações de Collodi nas traduções das fábulas e dos contos de fada, e sugere que a estratégia do autor era aproximá-las dos contos folclóricos italianos, ao invés de realizar apenas uma simples tradução do francês:

Se histórias escritas em uma língua estrangeira tivessem que ser traduzidas para contos "folclóricos", não bastaria para o tradutor moldar sua língua face às exigências do gênero com o qual estava trabalhando. Aquela língua teria que ter o ritmo da fala coloquial e, para Collodi, isso significava um italiano vestido com as cores toscanas. A poesia de Perrault deveria ser tingida e domesticada na prosa revelada de *Pele de Asno*; o conto de fada teria que ser transformado em conto folclórico. Os toques toscanos, particularmente na forma de provérbios e comparações que Collodi teceu em sua tradução, evocam "a voz do povo". E, como resultado dos esforços de Collodi, essa voz veio à tona.[64]

A crítica parece corroborar o fato de Collodi "colorir" tanto seus textos quanto as traduções, em prol de uma linguagem italiana, elegendo o toscano como referência tanto no âmbito linguístico como no cultural. Quem também segue essa linha de raciocínio – a de que *As Aventuras de Pinóquio* não é um romance que se propõe a ser educativo – é o crítico norte-americano Jack Zipes, bastante reconhecido por seus trabalhos no campo das fábulas e dos contos de fada. A pesquisa de Zipes traz, no entanto, diferenças capitais. No capítulo "Carlo Collodi's *Pinocchio* as Tragic-Comic Fairy Tale", da obra *When Dreams Came True: Classical Fairy Tales and Their Tradition*, o autor problematiza a ideia de que Collodi tinha predileção pela forma do conto de fada por ser o gênero que mais expressava a necessidade de uma literatura pedagógica. De fato, uma primeira leitura do romance poderia indicar que Pinóquio recebe inúmeras chances para se redimir de seus atos e seguir o caminho do "menino bom". E a estrutura narrativa do romance de tendência circular repete a situação de recusa-aventura-punição-arrependimento-aprendizado diversas vezes. A leitura de Zipes, porém, desconfia da repetição excessiva em prol de um argumento educativo, dada a complexa qualidade da prosa de Collodi, que dosa humor, ironia e tragédia. A estratégia de Collodi, na visão de Zipes, abre uma discussão da própria estrutura do gênero conto de fada que, em geral, opta pelo otimismo e pelo final feliz. Nesse caminho, poder-se-ia desconfiar que a intenção do autor de fato residiria em demonstrar como a vida de um garoto do campo, na segunda metade do século XIX, era difícil e nem sempre tinha final feliz. Essa tese é corroborada pelo fato de o romance ter sido escrito em episódios e em duas partes. A primeira parte, publicada em 1881 na revista semanal *Giornale per i bambini*, terminava no capítulo XV, quando Pinóquio é abandonado à morte enforcado em uma árvore. Tamanho foi o sucesso dos episódios que Collodi foi convidado a continuar a saga do boneco de madeira, mantendo a estrutura narrativa onde tudo é possível e nada tem fim com o auxílio da fantasia, desde que o leitor seja fisgado para continuar a leitura na próxima edição. Dessa maneira, Collodi sutilmente põe em xeque a estrutura das histórias pedagógicas para crianças italianas – as quais geralmente se apresentam com um tom monocórdico –, por meio da incansável recusa de Pinóquio em se tornar um "garoto de verdade". Nas palavras de Zipes:

Dado o caso do assunto inacabado do desenvolvimento de Pinóquio, a maior e mais frequente questão de Collodi acerca desse romance-conto de fada de formação é se de fato vale a pena ser "civilizado". É uma questão que Mark Twain também fez no mesmo momento em que escrevia *As Aventuras de Huckleberry Finn* e, de algumas maneiras, Huck Finn é a versão norte-americana de Pinóquio, pois ambos os garotos são brutalmente expostos à hipocrisia da sociedade e, ainda, formados a se adaptar aos valores e padrões que irão, supostamente, permitir que eles sejam bem-sucedidos. No final, Huck recusa a civilização, enquanto Pinóquio aparenta ter feito as pazes com a lei e com a ordem.
    Ainda assim, em último caso, Collodi nos convida a considerar como essa socialização se desenvolveu, e se nós consideramos como esse "inocente" pedaço de madeira, cujos vícios estão em suas brincadeiras e ingenuidade, é tratado pelas pessoas e forças sociais ao redor dele, aí sim tem algo "trágico" na maneira como ele apanha e embarca na submissão.[65]

O comentário de Zipes retoma uma questão já exposta no começo do capítulo, sobre a legítima vontade de Pinóquio quanto a deixar de ser um boneco de madeira para se tornar um garoto de verdade. As recorrentes recusas de Pinóquio a avançar na transformação que parece ser a mais correta – de marionete para menino – abrem essa suspeita de uma intenção subliminar no texto de Collodi em prol de sua argumentação oposta. A questão da aceitação do "eu" em face às obrigações exigidas pela sociedade já mencionadas por Lukács, em Zipes aparece sob o tema do "ser civilizado". A educação, símbolo da adequação do indivíduo para a vida em sociedade marcaria, portanto, esse limiar entre a busca incansável pelo prazer e o abandono do desejo em prol da convivência em coletividade. A comparação com a obra de Mark Twain feita por Zipes é fortuita no sentido de que ambas as histórias são marcadas pelo abandono do herói de sua trajetória natural e previsível em busca de um caminho mais legítimo. A indecisão de Pinóquio quanto a se juntar ou não à carroça que leva os meninos ao País dos Folguedos é justamente parte desse conflito: seguir o caminho que o herói deseja ou seguir com a promessa de um dia vir a ser mais uma pessoa ordinária. O elemento tragicômico desse conflito em Collodi – que não existe em Huckleberry Finn – advém dessa ingenuidade atribuída por Zipes a Pinóquio, que faz a personagem acreditar em qualquer promessa que lhe dizem o que, por sua vez, cria também uma dicotomia entre o mundo prometido pela Fada e o mundo cruel e ingrato vivido pelo boneco em suas aventuras.

Como é próprio do romance circular, previsivelmente Pinóquio se arrependerá de ter ido ao País dos Folguedos e, mais uma vez, convocará a Fada, o Grilo Falante, o Corvo e a Coruja – representantes do "núcleo educativo" do romance – e pedirá perdão pela sua conduta. Esse é o momento que também Lukács prevê em seus estudos sobre a função da ação no romance de formação, no qual a reconciliação entre a personagem e o meio em que ela vive é necessária e inevitável para o amadurecimento, apesar dos sofrimentos infligidos ao herói durante a narrativa[66]. A definitiva reconciliação entre Pinóquio e o mundo se dará por meio da magia da Fada, um dos recursos narrativos que corroboram a classificação que Zipes concede ao livro como um romance-conto de fada educativo (ou "de formação").

A beleza do exercício de análise da bibliografia crítica, no entanto, não está em identificar qual o melhor gênero que define o escrito de Collodi, mas sim em desvendar como cada subgênero contribui para a estrutura do romance. O trecho que compreende do capítulo XXIX ao XXXIII de *As Aventuras de Pinóquio*, usado para ilustrar essa análise, apresenta conflitos e situações típicas dos contos de fada e do conto fantástico – que, por sua vez, representam, em si, pontos-chave das etapas de amadurecimento do indivíduo. A maneira como Pinóquio percebe a Fada dos Cabelos Turquesa – a própria presença de uma fada no romance –, por exemplo, é muito semelhante ao processo de aceitação do indivíduo em suas múltiplas personalidades. A Fada, para Pinóquio, é tanto a figura da mãe boa, mas também logo se transforma na pessoa que pune seus atos de rebeldia. Pinóquio compreende que deve agradá-la para ter a recompensa da fada bondosa, que irá presenteá-lo com uma grande festa no dia de sua própria transformação em menino. Por outro lado, quando é convencido por Pavio a ir ao País dos Folguedos, Pinóquio entende que a Fada também é capaz de gritar e ralhar com ele.

Quem explicita mais profundamente esses episódios nos contos de fada é Bruno Bettelheim[67], em *A Psicanálise dos Contos de Fadas*. Apesar de o livro de Bettelheim ter o propósito de aplicar a simbologia dos contos de fada no desenvolvimento da criança e na sua relação com os pais, um objetivo bastante diferente deste livro, ainda assim a bibliografia é relevante para localizar alguns aspectos interessantes que abrem um caminho para a compreensão da simbologia dos contos de fada. No exemplo que se desenrola aqui, Bettelheim interpreta que a vovó e o lobo mau no conto *A Chapeuzinho Vermelho*, por exemplo, são as faces boa e má da mesma figura, uma maneira de representar os dois humores da mãe: a tolerante e carinhosa, e a punitiva e agressiva. Em resumo:

A literatura dos contos de fadas não deixa de considerar a natureza problemática de por vezes se ver a mãe como uma madrasta má; a seu modo, o conto de fadas nos adverte sobre as consequências de nos deixarmos arrebatar por sentimentos de raiva. Uma criança se entrega facilmente a sua irritação com uma pessoa que lhe é querida, ou a sua impaciência por ter que esperar; tende a abrigar sentimentos coléricos e a embarcar em desejos furiosos, pouco pensando nas consequências caso estes se tornem realidade. Muitos contos de fadas retratam o resultado trágico desses anseios irrefletidos, assumidos porque se deseja excessivamente ou se é incapaz de esperar até que as coisas ocorram no devido tempo. Esses dois estados mentais são típicos da criança.[68]

A comparação, obviamente, não pode ser feita *ipsis litteris*. Mas joga uma luz importante no episódio narrado nos cinco capítulos de Collodi analisados nesse trabalho. Pinóquio toma consciência de que a Fada dos Cabelos Turquesa pode ser tanto boa como má – um elemento bastante evidente nos contos de fada. Em resposta, como o romance de Collodi não tem a obrigação de seguir a estrutura das fábulas ou dos contos de fada, o boneco de madeira também pode se comportar como um bom ou mau indivíduo.

Mas a associação do romance de Collodi a referências de textos populares é bem mais profunda do que a descrita acima, vai além do estudo da psicanálise. Com o intuito de resgatar as origens da literatura italiana e, ainda assim, criar uma nova, que responda aos anseios literários do autor, Collodi infiltra meticulosamente em *As Aventuras de Pinóquio* elementos da matéria da cultura italiana, no formato que a população estava acostumada a ler. A própria figura de Pinóquio como um ser de madeira pode-se inferir que advém da novela popular toscana *L'omino di legno*, muito lida pelas mães para as crianças toscanas, como bem recorda Benedetto Croce[69]. O nariz de Pinóquio, que cresce quando o boneco mente e volta ao tamanho normal, lembra o conto popular "I ficho brogiotti", ou ainda as novelas do *Decameron*, especialmente a quarta novela da nona *Giornata*, cujo título também remete ao episódio do romance de Collodi em que Geppeto vende seu casaco no inverno para comprar a cartilha para Pinóquio que, por sua vez, a vende para ir ao circo, deixando-o em mangas curtas: *Cecco di messer Fortarrigo giuoca a Buonconvento ogni sua cosa e i denari di Cecco di messer Angiulieri, e in camicia correndogli dietro e dicendo che rubato l'avea, il fa pigliare a'villani e i panni di lui si veste e monta sopra il pallafreno, e lui, venendosene, lascia in camicia*, em tradução livre: Cecco Fortarrigo joga em Buonconvento todas as suas posses e também o dinheiro de Cecco Angiulieri, seu mestre; depois, se coloca a correr atrás dele afirmando que o roubou; Fortarrigo faz Angiulieri ser pego por camponeses, veste as roupas dele e monta no cavalo dele, deixando-o apenas de camisa. E ainda, do livro do *Pentamerone*, recolhido por Giambattista Basile, a novela *La bella Caterina* no episódio bem específico em que Pinóquio cai na tentação do gato[70].

AS TRANSFORMAÇÕES DAS PERSONAGENS-BRINQUEDOS DO SÉCULO XIX

Uma outra relação interessante que se pode fazer acerca das referências culturais presentes em *As Aventuras de Pinóquio* é a tradição literária de protagonistas-brinquedos. Porém, não como o século XVIII, no qual os brinquedos serviam de mero objeto transacional para a criança aprender bons modos, mas sim como personagens quase esféricas. A associação mais evidente é com o conto *O Soldadinho de Chumbo*, atribuído ao escritor dinamarquês Hans Christian Andersen (1805-1875), também produzido no século XIX. Nesse conto, o Soldadinho apresenta um defeito de fabricação por ter apenas uma perna. O brinquedo sabe que é diferente de seus outros 24 irmãos, todos fabricados ao mesmo tempo. Seu grande desejo, porém, é casar-se com uma bailarina desenhada em um pedaço de papelão – papelão este que servia de castelo de brinquedo apoiado sobre a mesa. Na perspectiva do desenho, a posição de balé da dançarina, apoiada em uma só perna e, portanto, escondendo a outra, faz o Soldadinho crer que a bailarina também é perneta. Por isso, seria sua esposa ideal:

– Ah, que esposa perfeita seria essa moça! – ficava imaginando o soldadinho, enquanto contemplava de longe a bailarina. – Mas receio que ela nem ligue para mim. Não passo de um simples soldadinho de chumbo, que mora numa caixa com outros vinte e quatro irmãos, ao passo que ela vive em um castelo. Se eu a tirasse de lá para ser minha esposa, não teria onde levá-la… Mas isso não impede que venhamos a ser amigos.[71]

Nesse trecho, fica evidente como o Soldadinho também constrói mundos imaginários, da mesma maneira que Pinóquio. O brinquedo vislumbra cenários distintos de sua realidade presente, nos quais a sua perna faltante não é um defeito, mas sim uma virtude – um ser semelhante a uma princesa que também se identificará com ele pelo defeito físico. Porém, ao invés de perseguir seu desejo – como faz Pinóquio –, o Soldadinho resigna-se a seu defeito congênito. Sua viagem como herói, no entanto, começa com uma punição: a maldição do gnomo por ele ter olhado durante muito tempo para a bailarina. O boneco é jogado no lixo, enfrentará uma forte correnteza num barquinho feito de papel jornal, por bueiros escuros, até cair no mar e ser engolido por um peixe que, por sua vez, foi pescado e levado ao mercado, onde fora vendido para a cozinheira da casa em que a história começou e, finalmente, viria a morrer queimado na lareira da mesma casa onde a história começou.

As semelhanças entre as duas obras são inúmeras. Primeiramente, há o problema da aceitação da matéria física em ambos os brinquedos. No caso de Pinóquio, ser um boneco é um problema em si, uma questão ontológica, cuja única solução é abandonar a "carcaça" de madeira para assumir o corpo de um menino de verdade. No caso do Soldadinho, ser desfigurado propicia uma baixa estima no brinquedo e, por consequência, os indivíduos ao seu redor o rejeitam. Ambos também partem para uma sofrida e cruel jornada do herói que culminam com experiências de quase morte, sendo que o episódio mais evidente como ponto de conexão entre as duas obras é a passagem em que ambos são engolidos por um peixe – que marca o início do desenrolar final de cada texto.

Um outro ponto estrutural que conecta as duas personagens é a iminência da morte a todo momento. Ambas as aventuras são perigosas, experiências transicionais para outra condição, não aquela escolhida pelos protagonistas. Pinóquio é enforcado no capítulo xv e deixado para morrer. E, no trecho analisado neste livro, entre os capítulos xxix e xxxiii, a transformação em burrico também é uma pseudomorte, não apenas pelo seu aspecto físico, mas pelo desdobramento da narrativa (quando Pinóquio quase morre afogado). A dolorosa transformação de Pinóquio em burrico representa o processo de animalização do boneco que, por sua vez, cumpria até então uma função metafórica humana, de maneira a estabelecer uma conexão com a criança leitora. Vale ressaltar que o brinquedo para a criança é um objeto bastante importante para que ela crie mundos paralelos que mimetizem suas angústias, receios e ansiedades. A criança realiza uma transferência de sua condição real para a ficcional por meio do objeto-brinquedo. Tanto o Soldadinho de Chumbo quanto Pinóquio são personagens humanizadas. A literatura, por meio da fantasia, promove o encontro dos sentimentos dos bonecos com as crianças leitoras, facilitando a mediação. No final do capítulo xxii, a transformação de Pinóquio e Pavio está completa, o que representa a primeira morte nesse episódio:

– Socorro, Pinóquio, ajude-me!
– Que você tem?
– Ai de mim, não consigo mais manter-me em pé.
– Nem eu tampouco – gritou Pinóquio chorando e vacilando.

E, enquanto diziam isso, puseram-se os dois a engatinhar e, caminhando com as mãos e os pés, conseguiram mover-se correndo pelo quarto. E, à medida que corriam, seus braços se tornaram patas, os rostos se alongaram em formato de focinho e as costas se cobriam de um pelame amarelado claro, malhado de negro.

Mas o momento mais terrível para os dois coitados, sabem qual foi? O momento mais terrível e humilhante foi quando sentiram que atrás lhes cresciam rabos. Arrasados então pela vergonha e pelo sofrimento, tentaram chorar e lamentar a sorte.[72]

Evidencia-se, mais uma vez, como a questão do corpo é importante para a percepção do indivíduo e, com isso, constitui um dos pilares da problemática de ambas as personagens. Assim como a relação com o mundo exterior, que não os aceita ou exige que sua essência seja modificada – no caso de Pinóquio –, ou completamente descartado – no caso do Soldadinho. Isso pode ser verificado pelas cenas das mortes, presentes em ambas as obras, cruéis e violentas, com absoluto descaso dos agentes que a promovem. Em *O Soldadinho de Chumbo*, ao voltar para a casa de origem, o herói se depara com a mesma criança malvada que o jogou pela janela e que, agora, o atira no fogo, sem dó, pelo prazer de destruir um brinquedo – e matar o protagonista do conto. Vejamos a narrativa de Andersen, como ela é construída de maneira bastante poética, sem poupar o leitor do sofrimento do Soldadinho:

As chamas rodearam o corpo do soldadinho de chumbo. Um calor intenso invadiu seu peito, mas ele não sabia se seria provocado pelo fogo ou pela paixão que ardia fundo no seu coração. As cores de seu uniforme, que já estavam um tanto desbotadas devido a sua aventura, acabaram por desaparecer. Por entre as chamas, ele ainda conseguiu enxergar a pequena bailarina, e viu que ela também olhava para ele. Sentiu que seu corpo começava a derreter, mas continuou firme, como sempre, mantendo o fuzil junto ao ombro, sem tirar os olhos da porta do castelo e da linda bailarina que ali estava.

Nesse momento, alguém abriu a porta da sala. Uma rajada de vento entrou, carregou a bailarina, e ela voou como uma sílfide, indo cair bem dentro da lareira. Num segundo o fogo a consumiu, e ela se transformou em cinzas, no exato instante em que o soldadinho de chumbo acabava de derreter.

No dia seguinte, quando a criada veio limpar a lareira, encontrou entre as cinzas os restos carbonizados da lantejoula da bailarina, pretos como carvão, bem ao lado de uma peça achatada de chumbo, que tinha o formato exato de um coração.[73]

No melhor estilo anderseniano, o final sempre enigmático aponta para um sopro de esperança pós-morte, como se a realidade da vida fosse inferior à felicidade após a morte. A lentidão com que o Soldadinho derrete, permitindo-lhe buscar com os olhos a bailarina, omite a dor da queimação, mas não a tristeza do momento, que é apaziguada pelo suicídio da bailarina. Assim, a morte do Soldadinho representa uma segunda transformação, tanto física – uma "peça achatada de chumbo, que tinha o formato exato de um coração" –, mas também metafórica em esperança, em amor.

Pinóquio não tem a mesma sorte de uma morte digna e romântica, bastante cristã em certo sentido, e o caráter cômico mais uma vez toma conta da história e salva o herói de seu triste destino. Depois de se tornar um burrico de verdade – em oposição ao "menino de verdade" que deveria ser –, Pinóquio é vendido ao dono de um circo que o explora nos espetáculos e o agride fisicamente. No auge da dor dos maus-tratos em pleno espetáculo, Pinóquio reconhece arrependido a Fada na arquibancada, testemunhando, impassível, o destino que o próprio protagonista infligiu a si, mais um exemplo do lado severo e educativo da Fada. Manco de tanto apanhar, o burrico é mais uma vez vendido, dessa vez para um homem interessado em seu couro. A narrativa bem-humorada de Collodi também não poupa o leitor da cruel e interesseira realidade:

Chegando à praça, encontraram logo um comprador, que perguntou ao cavalariço:
– Quanto quer por este burrico manco?
– Vinte liras.
– Pois eu lhe dou vinte soldos. Não pense que vou comprá-lo para servir-me: é unicamente pelo seu couro. Vejo que tem o couro muito duro, e com ele quero fazer um tambor para a banda de música da minha terra.
Deixo a vocês, meninos, pensarem o pasmo em que o pobre Pinóquio ficou ao saber que estava destinado a se tornar tambor.
O fato é que o comprador, mal pagou os vinte soldos, conduziu o burrico para a beira do mar e, atando-lhe uma pedra ao pescoço, amarrou-lhe

uma das patas com a corda que tinha nas mãos, deu-lhe de repente um empurrão e o atirou dentro da água.

Pinóquio, com aquele pedregulho no pescoço, foi logo ao fundo; e o comprador, segurando sempre a corda, ficou sentado numa pedra, dando ao burrico todo o tempo que quisesse para morrer afogado; depois era só tirar-lhe a pele.[74]

O humor está presente logo na negociação entre o cavalariço e o comprador. O preço estabelecido para a negociação é de vinte liras, a moeda da época. Mas o comprador oferece como contrapartida apenas vinte soldos. O elemento cômico aparece, primeiramente, ao se misturar duas moedas distintas, o que dificulta a comparação. O valor é o mesmo – vinte quantidades –, mas o soldo era a moeda do período medieval italiano, que foi paulatinamente substituída pela lira, entrando em colapso no século XIV, especialmente em Florença, quando valia apenas um vinte avos de lira. O soldo ainda existia no começo do século XIX, mas com nenhuma representatividade financeira para os negócios. Assim, pelo breve diálogo, percebe-se que a venda do burrico-Pinóquio não valia nada, o que é confirmado pela ansiedade do comprador em matá-lo para tirar o seu couro. Além da maneira bruta e violenta com que Pinóquio enfrenta mais uma vez a morte, o leitor também fica espantado com a naturalidade com que o comprador lida com o assassinato. O desconhecido demonstra agilidade para preparar o animal para a morte, senta-se em uma pedra para dar "ao burrico todo o tempo que quisesse para morrer afogado" – mais um elemento tragicômico insinuando que Pinóquio teria prazer em viver aquele momento. Um final bastante diferente daquele acometido pelo Soldadinho de Chumbo, mas sabemos que, ao contrário da personagem de Andersen e para a alegria do leitor, este não seria o fim definitivo de Pinóquio.

A REVOLUÇÃO DA LINGUAGEM LITERÁRIA EM *PINÓQUIO*

A relação do romance *As Aventuras de Pinóquio* com o imaginário dos contos de fada é de extrema importância para resgatar as origens do escrito de Collodi e as intenções do autor ao criar esse paralelo no momento contemporâneo a ele. É sabido também que Collodi privilegiou o italiano toscano em seus escritos – a variação da língua de uso mais corrente na época, porém a mais literária –, um detalhe capital no âmbito político do *Risorgimento*, de afirmação e estabelecimento de uma linguagem única para toda a Itália[75]. No entanto, o romance de Collodi destaca-se em um aspecto que em nada pode ser comparado aos dos contos tradicionais e apresenta uma diferença sensível da maioria das obras contemporâneas congêneres: uma linguagem absolutamente moderna, não apenas para os padrões da literatura infantojuvenil da época, mas também para a literatura italiana de maneira geral. Mesmo com o grande número de livros para crianças publicados na segunda metade do século xix, impulsionados pela política educacional que tirou o mercado editorial italiano de uma situação praticamente artesanal para a industrial[76], foram poucos os textos – para não afirmar ter sido apenas o de Collodi[77] – que se destacaram por seu caráter literário, pela linguagem inovadora e pelo trabalho estético. Seria essa a "vitória" de Pinóquio e de Collodi sobre o conservadorismo de todo um período, prestes a entrar no século xx.

Existe, no entanto, um fator extremamente singular que clareia esse quadro. Collodi não escreveu *As Aventuras de Pinóquio* a partir de uma encomenda escolar, mas, sim, a partir do convite de seus editores, como já mencionado anteriormente, para ser publicado em uma revista dedicada às crianças. Ou seja, seu público principal não eram professores ou adultos mediadores da leitura, mas as próprias crianças que julgariam a qualidade do texto a partir da leitura descompromissada. Sua primeira intenção era entreter um público amplo, algo corrente para Collodi advindo de seus tempos de jornalista[78].

Essa diferença de público e de intenção talvez seja o motor que possa ter permitido a Collodi ousar na escrita, no sentido da escolha de um léxico menos formal, mais próximo de uma linguagem de fácil reconhecimento pelos leitores crianças, e também de estruturas gramaticais novas, contribuindo para o humor e a leveza do texto. A pesquisa que conduz para essa leitura se apoia nos escritos de Sonia Marx, que investigou as traduções de *Pinóquio* para o alemão. Marx aponta de maneira minuciosa alguns elementos linguísticos recorrentes no texto de Collodi que foram *avant-garde* para o período, além de contribuírem para o humor e para o efeito dramático, como as repetições de preposições (muitas vezes elípticas), de verbos nos indicativo, imperativo e infinitivo, além da repetição de adjetivos, as enumerações, a marcação do ritmo dos acontecimentos a partir de "módulos narrativos"[79].

Alguns exemplos de repetições de preposições, verbos nos indicativo, imperativo e infinitivo, além da repetição de adjetivos[80]: "una vocina sottile sottile" (uma voz muito débil[81]); "due coltellacci lunghi lunghi" (duas facas longas longas[82]); "e s'era adagio adagio arrampicato" (e vai que vai[83]); "lo guardavano fisso fisso" (olhavam bem fixo para ele[84]); "e via, e via, e via come anderebbe una palla di fucile" (e lá ia e ia e ia, como se fosse uma bala de fuzil[85]). E, ainda, nos capítulos escolhidos para esta análise: "Lontano, lontano, lontano!" (Para longe, muito longe[86]); "No, no, no e poi no" (Nunca, nunca, jamais[87]); Che bel paese!... che bel paese!... che bel paese!... (Que país ótimo, que país ótimo, que país ótimo[88]).

Um outro recurso linguístico inovador de Collodi que acentua o melodramático e o humor é exprimir um conceito por meio de um sinônimo: "che era d'occhio svelto e ammalizzito" (que tinha olhos ágeis e matreiros[89]); "io faccio il bighellone e il vagabondo" (banco o vadio e o vagabundo o ano inteiro[90]); Buone queste triglie / Buoni queste naselli! / Squisiti questi muggini! / Deliziose queste sogliole! / Prelibati questi cagnotti / Carine queste acciughe col capo!" (Que bons estes badejos / Saborosas estas tainhas / Deliciosos estes linguados / Excelentes essas lantolas[91]). Há também um outro recurso muito marcante que é o uso do imperativo, do indicativo e do infinitivo para acentuar uma ideia, dando a impressão de exagero, como: "e cresci, cresci, cresci, diventò in pochi minuti un nasone che non finiva mai" (e cresceu, cresceu, cresceu tanto que em poucos minutos se tornou um narigão que não acabava mais[92])[93].

Ainda outro procedimento estético narrativo sistemático de Collodi que traz uma vivacidade ímpar para o texto é a transformação dos fenômenos da natureza em onomatopeias, um recurso que Marx[94] considera como precursor da história em quadrinhos moderna ("*fumeto moderno*"): "o pì-pì-pì e zum zum zum" (pi-pi-pi bum, bum, bum[95]); "patatunfete!" (tchibum[96]).

Com esses recursos, Collodi garante o ineditismo de sua obra-prima sem abandonar a tradição literária de sua região, especialmente no que diz respeito ao uso do toscano, como já foi mencionado, mesclando as expressões populares com uma linguagem literária. Novamente, Marx aborda essa questão sob a óptica do efeito no leitor e também do significado histórico da leitura de *As Aventuras de Pinóquio*:

> Quanto *Pinóquio* é "obra de um estilo espertíssimo" ou "dono de uma felicidade natural" comprovam, nesse contexto linguístico, as escolhas lexicais, a sua linguagem fresca – no sentido popular –, o frequente uso de toscanismos, o modo de dizer do dialeto fiorentino e os resgates da alta tradição (de evidente descendência dantesca), decididamente no novo sabor. Ler *Pinóquio* hoje significa obviamente antes recordar que cem anos não se passaram sem deixar traços no uso linguístico.
> Mais leitores descobrem quais raízes ligam a estrutura narrativa de Pinóquio à sua estrutura temática, suas conexões a um patrimônio cultural, literário e antropológico e os relacionamentos que ligam o trabalho aos caminhos realistas-miméticos da segunda metade do *Ottocento*, mais as *Aventuras* resultam ricas em significado para leitores e tradutores que pertencem a outros momentos históricos, a outros ambientes culturais com práticas linguísticas diferentes.[97]

Assim como Marx aponta, parece ser unânime que cem anos não foram suficientes para envelhecer Pinóquio, e que mais cem anos ainda são necessários para desvendar e compreender a complexidade desse pedaço de lenha que representa toda a humanidade. O próprio Italo Calvino, em comemoração ao centenário do romance, declarou sua admiração pelo boneco de madeira, exprimindo que não é possível "imaginar um Pinóquio centenário" ou um "mundo sem Pinóquio"[98]. Com suas divertidas máximas "queremo us brinquedo", "abacho a escola", "xega de deveris"[99], Pinóquio e os garotos livres do romance de Collodi abusam do humor para reverter a lição moral dos adultos em uma grande zombaria, respondendo à pergunta sobre o significado da infância na segunda metade do século XIX com exemplos de brincadeiras mil, e não com livros ou cartilhas, nem que, para isso, precisem aceitar a punição – num ato vingativo dos adultos por perderem o privilégio de serem crianças – a ponto de tornarem-se todos eles burricos.

4. Peter e Wendy, **Inversão do Faz de Conta**

A Realidade Delirante

> *Então, nós voltamos ao velho mito, e ouvimos o flautista com pés de cabra fazendo a música que é em si mesma o encanto e terror das coisas; e quando o estreito vale convida nossos passos visitantes, fantasia que Pan nos leva muito adiante com um tremolo gracioso; ou quando nossos corações estremecem com o trovão da cachoeira, diga a nós mesmos que ele firmou o seu casco no bosque da noite.*
>
> ROBERT LOUIS STEVENSON, Pan's Pipe, *Virginibus Puerisque*.

"– Só estava pensando – disse ele, um pouco alarmado. – É só de faz de conta, não é, que eu sou o pai deles?" Com essa fala, Peter Pan devolve a sanidade à casa dos garotos perdidos que, até então, estava tomada pelo delírio coletivo criado por Wendy. No capítulo "Um Lar Feliz", o décimo de dezessete do romance, a garota Wendy finalmente parece dominar – ou talvez seria mais acurado dizer "domesticar" – o bando de meninos que vivia com Peter na casa subterrânea. Dotados da liberdade de viver sem a intervenção de adultos e sem obrigações, os garotos experienciam com a presença de Wendy a ordem doméstica. Imbuída do papel de mãe, a menina organiza o lar e os pertences dos meninos – ocupa-se de todas as atividades da casa como) cozinhar, lavar, arrumar, além de costurar a roupa deles e fazer curativos quando necessário –, e também traz para si a responsabilidade afetiva, zelosa e educativa da maternidade. O elemento faltante para completar o devaneio nesse "cenário" criado por Wendy – e aqui sim essa é uma palavra adequada para a representação da cena que se desdobra – é justamente a figura do pai, personificada em Peter Pan.

O delírio de Wendy recai na tentativa de reviver na Terra do Nunca o modelo burguês da família inglesa vitoriana. O período considera as crianças como musas e consolida uma imagem da infância representada em diversas obras literárias. Aqui, a criança é vista como um ser autônomo, com valores próprios e singulares – ainda que calcado na ideia de preparação para a vida adulta – como peças ativas de uma sociedade industrial e próspera. A criança vitoriana também recebe traços do romantismo e de sua idealização espiritual e inocente, ainda que tenha um toque moralista característico da época[1]. Os adultos se tornam mais conscientes de suas obrigações para com a educação dos filhos. o Ato Educacional (*Elementary Educational Act*) de 1870[2], por exemplo, garantia escola obrigatória para todos –, alterava a organização familiar, para uma relação mais intensa e mais focada na criança. Não por acaso, surge com força um mercado de ofertas inteiramente voltado às necessidades da criança, como brinquedos, roupas e até mesmo livros de entretenimento –, o que culminou com um campo extremamente fértil para o aparecimento de uma literatura sofisticada, tanto em termos narrativos, de linguagem textual, como também de acabamento gráfico. Tamanha foi a importância desse período que, para a literatura infantojuvenil, ficou conhecido como a Era de Ouro.

É dentro dessa perspectiva – de um ambiente de valorização da família – que Wendy estabelece o tom na casa subterrânea. A menina assume as tarefas da mãe que se preocupa com o lar e com a educação das crianças, enquanto o pai (Peter) trabalha durante o dia para só voltar à noite. E os filhos (garotos perdidos) dividem o tempo entre brincadeiras e aprendizado. A situação delirante se materializa uma vez que a noção de realidade baseada no mundo objetivo torna-se ela mesma a brincadeira, o que se explica pela surpresa de Peter na fala mencionada acima, ao perceber que a atuação tão convincente dos jogadores colocava em xeque a própria ideia do faz de conta. Por mais que Wendy tenha conseguido impor uma rotina absolutamente ordinária para qualquer criança londrina na casa dos garotos perdidos, a Terra do Nunca, por excelência, não admite regras ou ordens advindas do mundo externo. O padrão nesse "universo paralelo" segue suas próprias leis, que podem ser modificadas ao bel-prazer e a todo momento apenas por sua entidade máxima Peter Pan[3].

Se Wendy é a representação da criança-modelo do período vitoriano[4], Peter Pan não deve nada ao modelo viril e eternamente jovem da era edwardiana. A ideia do jovem imortal, que prefere antes a morte a sucumbir ao cotidiano, surge na literatura inglesa já na década de 1880[5]. Não apenas a literatura destinada às crianças viu nascer personagens que recusavam o futuro de submissão ao trabalho e à família – como Huckleberry Finn –, mas a literatura para adultos também cultivou com afinco esse novo modelo masculino de virilidade. Walter Pater, por exemplo, criou o poeta dândi Flavian no romance *Marius the epicurean* (Marius, o Epicurista, 1885) cuja escolha por morrer ao invés de envelhecer parece lógica e natural. Ou então Oscar Wilde, em seu *Retrato de Dorian Gray* (1891), cuja personagem, no território da literatura fantástica, permanece jovem enquanto seu retrato envelhece. E ainda George Moore, com o seu romance *Confessions of a Young Man* (Confissões de um Jovem, 1888) cuja personagem teve a audácia de abraçar as novas tendências artísticas contemporâneas (especialmente dos pintores expressionistas) que, de certa maneira, se afastavam da ideologia tradicionalista vitoriana.

Outro pesquisador que também corrobora a ideia de que o período edwardiano inspirou personagens que vivessem plenamente a juventude é Seth Lerer. Para o crítico norte-americano, tanto a Inglaterra quanto os Estados Unidos eram governados por homens que "nunca tiveram que crescer":

Edward II, o príncipe de Gales, e Theodore Roosevelt, o mais jovem presidente dos Estados Unidos, tornaram-se líderes inspirados por valores calcados na juventude. Lerer ainda considera que esse *Zeitgeist* do início do século XX operava em uma via de mão dupla. Enquanto adultos, como Edward II e Theodore Roosevelt, se comportavam como adolescentes, as crianças passam a explorar a prática de "jogos imaginativos", cuja maior inspiração era a vida adulta. Não por acaso, brincadeiras que imitavam o comportamento adulto – especialmente as atividades domésticas, como arrumar a mesa para o chá e assumir papéis de pai e mãe, ou também imitar profissionais como médicos e banqueiros – tornaram-se cada vez mais frequentes no universo infantil. O período edwardiano, portanto, iniciava a era da imaginação e do escapismo, tanto nas brincadeiras quanto na literatura infantil, que permanecem até hoje.[6]

Nas palavras de Lerer,

de muitas maneiras, a literatura infantil moderna permanece um fenômeno edwardiano. Esse período define a maneira que, até hoje, nós pensamos os livros para crianças e sobre a imaginação das crianças. Durante seus poucos anos, a época produziu autores canônicos que ainda têm poderosa influência na área. Ela providenciou um imaginativo panorama que ainda controla muito da escrita contemporânea. Filtrou esse panorama de trabalhos anteriores de maneira a produzir um cânone moderno. Nosso modo padrão de infância, se assim se preferir, reside, mais ou menos, naquela década antes da Primeira Guerra Mundial: o tempo entre a morte da rainha Vitória em 1901 e o assassinato em Sarajevo em 1914, tempo este quando escritores olharam para as perdas do passado e conseguiam apenas antecipar o fim da velha ordem[7].

Lerer contribui com uma importante informação: a maneira como o período edwardiano estabeleceu as bases do que seria o modelo de literatura para crianças que perduraria durante grande parte do século XX. Essa produção, conforme a pesquisa de Lerer, retomava parte das referências culturais inglesas revisitadas para os tempos modernos.

Mas ambos os períodos, tanto o vitoriano quanto o edwardiano, mantêm como semelhança entre si a ideia de que a infância representava um momento idílico, cuja criança em sua inocência significava a via para a prosperidade e para a regeneração da moral. A idealização da infância e, por consequência, a adoração da criança, em certa medida advêm de resquícios do impacto que os puritanos tiveram na literatura infantojuvenil, ainda no século XVII. Acreditando que os livros eram instrumentos capitais na educação não apenas das crianças como dos fiéis em geral, os puritanos foram os grandes responsáveis pelas publicações de livros infantis. A maior parte dessas publicações ressaltava a própria importância da leitura e dos estudos, proporcionando aos livros um caráter utilitário. O maior exemplo desse período é a obra *Pilgrim's Progress* (1678), de John Bunyn, que inaugura na literatura inglesa um tema que seria muito caro para os romancistas posteriores: a ausência dos pais na jornada do adolescente[8]. A obra de Bunyn formou grandes romancistas como Defoe e Dickens e se tornou um dos marcos da jornada do herói na literatura inglesa. A literatura infantojuvenil do início do século XIX na Inglaterra, portanto, trazia em suas histórias, em certa medida, a ideia de que o livro é um instrumento educativo e que a infância é uma fase da vida sensível no que diz respeito ao recebimento dessa educação.

Surgem, porém, aqui e acolá, exceções na literatura inglesa que se libertam desse excesso de otimismo de uma sociedade próspera, industrial e economicamente estável, o que, por sua vez, transmitia segurança para as famílias e, em especial, para a criança. Tais obras propõem o "escapismo" para um lugar incerto, onde a sombra do idealismo moral vitoriano e edwardiano pudesse ser deixada de lado, até mesmo para uma melhor compreensão da realidade da criança. Tais lugares também se tornaram icônicos para a literatura infantojuvenil, marcando uma nova era na produção literária para crianças, na virada do século XIX para o XX.

As histórias pioneiras que se destacavam dos clássicos vitorianos e edwardianos traziam como novidade em suas estratégias narrativas a criação de lugares imaginários – sob a óptica da realidade objetiva –, porém que combinam fantasia a uma possível compreensão da realidade infantil, em seus aspectos mais subjetivos. Esses lugares, em vez de espelharem no *récit* cenários que imitam a vida adulta, passam a conduzir a narrativa em lugares nos quais o adulto praticamente não existe ou, se está presente, em geral é uma influência negativa. Além disso, a caracterização desses lugares utópicos se distanciaria da ideia de progresso e de trabalho e ressaltam aspectos como a simplicidade e até mesmo um ambiente não industrializado.

A história de Peter Pan acolhe ambos os temas discutidos até aqui em sua estratégia narrativa: apresenta uma personagem que se recusa a crescer e a amadurecer como indivíduo, o que também significa rejeitar uma vida predeterminada por valores baseados em uma moral puritana, e está ambientada em um lugar fantástico, absolutamente independente da vida ordinária, cujo impulso para o desenrolar dos fatos reside nas ações das crianças e não nas ordens ou orientações dos adultos. A diferença, no entanto, entre Peter Pan e as personagens que cultivam a juventude eterna – em especial os mencionados anteriormente – é significativa. Enquanto a literatura viu morrer uma série de jovens em nome da eternidade, Peter prefere viver uma grande aventura no tempo presente – não só maior do que a própria morte, que seria, nas palavras da própria personagem, "morrer vai ser uma aventura e tanto"[9]. "Eu sou a juventude! Eu sou a alegria! [...] Eu sou um passarinho que acaba de sair do ovo"[10], diz Peter ao Capitão Gancho, seu arquirrival. Peter Pan sente o êxtase de estar vivo e de matar[11], repudia a velhice e, com isso, vive no tempo presente, sendo o futuro – e até mesmo o passado em algumas circunstâncias – absolutamente inexistentes[12]. É dessa maneira, no imediato, que Peter conduz a liderança dos garotos perdidos, incentivando-os a se esquecerem de suas origens, de suas famílias e de como foram parar na Terra do Nunca.

Mas a figura de Peter Pan não é construída apenas a partir de uma tendência de época, seja a edwardiana, seja a do escapismo. Peter também representa a rebeldia do modelo comportamental que se esperava de uma criança após anos de educação vitoriana. Ele é o garoto selvagem que coloca um limite entre o lugar da infância (materializado na Terra do Nunca) e a expectativa do mundo adulto (no caso, a cidade de Londres e a casa da família Darling). Peter nasce para o século XX como uma das mais icônicas personagens da puericultura. A crítica francesa Nathalie Prince, em seu artigo "Peter Pan, un conte à rebours", retrata com exatidão essa ideia:

Peter Pan se parece com a criança absoluta, não civilizada, negativa, mal--educada, o não adulto por excelência, uma espécie de bom selvagem adâmico absolutamente distante da seriedade.

Alain Montadon sublinhou a primeira dualidade na obra de Barrie, entre o mundo adulto e a Arcádia infantil. Trata-se especialmente de "uma separação da sociedade adulta organizada e da infância libertária, seguindo um princípio de realidade e um princípio de prazer". Essa oposição, que sustenta os dogmatismos, corresponde ao antagonismo entre as preocupações materiais, de um lado, e aquilo que podemos chamar, do outro lado, de um universo espiritual complexo.[13]

Não civilizado, selvagem, sem educação, antiadulto. Uma espécie de Adão rousseauniano que age de acordo com seus desejos e impulsos sem se importar com a "sociedade organizada de acordo com os adultos". Essa é a linha de conduta que Peter exige de seus "subordinados" que, por sua vez, obedecem ao capitão sem questionar.

Não é de se estranhar, portanto, que as ordens de Wendy, mesmo que diretas e claras, nunca conseguem ser totalmente compreendidas e atendidas, e o fracasso da imposição do comando da menina se torna, uma vez mais, desordem. Essa situação é facilmente localizada em diversas cenas do texto, com um atenuante muito presente por todo o romance: o tom cômico. Uma delas, logo no início do décimo capítulo, narra a Noite das Noites. No chá de faz de conta servido na ocasião, Wendy tenta controlar a algazarra dos meninos ensinando-lhes a noção de turno conversacional: deveriam levantar a mão e aguardar a permissão para falar algo ou reclamar de alguém. Mas logo que algum dos meninos aplicava o procedimento aprendido, um outro subvertia a lição, como no exemplo a seguir:

A refeição daquela noite, por acaso, era um chá de faz de conta, e todos os moradores da casa estavam reunidos em volta da tábua com fome e com a boca cheia d'água. Na verdade, com toda a conversa e as queixas dos meninos, a barulheira, como disse Wendy, era francamente ensurdecedora. Claro que ela não se incomodava com o barulho, mas mesmo assim não deixava que os meninos agarrassem as coisas na mesa de qualquer jeito, desculpando-se depois com o pretexto de que Assobio tinha esbarrado no braço deles na hora de se servirem. A regra geral era que não podia bater de volta durante a refeição, consultando sempre Wendy sobre a questão em disputa: bastava o menino envolvido levantar o braço direito com modos, e dizer: "Quero me queixar de Fulano". Entretanto, o que acontecia geralmente era que todos se esqueciam do combinado, ou então começavam a exagerar.
– Silêncio! – gritou Wendy, quando pela vigésima vez teve de dizer que não podiam falar todos ao mesmo tempo. – A sua xícara está vazia, querido Levemente?
– Ainda não, mamãe – respondia Levemente, depois de olhar para uma caneca imaginária.[14]

Para Wendy, o momento da refeição significava um dos pilares da constituição familiar e, como mãe-educadora, exigia que os meninos se portassem de maneira exemplar. Suas naturezas rebeldes, no entanto, não permitiam a total domesticação, e o fracasso de Wendy se torna evidente. A autoridade da menina, no entanto, é garantida não apenas pela própria imposição – como ao gritar para pedir silêncio, uma contradição absolutamente cabível dentro do espectro de compreensão dos garotos perdidos –, como pelo imediato afago, ao preocupar-se de maneira afetiva com a alimentação dos meninos ("A sua xícara está vazia, querido Levemente?"), cujo retorno é o reconhecimento por parte dos garotos de sua figura como mãe ("Ainda não, mamãe").

Em seu comportamento, Wendy[15] é submissa ao "esposo", como na passagem em que os garotos perdidos discordam de

Peter e ela, mesmo compreendendo o ponto de vista dos meninos, ainda prefere não se opor ao "pai de todos":

> Sempre que ele [Peter] dizia "Peter Pan falou", esperava que todo mundo parasse de falar e aceitasse o fim da conversa com a maior humildade. Mas os peles-vermelhas não eram tão respeitosos assim com os outros meninos, e os tratavam como se fossem simplesmente outros guerreiros da tribo. Para eles, só cumprimentos comuns; e o que aborrecia os meninos era que Peter dava a impressão de achar aquilo muito justo.
> Por dentro Wendy concordava um pouco com eles, mas era uma dona de casa leal, e não iria admitir queixas contra o pai de todos.
> – Seu pai é quem sabe – ela respondia sempre, independente do que pensava. Em sua opinião, aliás, ela não devia ser tratada pelos peles-vermelhas como uma índia da tribo.[16]

O trecho evidencia não apenas o comportamento submisso de Wendy na condição de mulher – ao concordar com a figura masculina de maior poder, mesmo tendo uma opinião pessoal diferente do tema –, mas também o desejo de receber um tratamento distinto, em especial pelos selvagens índios peles-vermelhas, justamente por sua posição nessa microssociedade: "esposa" da figura mais respeitada da Terra do Nunca.

Outro traço comportamental de Wendy, absolutamente familiar ao universo burguês retratado no romance, se dá quando, após o chá, a menina se senta para costurar meias furadas, as crianças brincando ao redor, e Peter chega do "trabalho":

> Enquanto ela costurava, os meninos brincavam à sua volta; um grupo tão feliz de rostos alegres e pernas dançantes, banhado à luz romântica da lareira. A cena tinha se tornado muito familiar na casa debaixo da terra, mas essa é a última vez que vamos vê-la.
> Ouviu-se um passo acima da casa, e Wendy, podem ter certeza, foi a primeira a reconhecer:
> – Crianças, estou ouvindo os passos do seu pai. Ele vai querer que vocês estejam esperando por ele na porta.[17]

A cena traduz o retrato idealizado da família perfeita: a harmonia na casa, a ansiedade da esposa que aguarda o marido, a expectativa de reconhecimento das crianças pelo pai. Porém, se a cena é narrada com tanta naturalidade, o ar residual é o de artificialidade. As ações e reações das crianças e de Peter no faz de conta de Wendy são regidos pela voz de comando da garota, que induz os meninos a agirem como se estivessem no "lar feliz" da família burguesa. Não por acaso, Wendy diz que Peter "vai querer" que os meninos o recebam na porta, uma vontade que não advém exatamente de Peter, mas sim do delírio de Wendy.

Salta aos olhos do leitor, portanto, a espécie de *mise en abîme* que se produz com o faz de conta no romance. A "brincadeira de casinha" de Wendy está contida dentro da grande brincadeira que é o próprio viver na Terra do Nunca, onde o chá, a xícara e tudo o mais são frutos da imaginação das crianças, porém materializados por meio do faz de conta. Nada é de fato real e a própria "irrealidade" sustenta o estado selvagem de Peter e dos garotos perdidos.

Uma outra visão em relação a esse tema é a proposta por Maria Nikolajeva[18]. Em seu estudo sobre a retórica do herói, a crítica russa estabelece uma relação entre o trabalho (atividade produtiva) e os heróis dos livros infantis. Nikolajeva observa que o trabalho é um elemento central para a compreensão da imagem da criança na literatura, especialmente no século XIX, mesmo que não muito explorado pela crítica. Para ela, apenas poucos romances voltados para o público infantil de fato tocam no tema do trabalho, e ainda assim ficam restritos aos chamados "romances sociais"[19]. Ora, para Nikolajeva, nem mesmo E.M. Forster considerou o trabalho como um dos elementos centrais na caracterização das personagens. O ponto de vista do crítico acerca do romance explora o lado burguês das relações – no qual o trabalho se constitui como uma atividade "ordinária", assim como comer, dormir ou ir ao banheiro, atos vitais porém desnecessários no desenvolvimento e na compreensão das cenas e das ações das personagens. Um dos motivos para a omissão do trabalho na literatura infantojuvenil, de acordo com Nikolajeva, seria o fato de que não faz parte do universo da criança preocupar-se com aspectos do mundo adulto, como por exemplo, dinheiro e leis. As "leis" que regem o universo das crianças viriam de uma lógica calcada na fantasia. Na sequência desse raciocínio, o árduo trabalho de Wendy na casa embaixo da terra seria apenas parte da brincadeira. Como se Wendy inventasse o seu próprio jogo na Terra do Nunca. Nas palavras de Nikolajeva

> Wendy, em *Peter Pan*, parece trabalhar duro na Terra do Nunca, e o autor tenta convencer os leitores de que sua heroína de fato gosta desse chato

e monótono trabalho, simplesmente porque mulheres são feitas dessa maneira. No entanto, como tudo na Terra do Nunca é falso e faz de conta, os esforços domésticos de Wendy são simplesmente parte do jogo.[20]

O comentário de Nikolajeva traz consigo um juízo de valor. Ao dizer que o autor acha que "as mulheres são feitas dessa maneira", a pesquisadora atribui a Barrie a idealização do papel feminino na narrativa que, por sua vez, reverbera na construção da personagem Wendy. De fato, há de se considerar que o autor poderia, ele mesmo, entender que o papel das mulheres se restringe aos trabalhos domésticos. Porém, trata-se de uma especulação baseada nos costumes da época. Wendy de fato representa a ordem, a ideia adulta de prosperidade por meio do trabalho – mais um elemento da sociedade burguesa de bem-estar. Ainda assim, o trabalho de Wendy é apenas uma camada da brincadeira coletiva, como mencionado acima, a *mise en abîme* do faz de conta, mimetizando a expectativa da criança do que ela será quando adulta.

No entanto, o leitor confronta-se com outra situação no mesmo romance: o intempestivo Peter Pan, cujo deleite é viver – e sobreviver – em sua própria utopia, no senso estrito de "lugar ideal". Como Peter vive apenas no presente, ele não formula projetos para o futuro, não quer ser ninguém diferente dele mesmo, nem pretende ou almeja mudanças em decorrência do passar do tempo. Nesse sentido, Peter Pan e Wendy são figuras de forças antagônicas que dividem os papéis de herói e heroína do romance. A constante tensão, no entanto, que se produz do encontro entre as duas personagens é a força motriz que impulsiona o desenvolvimento narrativo de *Peter e Wendy*. Dentro desse contexto, o capítulo "Um lar feliz" é de importância central para o romance, uma vez que evidencia, por meio da brincadeira de faz de conta, a constatação de que a convivência entre Peter e Wendy é, na verdade, impossível. Somente a partir dessa revelação, a narrativa pode avançar para o seu final: os irmãos Darling devem voltar para seus verdadeiros lares e Peter finalmente terá a chance de confrontar seu maior inimigo.

Vale notar, no entanto, que o contexto narrativo não deixa dúvidas de que o inimigo de Peter Pan é o Capitão Gancho. Na literatura crítica, no entanto, alguns pesquisadores afirmam que o maior inimigo de Peter Pan é Wendy, pelas razões descritas anteriormente. Kirsten Sterling defende esse raciocínio. Para a pesquisadora, a grande dicotomia da obra é a caracterização tanto das figuras femininas quanto masculinas, sendo que as figuras femininas (especificamente na personagem Wendy) podem ser, ao mesmo tempo, associadas à maternidade e à crueldade. Nas palavras de Sterling,

o perigo de Peter não é o Gancho, cujo papel ele de fato imita após a derrota do pirata, obrigando Wendy a lhe fazer um terno com as roupas de Gancho e sentando "na cabine, com a piteira de dois charutos do Capitão Gancho numa das mãos enquanto a outra mão estava fechada em punho, menos o dedo indicador, que ele mantinha curvado em riste no ar, como um gancho". Nem é o senhor Darling, que herda o papel de Peter como líder dos garotos perdidos, sugerindo jogos de esconde-esconde e abrigando sua tribo na sala de estar imaginária em vez da casa da Terra do Nunca – embora na versão para o teatro o ator que interpreta o senhor Darling tradicionalmente também interpreta Gancho. Ambos os homens adultos são mais vítimas que os vilões. O verdadeiro inimigo de Peter é Wendy[21].

PETER OU WENDY: PROBLEMAS NA DEFINIÇÃO DO HERÓI

Observando com mais cuidado a questão, a identificação do herói no romance é um problema pertencente ao campo da interpretação literária. Um dos conceitos mais universais sobre o herói é o proposto por Campbell a partir da estrutura circular do Monomito. Do ponto de vista da estrutura clássica, o herói é aquele que, convidado por forças maiores a partir em viagem, deixa sua casa e embrenha-se em uma jornada na qual deverá enfrentar desafios – muitas vezes sobrenaturais –, colocará sua própria identidade em xeque e, com base nessas experiências, amadurecerá para, então, voltar a suas origens e ocupar o lugar de líder em sua sociedade. Ora, no romance de Barrie, Wendy, e não Peter, completa a jornada, abandonando a vida na Terra do Nunca quando finalmente percebe que seu verdadeiro desejo é a realidade e não o faz de conta. Porém, Peter é a personagem que conduz toda a narrativa; é para ele que a história é dedicada, é sobre ele que o leitor quer saber. Mas o fato é que a história de Peter é aberta, inconclusiva[22]. Tanto no romance quanto na peça, o final conduz para o recomeço: Peter, mais uma vez, volta a Londres no inverno (quando na Terra do Nunca é primavera) para buscar Wendy, ou sua filha Jane, e até mesmo sua neta Margaret, gerações e gerações seguintes, em uma narrativa circular que reafirma o tempo presente da fantasia em oposição à passagem do tempo do mundo objetivo – culminando com o envelhecimento das personagens enquanto Peter Pan permanece sempre jovem.

O romance, portanto, propõe uma quebra de paradigma na estrutura clássica do herói: como identificar, de fato, o herói nessa história? Ao admitir que Wendy ocupa o lugar de heroína na história, a obra de Barrie deve ser lida como um *Bildungsroman*, cujo final, para Wendy, reforça o estereótipo da futura mulher dona de casa e dos garotos perdidos como adultos banqueiros, médicos, empresários, homens de negócios; caso se considere que Peter Pan seja o herói da história, o romance ganha ares de recusa do mundo objetivo tal qual ele foi construído desde o século xix, sob os auspícios da moral e da severa educação do período vitoriano[23]. Porém, apesar de Wendy representar a manutenção dos costumes e Peter, a rebeldia, ambos significam para o *récit* figuras complementares, apesar de regidos por forças antagônicas. Não por acaso, essa primeira versão da história como romance intitula-se *Peter e Wendy* – diferentemente das versões subsequentes, que abandonam a palavra "Wendy" para dar lugar apenas a Peter Pan. A complexidade de *Peter e Wendy*, portanto, reside em sua própria forma estrutural, e esboça traços que seriam fundamentais nos romances no século xx: uma humanidade que não se apresenta mais como dicotômica (certo ou errado, boa ou má), mas escancara seus conflitos internos, muitas vezes, contraditórios.

Nesse caminho interpretativo, fica também evidente como a ausência da figura adulta é absolutamente natural para as crianças da Terra do Nunca. Aliás, esse tópico é central para a motivação do romance: não apenas os ideais do mundo adulto são recusados como também os próprios adultos são banidos da aventura, o que cria um espaço livre para que as relações entre as crianças se tornem mais profundas.

Aqui, vale a pena fazer uma pausa e ressaltar que, se a identificação de Wendy com o período vitoriano é estratégico a fim de criar a conexão com o leitor – e, em especial, com o espectador da peça –, as personagens do romance revelam características complexas fugindo em parte do modelo vitoriano da "criança como musa" e símbolo da pureza. Nesse sentido, pode-se dizer que as personagens do romance estão mais associadas aos esféricos do que aos planos, para usar a terminologia de E.M. Forster[24], e representam uma transição entre a literatura do século XIX para a que viria a ser produzida no século XX, mais calcada nas preocupações e nos anseios do indivíduo do que no coletivo. Não por acaso, é possível encontrar no romance passagens em que as crianças sentem ciúmes, raiva, desejo de vingança. Wendy, por exemplo, é irônica e desdenha Sininho – por causa de sua rivalidade na conquista de Peter Pan. Até mesmo com o próprio herói (se assim Peter Pan for considerado) tenta usar a maternidade e a feminilidade para conquistá-lo e demovê-lo de sua liberdade selvagem. A pesquisadora Sterling identifica nas personagens crianças de Peter Pan uma maldade advinda de um sentimento egoísta de satisfação dos desejos que leva a uma certa crueldade:

> Devido ao fato de muitos livros de ficção para crianças dependerem da suposição de que qualquer criança necessariamente deseja se afastar da sem graça convenção adulta, nós ficamos do lado das crianças, eliminando a suspeita de que essa família deve ser mais mágica do que a maioria, ou não teria um cachorro como babá. Mas o narrador introduz uma nova visão da infância, na qual as crianças não são simplesmente amorais, mas destruidoras e em que seu encanto depende de sua crueldade.[25]

Sterling joga luz na relação das crianças do romance com as personagens adultas, que não mais se baseia em uma relação de poder – dos pais para com os filhos e, por consequência, dos filhos se espelhando nos pais como referência –, mas sim sentimental. E, nesse sentimento, as crianças se permitem serem "cruéis" com os pais à medida que fogem de casa voando pela janela, deixando-os inconsoláveis. (Wendy, em sua complexidade nada dicotômica, na brincadeira na Terra do Nunca é a mãe amorosa e atenciosa, vitoriana o suficiente para criar a família ideal, porém decidida em suas estratégias nem que, para isso, tenha que sair da imagem da menina boazinha e usar a esperteza e até a crueldade.)

A Terra do Nunca, nesse âmbito, além de promover a total separação entre o universo da criança e o do adulto, representa um novo espaço na literatura infantojuvenil, necessário para o amadurecimento da criança, para a percepção como indivíduo e também do outro. A própria descrição da Terra do Nunca no começo do livro reforça essa ideia de ser uma ilha, um lugar "interno" às personagens, ou seja, está dentro da cabeça de cada um. Em uma das tantas vezes que o narrador do romance se dirige ao leitor, é colocada a questão se os médicos alguma vez conseguiram desenhar "o mapa da mente de uma criança, que não só é confusa como vive mudando o tempo todo. Tem linhas em zigue-zague, como os gráficos de temperatura, e é bem provável que essas linhas mostrem os caminhos da ilha: porque a Terra do Nunca é sempre mais ou menos uma ilha"[26].

Uma ilha que aparece para cada personagem da maneira como elas a veem, um lugar subjetivo em cada uma das personagens, porém todos têm acesso a ela, está dentro de cada indivíduo:

Mas no geral, Terras do Nunca são todas parecidas ou da mesma família, e se um dia pudessem parar uma do lado da outra, daria para você dizer que têm o nariz parecido e assim por diante. Nessas paragens mágicas, as crianças que brincam estão sempre ancorando os seus caiaques. Nós também já estivemos lá; ainda nos lembramos do som das ondas, mas nunca mais desembarcaremos nessas praias.[27]

O trecho chama atenção pelo seu desfecho singular: "nós também já estivemos lá" implica, necessariamente, dois questionamentos. O primeiro se refere ao interlocutor do narrador. Quem é o "nós" ao qual o narrador se dirige? Como o narrador adulto (é sabido que o narrador rememora a sua infância) se inclui no discurso, eliminamos os leitores crianças. A questão é ainda mais sensível quando o narrador afirma para esse interlocutor adulto que o espaço lúdico da Terra do Nunca, apesar de estar dentro de cada um, nunca mais poderá ser acessado por ele uma vez adulto. Como se a preciosidade da Terra do Nunca fosse preservada para esse momento mágico que é a infância, no qual as crianças ancoram seus caiaques, não mais acessíveis para os adultos. Em outro momento do romance também é possível encontrar trechos em que o narrador se dirige ao leitor admitindo que este pode ser tanto adulto como criança. Trata-se do capítulo "A História de Wendy", quando o narrador retoma o discurso, e diz:

E este era o fim da história, de que os meninos gostavam tanto quanto da própria bela narradora. Tudo exatamente como devia ser. Nós batemos asas para o mundo, pessoas sem coração como todas as crianças – mas é tão interessante, não é mesmo? Aí temos um tempo só para nós e depois, quando voltamos a precisar de atenção especial, retornamos nobremente à procura dela, na certeza de que não seremos recebidos a pancadas, e sim com abraços.[28]

Todo o parágrafo é escrito na primeira pessoa do plural: "nós batemos asas", "temos um tempo só para nós", "voltamos", "retornamos", "seremos recebidos". Essa primeira pessoa do plural é ambígua. Pode significar que o narrador inclui o leitor na experiência vivida da infância (sendo, então, o adulto o leitor ideal) ou então, pelo uso do tempo verbal presente, que o narrador se dirige ao leitor criança, na tentativa de criar um laço de cumplicidade[29]. O trecho citado acima torna-se duplamente interessante para análise ao reforçar a ideia da criança egoísta, distante da imagem clássica da criança vitoriana pura e inocente. Porém, novamente, vale ressaltar que o "batemos asas para o mundo" representa muito mais um apelo pela independência dessa infância do que uma repulsa aos adultos que tanto amam as crianças.

O fenômeno descrito acima muito se parece com o conceito desenvolvido apenas final do século XX pelo campo da crítica em literatura infantojuvenil: a noção de obras com audiência dual. Sandra Beckett, especialista canadense em histórias de audiência dual, define o termo como sendo uma obra ficcional que "embaça a linha que tradicionalmente separa os leitores crianças e adultos"[30].

Seria natural, portanto, que algumas obras causem um certo desconforto ao transcenderem barreiras tradicionais de classificação pela maneira original e ousada como se apresentam enquanto linguagem literária. Assim, não deveria ser errado afirmar que Barrie intuitivamente cria um romance dual. O que, em certa medida, não significou exatamente um pioneirismo, mas sim uma continuidade, visto que a tradição literária britânica já apresentava casos semelhantes, como em algumas obras de Robert Louis Stevenson:

A literatura infantil inglesa, em particular, tem uma rica tradição de literatura dual. Até mesmo as palavras cujos títulos especificam o leitor implícito encontrarram seu público adulto. Embora escrito para crianças, *O Jardim de Versos* de Robert Louis Stevenson, publicado em 1885, também era popular entre os pais. A coleção de poemas inclui os favoritos e mais conhecidos como "My shadow" (Minha sombra) e "The lamplighter" (O acendedor de lamparinas). O subtítulo, "Uma história para crianças", certamente não desencorajou os leitores adultos de *O Leão, a Feiticeira e o Guarda-Roupa*, o primeiro volume da famosa série dual de C.S. Lewis, *As Crônicas de Nárnia*. O objetivo de J.M. Barrie era apelar para adultos e crianças quando ele escreveu a peça de teatro *Peter Pan, ou o garoto que não queria crescer*, em 1904.[31]

Não por acaso, as obras citadas por Beckett são, hoje, consideradas canônicas para a literatura universal. Um outro aspecto relevante para essa discussão, que permeia o comentário de Beckett, conecta-se diretamente com a maturidade da linguagem da obra de Barrie. Em muitos casos, obras ditas para crianças são de maneira equivocada consideradas inferiores, pois sua linguagem de vocabulário controlado não estaria à altura dos grandes romances[32]. De fato, algumas obras subestimam a capacidade de abstração e leitura de crianças e jovens, características de textos mais óbvios, e deixam pouco espaço para que o leitor contribua com a interpretação. Histórias como *Peter e Wendy*, cuja escrita aberta possibilita caminhos interpretativos diferentes, quando não antagônicos, recebem inúmeras classificações de gênero e de público. Pode ser considerado um romance de aventura ou conto de fada (ou ambos ao mesmo tempo); é visivelmente construído ao redor do universo infantil – os protagonistas são crianças –, mas o narrador se dirige a adultos. Nesse impasse de classificação – o que não beneficia em nada a obra, apenas críticos e estudiosos – essas narrativas podem cair na "terra de ninguém"[33]. Aqui, no entanto, seria errôneo dizer que *Peter e Wendy* não se consolidou como literatura para crianças. Mas as evidências que permitem uma interpretação oposta também estão presentes, o que deixa a questão em aberto.

Essa linha interpretativa se desdobra para um outro aspecto, relacionado a um campo de conhecimento bastante caro para o final do século XIX e começo do século XX: a psicanálise. O romance de Barrie, por sua complexidade em termos de caracterização de personagens e ambientação narrativa, suscitou inúmeras interpretações dessa área, com o objetivo de identificar e elucidar passagens do romance. Inúmeros foram os trabalhos que se dedicaram a esse enfoque, alçando *Peter e Wendy* a um dos romances infantojuvenis precursores da literatura moderna por excelência e, ao mesmo tempo, concedendo a ele o *status* de cânone literário. Depois de um século de sua existência, *Peter e Wendy* continua sendo uma obra representativa dos anseios da humanidade, uma vez que seu valor não está exatamente no desenvolvimento da trama de aventura, mas sim nas relações que motivam as personagens – complexas e não dicotômicas – a agirem em função de suas crenças, desejos e ética própria.

A INFÂNCIA VAI AO DIVÃ

Um dos ensaios críticos mais comentados sobre a obra-prima de J.M. Barrie é o de Jacqueline Rose, *The Case of Peter Pan: Or the Impossibility of Children's Fiction* (1984). Na época de sua publicação, o livro de Rose consolidou a ponte entre a interpretação literária de *Peter Pan* e seu viés psicanalítico. O ponto-chave da argumentação da autora discute a enunciação da obra de Barrie: para quem o texto se destina e de que maneira? Rose se apoia em Freud para estabelecer a relação direta entre a memória da infância e o adulto: o adulto com frequência reelabora a sua infância de maneira a se satisfazer.

Nas primeiras páginas de *Peter e Wendy*, o narrador se coloca em primeira pessoa, deixando claro para o leitor que a história começará com um adulto revisitando sua memória de infância. Pouco a pouco, esse narrador onisciente se aproxima das personagens crianças, e o leitor não mais percebe essa diferenciação, e pode se concentrar apenas no desenrolar da narrativa.

Rose interpretou essa estratégia de escrita como uma falta de coesão entre o narrador adulto e o texto destinado ao leitor-criança, uma vez que, na interpretação da pesquisadora, a literatura infantojuvenil traria em sua essência limites e adequações próprias para o seu público:

No caso da ficção para crianças, a questão do *nursery* [dormitório] se transforma em uma questão de limites, de irracionalidade e de controle perdido, de quanto o narrador pode ir antes de perder sua identidade e, portanto, o direito de falar, ou escrever para uma criança. Escrever para crianças repousa sobre esse limite, o limite cuja passagem de abertura do texto de Barrie de 1911 significa efetivamente um trauma no processo. A demanda por uma escrita melhor e mais coesa na ficção para crianças, descrita no capítulo anterior, carrega o argumento de que certas barreiras psíquicas não devem ser perturbadas, a mais importante das quais é a barreira entre adulto e criança. Quando a ficção para crianças toca nessa barreira, ela não se torna experimento (o jogo formal de um romance adulto moderno que percorre toda a gama de pontos de vista de suas personagens), mas molestamento. Assim, o escritor para crianças deve manter suas mãos narrativas limpas e permanecer em seu devido lugar.[34]

Na passagem acima, fica evidente como o argumento de Rose preocupa-se em estabelecer limites específicos para a literatura voltada para crianças e jovens no que tange a separação dos universos da criança e do adulto na própria escrita. Aparentemente, a crítica considera que a escrita dual demonstra uma falta de controle do autor-narrador, o que geraria uma incoerência no *récit*. Essa discussão é muito apropriada para a literatura infantojuvenil, no âmbito da própria classificação e definição. A total separação no campo da crítica literária entre textos "para crianças" e "para adultos", historicamente, gerou uma falsa ideia de que a literatura infantojuvenil seria uma subcategoria literária, algo até de menor valor. Os esforços contemporâneos em alçar as narrativas para crianças e jovens ao *status* de "literatura" se apoiam justamente no argumento de que "livro não tem faixa etária".

Na obra de Barrie, um outro olhar para esse fenômeno, que o diferenciaria das conclusões de Rose, seria dizer que a presença do narrador onisciente adulto pode ser considerada um recurso narrativo proposital de maneira a aproximar o leitor de uma "verdade": "Todas as crianças crescem, exceto uma". O narrador descreve as personagens com juízo crítico, mas pouco a pouco dá espaço para que elas se manifestem. Nesse momento, o narrador desaparece como aquele que sabe o que se passa na cabeça das personagens para de fato apenas narrar os fatos.

Deve-se levar em consideração que essa discussão sobre o fenômeno das obras de audiência dual talvez seja uma marca "moderna" da literatura. Demonstra um salto para uma nova concepção do fazer literário para crianças e jovens, sem subestimá-los em termos da compreensão – ou da capacidade de compreensão – que podem ter em relação a um texto mais complexo. Essa característica, muito presente em *Peter e Wendy*, também revela um compromisso da obra e do escritor com a própria literatura.

É por esse caminho que o pesquisador norte-americano Jack Zipes critica o trabalho de Rose e expande a interpretação de *Peter e Wendy* para uma literatura que não necessariamente pertence ao universo da literatura infantil, mas sim permite um diálogo com adultos que queiram desembarcar uma vez mais naquelas praias:

Embora a argumentação de Rose seja de grande valia, assim como outros comentários interpretativos em seu livro, ela comete um erro importante ao considerar *Peter e Wendy* um romance para crianças, ou seja, ficção infantil. Embora Barrie empregue múltiplos recursos narrativos e mudanças de perspectiva, o narrador que "toma conta" dos eventos dirige-se *sempre* a outros adultos como leitores implícitos do romance, assim como em *Peter Pan in Kensigton Gardens*. E, embora encontremos o que Jacqueline Rose chama de "deslizamento", ou seja, embora o narrador seja escorregadio, Barrie, o autor, não é. Tem um domínio claro de suas personagens, do enredo e do cenário. Sabe o que quer dizer e não hesita em apresentar uma certa imagem do que seja a brincadeira imaginativa das crianças.

Existem, claro, muitas maneiras de interpretar *Peter e Wendy*, e a interpretação de Jacqueline Rose é uma das mais esclarecedoras. No entanto, alguns críticos assinalaram perceptivelmente que o romance e a peça teatral refletem a ansiedade masculina, ao final do século XIX, quando o processo de modernização trazia grandes mudanças para a família e para o local de trabalho. Outros examinaram o desejo nostálgico de retornar ao passado idílico de uma meninice despreocupada, ou a óbvia relação edipiana mal resolvida representada pelo papel de mãe em Wendy. Nenhum deles via o romance, porém, como um metacomentário ao comportamento adequado do papel de pais e mães, ou como um manual para os adultos sobre a maneira como as brincadeiras imaginativas precisam ser salvaguardadas para as crianças, de modo que elas possam se transformar em adultos responsáveis.[35]

Zipes, já à luz do século XXI, manifesta a intenção de colocar um ponto final na discussão quando propõe que o esforço de Barrie não exatamente reside em comunicar para as crianças possíveis modelos de comportamento distantes do universo adulto. Mas, ao contrário, a obra de Barrie seria um convite aos adultos para revisitar o universo infantil de modo que eles se aproximem de seus filhos e respeitem um período precioso de aprendizagem, que utiliza brincadeiras, a exemplo do faz de conta, como parte do desenvolvimento pessoal[36]. Essa leitura da obra de Barrie leva em conta a nova situação da família na Inglaterra da virada do século XIX para o XX, quando a combinação da vida "moderna" – fruto da revolução industrial – com a idealização da criança – resquício do período vitoriano, ainda alimentado no edwardiano – mudou a relação entre os pais e seus filhos.

Para além de sua leitura, o comentário de Zipes também traz um dado importante sobre as linhas interpretativas de *Peter e Wendy*. Por mais diversas que sejam, elas têm em comum admitir que se trata de uma obra complexa. Portanto, pode abarcar interpretações que flertam com diversos campos do conhecimento – como a sociologia e a história – e associadas a elementos da biografia do autor. Para justificar a complexidade narrativa e psicológica de *Peter e Wendy*, tais linhas críticas com frequência transferem momentos da vida do autor para explicar e, até mesmo, espelhar partes do romance. Nesses casos de interpretação, os pesquisadores utilizam de maneira superficial ferramentas da psicanálise para calcar e validar seus argumentos acerca do romance.

O caminho interpretativo não se restringe à análise de *Peter e Wendy* ou, melhor, das obras de Barrie. Outros escritores do período, considerados vanguardistas, de alguma maneira, apresentavam comportamentos sociais diferenciados do *status quo* – tornando-se eles mesmos personagens em suas próprias vidas –, além de manterem algum tipo de contato ou amizade com crianças. A pesquisadora Jackie Wullschläger, por exemplo, busca justamente traçar a correspondência direta entre as criações literárias e os fatos das vidas de seus autores que os levaram a escrever suas obras-primas. Em *Inventing Wonderland: Victorian Childhood as Seen Trough the Lives and Fantasies of Lewis Carroll, Edward Lear, J.M. Barrie, Kenneth Grahame, and A.A. Milne*, Wullschläger admite que tais obras tenham uma característica dual – atendem tanto ao público infantil quanto ao adulto – e são advindas do contato dos autores com crianças:

> Houve algum traço comum ou fato biográfico que levou esses escritores a criarem mitos da infância? O que lhes permitiu, como adultos, ver com os olhos de uma criança? Nenhum deles planejou ser um escritor de livros para crianças: Lewis Carroll era matemático e Edward Lear, paisagista; Kenneth Grahame era banqueiro; J.M. Barrie e A.A. Milne eram dramaturgos. Os primeiros contaram suas histórias casualmente para entreter

crianças, sem qualquer intenção de publicação: Carroll começou *Alice no País das Maravilhas* para divertir Alice Liddell, filha de um decano em Oxford, em um passeio de barco; Grahame inventou histórias de ninar para seu filho travesso, sobre um sapo e um rato d'água. É como se cada escritor precisasse de uma criança como musa para acionar a imaginação do adulto e criar uma fantasia extraordinária. Uma vez trancado nesse mundo mágico, cada um atraiu em sua própria peculiaridade uma forte afinidade com a infância.[37]

Wullschläger acredita que tais autores partem de um denominador comum e, por isso, poderiam ser considerados um grupo, mesmo que sejam de gerações diferentes. A principal característica a uni-los seria terem desenvolvido uma certa obsessão pela infância em determinado momento de suas vidas criativas. Em Barrie, são dois os eventos de sua vida ligados a crianças com frequência associados ao desenvolvimento da personagem Peter Pan. O primeiro seria ainda quando Barrie tinha apenas seis anos por ocasião da morte de seu irmão mais velho, David, em um acidente de patinação no gelo ao comemorar seu aniversário de catorze anos. Nos diários de Barrie ecoa um verdadeiro incômodo pela reação dramática de sua mãe diante da morte do irmão – que entraria em um quadro de depressão[38] –, levando o autor a se sentir preterido. Barrie, então, teria desenvolvido uma obsessão pelo irmão morto para confortar sua mãe[39]. Todo esse contexto levou-o a criar uma personagem que estaria parada no tempo, como seu irmão morto.

Outro evento que marcou a vida de James Mathew Barrie e está diretamente associado à criação da história de *Peter e Wendy* foi a amizade que desenvolveu com os irmãos Llewelyn Davies, crianças que conheceu em um passeio por Kensigton Gardens. Primeiramente, com os mais velhos, George and Jack, posteriormente com os mais novos, Peter, Michael e Nicholas. E, assim como Lewis Carroll criou *Alice no País das Maravilhas* em um passeio de barco com as irmãs Liddell, dedicando posteriormente a obra a Alice Liddell, Barrie criou Peter Pan para George durante as brincadeiras de pirata que o escritor e os irmãos Llewelyn desenvolviam ao redor do lago e na floresta perto de sua casa de campo em Sussex[40]. Posteriormente, quando a peça *Peter Pan* estreou, ficou visível para a família Llewelyn que a similaridade da trama e de suas vidas com Barrie não se restringia ao uso de seus nomes nas personagens do romance. Os Llewelyn viriam a se reconhecer em diversos momentos da peça. Mas a relação de Barrie com os garotos se tornaria mais e mais intensa, chegando ao ponto de assumi-los como família após a morte do senhor e da senhora Llewelyn Davies. Outra inspiração advinda da vivência do autor com crianças culminou com a origem do nome Wendy, supostamente atribuída a Margaret, filha do amigo próximo e escritor William E. Henley, a qual chamava Barrie de *friend* (amigo), porém, como era muito pequena, pronunciava "fwendy" ou "wendy"[41].

Os exemplos acima, ainda que partam da biografia para explicar a obra, baseiam-se em episódios reais e servem, no mínimo, como anedotas para explicar a origem de elementos presentes no romance. Há, porém, uma intensificação dessa linha a qual considera que Barrie espelha Peter Pan em sua própria personalidade. O crítico Humprey Carpenter abraça esse caminho interpretativo ressaltando características da personalidade de Barrie que teriam ressonância na construção da personagem Peter Pan:

O modelo principal para Peter Pan é, obviamente, o próprio Barrie. Peter é tudo o que Barrie foi e se tornou. Ele não é nem criança nem adulto, e é totalmente assexuado. Essa maneira assexuada tornou-se ainda mais evidente quando a peça foi encenada pela primeira vez, em 1904; nesta e em todas as produções inglesas subsequentes por quase oitenta anos, o papel de Peter foi interpretado por uma atriz. Mas Barrie não pretendia exatamente isso e, quando Miles Anderson assumiu o papel-título na produção da Royal Shakespeare Company de 1982 em Londres, ficou evidente que a assexualidade, a incapacidade de se envolver em relacionamentos reais, a suprema solidão, tudo isso está lá no texto de Barrie, seja qual for o gênero real do artista.[42]

Ou ainda, na comparação invertida, agora de Peter Pan com Barrie:

Peter "é" Barrie em tantos outros aspectos. Ele [Peter] é o manipulador das emoções de outras pessoas, que as carrega do mundo real que habitam para um país de sua própria invenção, onde podem atuar em papéis que ele escolhe para elas nos dramas de sua própria imaginação. Ele também é o estranho, o observador, que flerta tanto com a mãe quanto com a criança (como Barrie fez), mas que no final é cortado do relacionamento verdadeiro.[43]

Carpenter ressalta a questão do não desenvolvimento da sexualidade em Peter Pan, que espelharia diretamente uma possível dificuldade que Barrie teria em sua vida pessoal – Mary Ansell, sua ex-mulher, revelou que o casamento nunca foi consumado. Um exemplo muito claro desse comportamento em Peter Pan no romance é a sequência do diálogo que inicia esse capítulo:

– Só estava pensando – disse ele, um pouco alarmado.
– É só de faz de conta, não é, que eu sou o pai deles?
– Oh, claro – disse Wendy muito empertigada.
– Sabe – disse ele, em tom de desculpas –, eu ia me sentir tão velho se fosse pai deles de verdade.
– Mas eles são nossos filhos, Peter, seus e meus.
– Mas não de verdade, não é, Wendy? – perguntou ele ansioso.
– Se você não quiser, não – respondeu ela.
E ouviu-se claramente o suspiro de alívio do menino.
– Peter – perguntou Wendy, tentando falar com a voz firme –, o que você sente por mim, exatamente?
– O carinho de um filho muito fiel, Wendy.
– Foi o que eu achei – respondeu ela, e foi sentar-se sozinha na outra ponta da sala.
– Você é tão diferente – disse ele, francamente intrigado – e Lírio Selvagem é do mesmo jeito. Ela está sempre querendo ser alguma coisa minha, mas diz que não é minha mãe.
– Não, na verdade não é – respondeu Wendy exagerando um pouco no tom. Agora ficamos sabendo por que ela tinha tanta má vontade com os peles-vermelhas.
– Então o que é?
– Uma dama não pode dizer.
– Ah, deixe estar – disse Peter, um pouco irritado.
– Talvez Sininho me conte.
– Ah, sim, Sininho pode contar – respondeu Wendy ironicamente.
– Coitada, é uma criaturinha tão abandonada!
E aqui Sininho, que estava no seu quartinho arrumado ouvindo a conversa dos dois, tilintou algum nome feio.
– Ela disse que adora ser uma criaturinha abandonada – traduziu Peter.
E teve uma ideia repentina:
– Quem sabe Sininho quer ser a minha mãe?
– Seu burro idiota! – gritou Sininho furiosa.
Tinha dito aquilo tantas vezes que Wendy não precisava mais de tradução.[44]

O trecho explicita bem a má compreensão de Peter Pan em relação às intenções das três figuras femininas fortes do romance:

Wendy, Sininho e Lírio Selvagem, todas elas querendo ocupar o lugar de par romântico do garoto[45] e, por isso, há certa tensão entre elas – como se pode verificar, no final do diálogo, na ironia de Wendy dirigida a Sininho. Porém, para as três, Peter tem uma única pergunta: quem estaria disposta a ocupar o lugar de mãe dele? Certamente, a ingenuidade do garoto irrita e decepciona as figuras femininas que, logo mais, perceberão como é inútil forçar Peter a qualquer situação romântica.

Na visão de Carpenter e também de Wullschläger, a correspondência direta entre Peter Pan e Barrie residiria nessa dificuldade em se admitirem como homens frente tanto ao par amoroso quanto às responsabilidades da vida. Wullschläger, por exemplo, atribui esse comportamento de Barrie ao sentimento coletivo da época, de culto à juventude, e também ao trauma dos conflitos que afetariam toda uma geração de jovens soldados com a Primeira Guerra Mundial. Para Carpenter, a personalidade de Barrie, tanto manipuladora em relação a seus amigos e conhecidos, quanto dúbia em relação à sua ex-mulher e aos garotos Llewellyn Davies[46], o colocava em um lugar ainda desconhecido para uma sociedade que enxergava a figura masculina como pai de família e provedor.

Torna-se, pois, importante voltar uma vez mais ao contexto da época para que as conclusões não caiam no equívoco. Por mais sedutor que seja atribuir tal semelhança ao autor e à sua obra, o sentido literário da escrita permanece aquele que chega para o leitor como única fonte de conhecimento e interpretação. Ou seja: durante a leitura do romance, nenhuma dessas informações biográficas influencia a compreensão da história, e a falta desse conhecimento por parte do leitor também não torna a obra menos interessante. O crítico Jack Zipes é a voz dissonante dessa linha de análise, ressaltando que identificar a personagem Peter Pan como *Doppelgänger*[47] do escritor Barrie apenas reduz o potencial interpretativo da obra que, como já foi colocado, de tão complexa abarca múltiplas interpretações. Zipes volta a atenção do romance para Peter Pan como um símbolo de uma época, uma personagem altamente reconhecida por seus espectadores e leitores. O pesquisador reforça a ideia de que uma interpretação obra *versus* vida do autor potencializa informações secundárias à fruição das obras nas quais Peter Pan aparece. Isso não significa, no entanto, que a psicanálise estaria descartada como campo de conhecimento para aprofundar a leitura do romance. Porém, sua ajuda torna-se legítima apenas se a única intenção for a de aprofundar as camadas interpretativas do romance.

Por essa perspectiva, não se pode deixar de comentar o sentimento dúbio que Peter Pan desenvolve em relação à figura materna. Se no trecho ressaltado anteriormente o feminino é visto única e exclusivamente como o preenchimento do papel da mãe, o capítulo seguinte, "A História de Wendy", intensifica a questão. Nesse episódio, Wendy narra aos garotos perdidos como é a casa da família Darling, caracterizando os pais e, em especial, a mãe, como afetivos e saudosos das crianças que partiram. Os garotos perdidos ficam contentes com o final feliz da história de Wendy, quando a família se reúne no aconchego da casa. Peter, porém, parece ser o único a não idolatrar a figura materna:

E tão grande era a fé dos meninos no amor das mães que achavam que podiam continuar mais algum tempo com um comportamento insensível.

Mas um deles sabia que não; e quando Wendy acabou, ele soltou um gemido profundo.

– O que foi, Peter? – perguntou a menina, correndo para ele, com medo de que estivesse passando mal. Apalpou carinhosamente seu peito.

– Onde está doendo, Peter?

– Não é esse tipo de dor – respondeu Peter, em tom sombrio.

– Então de que tipo é?

– Wendy, está errado o que você diz a respeito das mães.

Todos se reuniram assustados à volta de Peter, tão alarmante era a sua agitação. E com toda a franqueza, ele contou a todos o que até então nunca tinha revelado.

– Muito tempo atrás – começou ele – eu achava, como vocês, que a minha mãe ia sempre deixar a janela aberta para mim; então fiquei longe por muitas e muitas luas, antes de um dia voltar voando. Mas a janela estava trancada, porque a minha mãe tinha se esquecido totalmente de mim, e um outro menininho já dormia na minha cama.[48]

Os sentimentos que o trecho provoca no leitor são tanto de piedade quanto de comicidade. Por trás do feroz e valente Peter Pan esconde-se um menino magoado e irritado pelo nascimento do irmão mais novo. O sentimento de piedade origina-se da revelação de sua fraqueza ter uma origem sentimental. E o lado cômico é imaginar como uma criança potencializa pequenos episódios em nome de suas verdades absolutas.

A origem desse episódio está no romance *The Little White Bird*. Na história dessa obra, todas as crianças nascem como passarinhos, até suas mães pesarem seus filhos para, então, tornarem-se crianças definitivamente. Mas a mãe de Peter esquece de pesá-lo e o bebê se torna meio passarinho, meio menino, um "Betwixt-and-Between". Peter então se refugia nos ninhos de Kensington Gardens e se transforma em um forasteiro. As fadas o ensinam a voar e, de tempos em tempos, Peter volta para ver sua mãe verdadeira, que chora a falta do filho. Porém, mesmo sensibilizado pela comoção de sua mãe, Peter não resiste à liberdade do parque e nunca retorna para casa. Até o fatídico episódio quando percebe que seu posto, seu berço, suas roupas, estão sendo usadas por outra criança[49].

A cena de *The Little White Bird* é significativa, pois evoca uma série de detalhes que serão retomados em *Peter e Wendy* especificamente. Como, por exemplo, as janelas fechadas com barras. Nessa noite em que Peter descobre não ser o único filho da casa, as janelas do *nursery* (o quarto das crianças das casas inglesas) estão fechadas com barras, impedindo-o para todo o sempre de voltar. A raiva e a mágoa, portanto, que Peter Pan demonstra em relação às mães e aos adultos – e não explicadas na narrativa – advêm desse simples episódio, no qual Peter admite ter escolhido a liberdade do parque ao conforto da família. Não por acaso, na peça e no romance, Wendy comenta que as janelas sempre estarão abertas, na intenção de passar segurança aos garotos perdidos.

É dessa atitude do bebê-passarinho Peter em *The Little White Bird* que surge no romance *Peter e Wendy* o conceito de que as crianças são cruéis, especialmente para com os adultos, pois não haveria nada mais cruel do que deixar uma mãe sofrendo. A culpa, porém, desse ato voluntário mas não totalmente consciente é diluída na ideia da criança inocente e impulsiva. E é com essa mensagem que Barrie finaliza a primeira versão do romance com a história de Peter Pan: com a ideia de que as crianças são "alegres, inocentes e sem coração".[50]

"SURGE PETER"

Quando Wendy senta na cadeira após o chá, para costurar meias e vigiar os garotos, enquanto espera Peter chegar em casa, reproduz uma cena típica da família edwardiana. O leitor atento, por sua vez, notará que todo o capítulo e o seguinte se dedicam a imitar a vida doméstica de uma família inglesa na virada do século XIX para o século XX. Os detalhes das xícaras de chá imaginárias, os modos de se servir e sentar à mesa, a contação de história e os rituais antes de dormir eram costumes da vida cotidiana de qualquer família de classe média, ao menos londrina, facilmente identificados pelo espectador da peça e pelo leitor do livro. Wendy resgata o cenário da vida edwardiana para os garotos perdidos e para Peter Pan como um tesouro a ser preservado. O reconhecimento pelo leitor é imediato, a aproximação entre a fantasia e o mundo objetivo se dá por meio de um enlace de fios que, quanto maior a costura, mais difícil de determinar as linhas que separam a ficção do mundo objetivo.

Frederick J. Harvey Darton expressa de maneira muito elegante esse sentimento inglês advindo do reconhecimento de tais pequenos detalhes que compõem a identidade de uma nação. Para Darton, o recurso usado por Barrie cativou de imediato o público, que pode ver com admiração a *mimesis* do comportamento infantil doméstico – talvez, pela primeira vez na história das artes, uma representação tão fiel da infância. Nas palavras de Darton,

Então, novamente, parte do sentimento inglês era comum; talvez comum até demais. O ritual de ir dormir, a ansiedade sobre uma gravata, o amor materno (exceto uma cena deplorável de *Beautiful Mothers*, que aparecia, acho eu, em apenas uma temporada anual da peça), a canção dos pássaros ao pôr do sol – isso já existia em livros, poemas e peças de teatro com muita frequência. Havia uma pequena certeza de que uma pessoa bem letrada podia estar seguro de que ele nunca tinha lido, visto ou ouvido antes – por si só. A mudança – uma cena de transformação, no sentido teatral – trazida por Barrie estava unindo todos os vislumbres particulares de memória em um brilho universal. Ele fez os mais velhos jovens quando observavam seus brinquedos: ele fez os jovens viverem a peça de teatro visivelmente, enquanto eles viviam no segredo de suas mentes por si mesmos. Não era uma interpretação o que estava acontecendo para o público: era a realidade conquistadora do mundo da fantasia, sem um átomo de reflexão posterior ou de seriedade preponderante.[51]

Ao recriar a atmosfera familiar com tanta precisão de dramaticidade, Barrie convida o espectador a olhar para sua própria vida doméstica, naquilo que Zipes chamou de "metacomentário" das relações familiares inglesas. Faz-se notar também que se trata da representação de uma vida doméstica absolutamente burguesa: as personagens têm a preocupação com as vestimentas, a experiência bucólica de proximidade com a natureza, preservam os ritos do dia a dia afetivo como "colocar as crianças para dormir" (o que pressupõe tempo para cuidar e desenvolver uma relação com as crianças). Em outros momentos da história, especialmente os primeiros capítulos no quarto das crianças, pode-se notar a disposição dos móveis e dos objetos que evocam uma típica casa vitoriana. A peça é ainda mais evidente, pois o cenário continha objetos como o relógio, os brinquedos, a cadeira de balanço e os livros nas estantes, citando especificamente enciclopédias como a *Thesaurus* ou o *Oxford English Dictionary*, familiares aos olhos da plateia. Mas o que de fato atesta que o público da peça – e, consequentemente, por inferência, também do romance – detém uma condição social mais privilegiada é o comentário de que uma "pessoa bem letrada" poderia certamente reconhecer as referências de costumes, de acordo com Darton.

Pouco a pouco, adultos e crianças embarcam nas vidas representadas no palco, que, sutilmente, transcendem do dia a dia banal para o universo da fantasia. Barrie, nesse sentido, quando transporta a peça para o formato livro, potencializa o romance em sua forma mais pura: além de ser bem-sucedido na estratégia da imitação da vida doméstica e privada, cria um ambiente narrativo com leis próprias, que obedecem apenas às premissas de um novo e utópico universo (a Terra do Nunca, Peter Pan e os piratas). O elemento "metacomentário" na obra de Barrie, além de espelhar a vida cotidiana, também tem a função de ambientar o leitor, seja ele adulto ou criança, em um universo crível para, logo na sequência, introduzir o elemento feérico. Assim, o autor garante o pacto narrativo entre obra e receptor, e a fantasia naturalmente entra pela janela e se estabelece sem sustos. E.M. Forster reforça a necessidade de que os leitores devem assumir o fantástico dentro das leis da narrativa ficcional. Ressalta a importância do pacto ficcional entre obra e leitor para que a verdade da obra se sobreponha a qualquer questionamento que venha a comparar ficção e realidade. Em *Peter e Wendy*, tanto na peça quanto no romance, tal pacto torna-se capital para a fruição estética, uma vez que o teatro é impactado pela representação fiel da condição humana e o romance é o campo da representação mimética da vida particular.

Barrie não foi o único escritor a criar universos fantásticos dentro dessa estratégia de assumi-los como pertencente a uma realidade paralela à vida ordinária. O tema da fantasia, cuja maior inspiração advém dos contos de fada, tanto para o período vitoriano quanto para o edwardiano, foi decisivo para estabelecer os padrões narrativos da literatura infantil na segunda metade do século XIX e que viria a se desenvolver no século XX. Para ambos os períodos, as obras estabeleceriam uma nova concepção de literatura infantojuvenil, não tão calcada nos aspectos educativos – sem, contudo, abandoná-los –, mas sim propondo releituras modernas dos contos de fada[52]. O mais emblemático exemplo dessa construção é *Alice no País das Maravilhas*, de Lewis Carroll. A garota Alice é levada pela curiosidade até a toca de um coelho, cujo acesso revela um mundo de *wonders*[53], ou seja, de questionamentos e surpresas que testam a resiliência da menina para novos paradigmas. Um romance que claramente dialoga com o vitoriano em seu aspecto fantástico[54] guarda, porém, diferenças significativas para com *Peter e Wendy*. O romance de Carroll propõe um mundo fantástico no qual a heroína é posta à prova inúmeras vezes até a narrativa levá-la ao limite e, então, o romance termina colocando em xeque a existência desse universo – uma vez que a menina acorda de um sonho, ou pesadelo. Já a Terra do Nunca é um lugar de conexão da criança com sua fantasia interna, com seu bem-estar, com seus mundos possíveis. Nesse sentido, outras obras contemporâneas a *Peter e Wendy* propõem lugares utópicos cuja função é criar um espaço físico para a infância longe das regras do mundo adulto, de tal maneira que a criança se reconheça e sane seus conflitos internos. É assim com os irmãos Darling e os garotos perdidos, como também com Mary Lennox de *O Jardim Secreto*, de Frances Hodgson Burnett, a Toupeira e o Rato de *O Vento nos Salgueiros*, de Kenneth Grahame, e até Dorothy, de *O Mágico de Oz*, de L. Frank Baum.

Mary Lennox de *O Jardim Secreto*, por exemplo, em nada se parece com as heroínas dos livros para meninas do século XIX. Órfã, Mary é adotada por uma família disfuncional de classe media, mas, em vez de desenvolver um sentimento de raiva, rebeldia ou até mesmo de vitimização, Mary está perdida no mundo por não conseguir acessar a sua própria identidade. *O Jardim Secreto* é considerado um dos primeiros romances psicológicos para crianças, no qual o conflito da personagem não depende de questões externas a ela, mas sim de seu próprio inconsciente. Dessa maneira, Mary está muito distante das figuras femininas passivas dos contos de fada ou das garotas obedientes dos romances escolares. Mesmo as referências religiosas presentes no romance visam subverter a maneira tradicional de se caracterizar meninas órfãs e boazinhas, jogadas ao fortuito acaso. Na visão de Peter Hunt, na introdução escrita para a obra, o *"Jardim Secreto* pertence ao final de uma longa tradição de textos religiosos para crianças, mas se preocupa, como muitos dos outros livros de Burnett, com o individualismo, especificamente com a libertação da criança do pensamento adulto obsessivo e repressivo"[55].

O jardim secreto de Mary – que se conecta com a Terra do Nunca pela sua função no romance – é justamente o "lugar físico" do romance onde a personagem pode refugiar-se do mundo objetivo para acessar a sua consciência, sem a presença de adultos e julgamentos preestabelecidos. Além disso, outra característica da obra de Burnett que se conecta diretamente ao romance de Barrie é a figura da personagem Dickon, um garoto livre, espírito da natureza, que toca sua flauta e passa grande parte do tempo no jardim secreto[56].

Ora, Peter Pan surge em Kensigton Gardens justamente para proteger as crianças e também para propor brincadeiras para distração. Aparentemente, o jardim é o espaço que une os romances do começo do século XX dedicados a propiciar uma leitura mais introspectiva por meio de personagens que vivem conflitos absolutamente pessoais, mesmo que representando a angústia de uma época. Wullschläger resume bem ao dizer que

o jardim cheio de crianças, sua ressonância do éden da alma, o lugar de encantamento da imaginação poética: Frances Hodgson Burnett destilou na imagem do jardim secreto um sonho que assombrou a segunda geração de escritores de fantasia infantil, Barrie, Grahame e Milne, e na Terra do Nunca de Peter Pan, na margem do rio da Arcádia de *O Vento nos Salgueiros* e o aconchegante Bosque dos Cem Acres do Ursinho Pooh, inspiraram realidades alternativas tão inebriantes quanto o País das Maravilhas[57].

O comentário de Wullschläger ajuda a recriar a genealogia dos romances edwardianos para crianças. E, assim como Carroll e Lear foram responsáveis pela mudança de paradigma das histórias para crianças, Barrie e Grahame são os expoentes da jovem literatura do século XX, cuja proposta é a de sofisticar, ainda mais, a relação do mundo objetivo com as "realidades alternativas".

Grahame, por sua vez, também flerta em suas obras com a ideia de uma realidade paralela ao mundo objetivo, especialmente em *Golden Age*[58] (1895) e em sua obra-prima *O Vento nos Salgueiros*. Em *Golden Age* já está presente a referência de um lugar utópico acessado pela imaginação[59], mas seria em *O Vento nos Salgueiros* que a ideia do "escapismo" viria a dominar a narrativa, com uma sensível diferença, no entanto, para os romances contemporâneos a Grahame: em *O Vento nos Salgueiros*, o lugar utópico se transforma de um jardim mágico em um rio verdadeiro. A aventura do escapismo recria-se em uma verdadeira viagem pelas águas do rio presente no universo do mundo objetivo. Grahame "funde" o mundo objetivo com a realidade alternativa, ainda que seu livro seja puramente fantástico, ao antropomorfizar as personagens como nas fábulas. Carpenter comenta essa estratégia narrativa marcante na literatura infantil:

De todos os [escritores] vitorianos e edwardianos que tentaram criar a Arcádia impressa, apenas Grahame realmente conseguiu. Seu capítulo de abertura oferece um retrato completo e rico do paraíso primordial, expresso em um símbolo que provavelmente atingirá a todos os leitores e foi particularmente significativo para sua própria geração: o rio.[60]

A intenção de Grahame, no entanto, com a escrita de *O Vento nos Salgueiros*, também levanta polêmicas muito parecidas com as de *Peter e Wendy* de Barrie, visto que, pelas referências políticas no texto, pela presença de cenas e conflitos de personagens que já atingiram a maturidade, muitos críticos interpretam a obra como tendo sido escrita para o público adulto. Na recém-lançada obra *The Making of the Wind in the Willows*, Peter Hunt retraça as origens do texto sob o ponto de vista da literatura comparada e afirma que,

assim como outros livros famosos para crianças – como *Alice no País das Maravilhas*, *O Robbit* e *A Ilha do Tesouro* – inicia a vida como uma história para uma criança em particular, e isso fica mais claro nos capítulos de abertura. Como todos esses livros, *O Vento nos Salgueiros* cresceu em sua escrita e acabou sendo algo bem diferente, e algo muito mais complexo do que uma história para dormir. Porém, enquanto o *País das Maravilhas* é um livro infantil que pode ser lido por adultos, o *O Vento nos Salgueiros* é um livro para adultos que pode ser lido por crianças. Isso ocorre porque (o que também explica sua relativa falta de sucesso internacional) suas paisagens e referências culturais estão profundamente enraizadas na Inglaterra edwardiana – enquanto Alice se move em um mundo de fantasia paralelo –, e as muitas referências de período no livro estão escondidas no pano de fundo[61].

Novamente, a literatura edwardiana se depara com questões de público-alvo – são obras destinadas a jovens leitores ou adultos? – e também com referências do mundo objetivo que justificam a estratégia narrativa, como os pequenos detalhes de cenário em *Peter e Wendy*, responsáveis pela "sedução" do espectador-leitor, como já foi tratado anteriormente. Essa breve imersão em obras contemporâneas a *Peter e Wendy* revelam como muitos dos recursos narrativos presentes na obra de Barrie orbitavam a literatura edwardiana, constituindo um verdadeiro grupo intelectual, ainda que cada escritor e escritora formassem um rico universo de referências pessoais, trazendo originalidade para as obras citadas. Não por acaso, muitos críticos apelam para as biografias dos autores na tentativa de justificar estratégias e *backgrounds* da obra ficcional, e é esse momento prolífico da produção de livros para crianças que consolidou a Era de Ouro da literatura infantojuvenil.

A estratégia narrativa de Barrie de maneira alguma responde apenas ao tempo presente ao escritor. Muito pelo contrário, as referências à literatura inglesa clássica compõem um outro nível de leitura do romance[62]. A herança cultural inglesa, responsável por provocar a empatia do leitor, está presente no texto desde os tradicionais contos de fada que povoam o imaginário da infância por décadas a fio – como a citação de Cinderela por Wendy no capítulo "A História de Wendy" – até os romances de aventura que marcaram gerações de leitores, sendo a mais evidente delas *A Ilha do Tesouro*, de Robert Louis Stevenson[63]. Esse resgate pode estar nas histórias de Wendy, mas também em tantas outras histórias disfarçadas já contadas pela literatura – ou recontadas – por Barrie e espalhadas na peça e no romance.

Inúmeras são as referências em Peter Pan de outras obras da literatura inglesa: causos de piratas que viraram lendas, referências a livros de aventuras náuticas como *Holiday Romance*, de Charles Dickens, toda a ambientação e cultura literária indígena inaugurada por Fenimore Cooper, além de outros dois "Peter" presentes na literatura inglesa: Peter Wilkins – que tem a habilidade de voar – e Peter Schlemihl – que também tem uma sombra que o acompanha[64].

Mas talvez a referência mais alegórica da tradição inglesa presente na obra-prima de Barrie seja, de fato, a própria dramatização *Peter Pan* e sua longínqua porém perceptível relação com trabalhos de Shakespeare, o que fortalece no espectador o sentimento de estar diante de uma obra inglesa autêntica. As duas peças shakespearianas com as quais *Peter Pan* se relaciona diretamente são *A Tempestade* e *Sonhos de Uma Noite de Verão*, o que revela uma espécie de conforto afetivo para a memória coletiva, em um momento em que o teatro inglês alçava novas experiências na relação obra *versus* público, muito mais fundamentada no cenário político e social, diferentemente dos "melodramas" do teatro vitoriano. Fantasia, possibilidade de mundos alternativos, personagens oriundas de universo e tempo paralelos, a incerteza da realidade posta à prova em um mundo de sonhos são pontos de contato entre as peças de Shakespeare – as mais adoradas do final do século XIX justamente por tais características – e a obra de Barrie. O pesquisador Lerer chega a afirmar que partes das obras de Shakespeare tiveram influência direta na construção do texto de Barrie. A entrada de Peter no quarto das crianças, por exemplo, guarda certas características com a descrição de *Sonho de Uma Noite de Verão*: "A entrada de Peter lembra imagens de *Sonho de Uma Noite de Verão*: 'Na medida em que ele está vestido em folhas de outono e teias de aranha'. Como uma das fadas de Oberon (lembre-se, um deles era 'Teia de Aranha'), Peter chega para transportar a moral fora da cotidianidade."[65]

Ou ainda, quando afirma que a brincadeira dos irmãos Darling de imitar o pai e a mãe, numa espécie de teatrinho improvisado, lembraria a fala do príncipe Hal para Falstaff na peça *Henry VI* ("Stand you for my father"). Brincadeira esta que, aliás, se conecta com a de Wendy na casa subterrânea. A empatia, portanto, da peça de Barrie com o público muito se deve ao apelo de referências da memória coletiva intelectual da sociedade letrada inglesa e à construção do *tableaux* da vida.

É necessário apontar, no entanto, que *Peter e Wendy* em nenhuma hipótese pode ser considerado como um comentário do tempo passado. A obra de Barrie está no limiar entre o período edwardiano e o século xx, cujo foco, como dito anteriormente, é representar os anseios do indivíduo e não mais sua representação dentro do coletivo. Ao resgatar o passado iminente para o espectador e para o leitor, Barrie projeta para o futuro uma literatura madura para crianças e que, se não foi totalmente compreendida pelo seu tempo – não apenas a obra, como também o seu autor –, até hoje a crítica se deleita tentando preencher lacunas de uma narrativa que não subestima o leitor, seja ele quem for. Peter Hollindale faz um comentário elucidativo sob esse ponto de vista, ao dizer que

Barrie é essencialmente um escritor do século xx para crianças. Ele antecipa desenvolvimentos na literatura infantil que, desde então, alcançaram formas mais sofisticadas e talvez mais apropriadas. Às vezes, nas histórias de Peter Pan, sua narrativa desloca-se entre criança e adulto, o que parece envolver um ato de invasão... em um terreno emocional que deveria ser intocado.[66]

Hollindale acentua que o estilo e a estratégia narrativa de Barrie pertencem a escritores do século xx, ao invés de continuarem uma tradição do século anterior. A sofisticação de Barrie, como pontua Hollindale, está mais próxima de uma narrativa complexa, lacunar e inquietante do que viria a ser desenvolvido nas décadas subsequentes. A própria origem da personagem Peter Pan já denota, em si mesma, conflitos de um autor consciente na tentativa de um novo paradigma de escrita.

PETER PAN NAS OBRAS DE BARRIE

Peter Pan surgiu primeiramente como personagem no romance dirigido para o público adulto *The Little White Bird*, escrito por Barrie em 1902. Nessa ficção, o narrador conhece o garoto David – referência direta ao falecido irmão de Barrie – em Kensington Gardens, um famoso parque em Londres – onde o escritor encontrou pela primeira vez os irmãos Llewelyn Davies. Nessa história,

Peter Pan era um bebê que morava em Kensington Gardens e cuidava das crianças perdidas no parque depois que seus portões fecham à noite. Na versão, Peter Pan, mesmo sendo um bebê, guarda mais semelhanças com o deus Pã[67] do que com uma criança humana, perambulando pelo parque montado em uma ovelha e tocando sua flauta. Nessa obra, já se podem notar vários elementos embrionários de *Peter Pan*, como o fato de Pan ter uma idade avançada – apesar de ser um bebê –, sendo conhecido pelas mães e pelas avós, e mesmo antes delas, como mostra este trecho:

Portanto, não havia cabra quando sua avó era pequena. Isso mostra que, ao contar a história de Peter Pan, começar com a cabra (como a maioria das pessoas faz) é uma tolice assim como colocar sua jaqueta antes do colete.
Claro, também mostra que Peter é muito velho, mas ele tem sempre a mesma idade, então isso não importa nem um pouco. A idade dele é de uma semana, e embora ele tenha nascido havia muito tempo, nunca teve um aniversário, não há a menor possibilidade de ele ter um aniversário. A razão é que ele escapou de ser humano quando tinha sete dias de idade; ele escapou pela janela e voou de volta para os Jardins de Kensington.[68]

Mas essa não seria a primeira vez que a ideia de um garoto que não cresce nunca aparecia em alguma obra escrita de Barrie. A partir de 1896, o escritor e dramaturgo se lança em uma tarefa de escrever sua autobiografia. Primeiro, de maneira sistematizada, como a obra *Margaret Ogilvy* que, disfarçada de uma biografia de sua mãe, revelava anseios, frustrações e elementos da vida íntima de Barrie. Na sequência, as obras autobiográficas se tornaram menos focadas em assumir uma característica de livro de relato, e mesclavam dados da biografia em um ambiente ficcional. Foi o caso de *Sentimental Tommy* (1896), que continha a personagem de um garoto sonhador ("The Wandering Child") com experiências semelhantes às de Barrie, e sua sequência *Tommie and Grizel* (1900), que claramente apresenta a ideia do menino que não queria crescer, invocada a partir da própria vida de Barrie:

Pobre Tommy! Ele ainda era um menino, sempre foi um menino, tentando às vezes, como agora, ser homem, e sempre quando olhava ao redor, corria de volta para a infância, como se a visse estendendo os braços para ele e convidando-o a regressar e brincar. Ele gostava tanto de ser um menino que não podia crescer... Mas aqui, cento e vinte jardas depois, é a biografia, com o título alterado.[69]

Declarações como essa de Barrie, que não são difíceis de serem encontradas em seus cadernos de anotações, reforçam as possibilidades de interpretação de sua obra com sua vida[70]. Um ano depois da publicação de *Tommie and Grizel*, Barrie escreve e edita em versão caseira a história *The Boy Castaways of Black Lake Island, Being a Record of the Terrible Adventures of the Brothers Davies in the Summer of 1901*, fruto das histórias de piratas e aventuras que o escritor criava em seus momentos de lazer com as crianças Llewelyn Davies.

Se Peter Pan ainda era um embrião nos planos de Barrie, faltava para o escritor a fagulha que iluminaria de vez o caminho para uma obra dedicada a sua personagem mais famosa. E foi no Natal de 1902 que Barrie levou os meninos Llewelyn Davies para assistir *Bluebell in Fairyland*, considerada a primeira peça comercial destinada para crianças, com efeitos encantadores e inovadores que serviram para Barrie de moldura para a história de Peter Pan que estava por vir[71].

Peter Pan fez sua estreia no teatro em 1904 intitulada *Peter Pan, or the Boy Who Wouldn't Grow Up*. O roteiro original escrito e reescrito aproximadamente seis vezes foi imediatamente aceito pelo produtor e amigo Charles Frohman, que reservou o teatro Duke of York, onde a peça foi primeiramente exibida no dia 27 de dezembro de 1904. J.M. Barrie já era um dramaturgo e escritor renomado quando Peter Pan veio a público, mas o sucesso da peça tornou-o ainda mais conhecido e aclamado. A peça foi um sucesso imediato pela sua forma de apresentação inovadora. Peter Pan, interpretado pela atriz Nina Boucicault, voava pelo palco em um sistema de roldanas e cabos, enquanto a plateia, composta por adultos e crianças, se maravilhava pelo efeito. Ou, ainda, o recurso da pantomima associada à tecnologia, como na cena em que Sininho está prestes a morrer e Peter convoca o público para bater palmas, que seria a maneira de ressuscitar uma fada. A peça ganhou *tours* pela Europa e pelos Estados Unidos e tornou-se um símbolo das festividades natalinas de Londres, tendo sido encenada ininterruptamente todo final de ano até depois da morte de Barrie[72].

Tornou-se evidente, portanto, a necessidade de Peter Pan figurar nas páginas de livros e seu *début* no mundo literário aconteceu em 1906 com a publicação de *Peter Pan in Kensington Gardens* (1906), que nada mais era do que trechos extraídos de *The White*

Bird em formato de romance, com ilustrações de Arthur Rackham. Seria apenas em 1911 que Peter Pan, a Terra do Nunca, os irmãos Darling e todos as personagens fantásticas criadas por Barrie apareceriam em um romance, cuja ênfase narrativa explora com mais evidência a relação entre Peter Pan e a garota Wendy. Não por acaso, o primeiro título do romance era simplesmente *Peter e Wendy*. Vale notar que o fato de as versões subsequentes do romance trazerem apenas o nome de Peter Pan no título acentuam uma marca de estratégia comercial da obra, uma vez que a figura do herói se tornou maior do que o próprio romance. A primeira intenção de Barrie, no entanto, estaria em evidenciar o contraste entre dois universos, o choque de valores e a releitura da infância como momento importante da formação de caráter do indivíduo.

O fato de o texto ter sido publicado em forma de peça antes do romance certamente ajudou o livro a galgar o sucesso de que até hoje a história desfruta. A peça *Peter Pan* mudou o cenário mercadológico editorial, ainda que, como roteiro, só tenha sido publicado em 1928. Várias edições do romance surgiram com ilustrações coloridas ou edições colecionáveis – impulsionadas pelo avanço da tecnologia de impressão mudando o conceito de um livro barato para um livro bonito –, além de obras não escritas por Barrie como *Peter Pan Keepsake e Alice Woodward, The Peter Pan Picture Book*, de Daniel S. O'Connor (ambos de 1907), e livros advindos do universo de Peter Pan, como *The Peter Pan Alphabet Book*, escrito por O. Henford em 1909, e ainda uma espécie de "bastidores" do fenômeno na obra *Peter Pan, His Book, His Pictures, His Carrer, His Friends* (1909), escrito por G.D. Drennan, criando um *merchandising* ao redor do livro que o mercado editorial não tinha visto nem nos desdobramentos de *Alice no País das Maravilhas*[73]. O "fenômeno" Peter Pan atingiu, inclusive, as escolas inglesas que indicavam para leitura uma versão adaptada da obra retirando trechos como "Eu não quero ir para a escola e aprender coisas solenes... Eu não quero ser adulto", em 1915, criando justamente o efeito contrário ao que Barrie buscava, o de driblar o *mainstream* com ideias prontas. Nas palavras de Jack Zipes, que analisa o momento,

Ironicamente, o espírito imaginativo que Barrie criou para se opor à institucionalização tornou-se institucionalizado e comercializado por todo o século XX. No entanto, Peter Pan, como seu criador, é uma figura intrusiva e imprevisível que continua voltando para investigar nossa realidade e afastar essas pessoas [institucionalizadas], ainda acreditando no poder das fadas.[74]

Como a maioria dos fenômenos midiáticos, a essência complexa de Peter e Wendy foi, pouco a pouco, se diluindo em adaptações para o teatro, para o cinema e até mesmo em edições da peça e da obra retrabalhadas por Barrie em vida, transformando-se em um romance de aventura. Peter Pan é lembrado como um garoto rebelde, que não gosta de ir à escola, cujo maior rival é um pirata chamado Capitão Gancho e que proporciona a crianças mais "caretas" – os irmãos Darling – aventuras incríveis em um lugar mágico – a Terra do Nunca. De fato, como o próprio Peter acreditava, o tempo não foi de todo benéfico, apenas o distanciou das camadas complexas que sua personagem apresenta, tornando o romance mais palatável para o público maior, menos exigente e, talvez, menos preocupado em lidar com questões de foro íntimo. A importância de *Peter e Wendy* para a quebra de diversos paradigmas da literatura infantojuvenil permanece, sem dúvida, um dos pontos-chave para a consolidação da obra como um cânone do século XX, ainda que sua transgressão tenha sido reduzida a um simples conto de fada.

CRIANÇAS SEM CORAÇÃO

Quando Wendy convence os irmãos e os garotos perdidos a voltarem para Londres, Peter Pan é o único a resistir à tentação do amor materno. Certo de que sua mãe verdadeira não estaria esperando por ele, recusa, mais uma vez, voltar ao mundo objetivo e abraçar as responsabilidades da vida ordinária, mesmo que a perda de Wendy e dos garotos tenha um preço doloroso:

Para demonstrar que a partida dela não lhe causava nenhum efeito, Peter saiu saltitando de um lado para o outro da casa, enquanto tocava alegremente a sua flauta. E para tudo ela precisava correr atrás dele, o que não deixava de ser humilhante.
– Procurar a sua mãe – argumentou ela.

Mas, se Peter ainda tinha mãe, não sentia mais nenhuma falta dela. Podia passar perfeitamente sem mãe. Já tinha pensado muito no assunto, de que só via o lado negativo.

– Não, não – disse ele a Wendy em tom decidido. – Talvez ela diga que eu cresci. Só quero continuar menino para sempre, sem parar de me divertir.[75]

A insistência de Peter em tantas vezes renegar a vida adulta chega a ser irritante e muito contrastante com a ideia de evolução pessoal, de amadurecimento e autoconhecimento que povoavam os romances do século XX, ainda que de maneira incipiente. Peter Pan é a eterna Criança Perdida do "romance familiar": constrói seu universo utópico, com regras que apenas ele pode fazer e desfazer a partir de seu próprio desejo narcisista, preenche a sua solidão com sua própria imaginação, com a sensível diferença, no entanto, de que Peter Pan nunca chegará ao amadurecimento, nunca estará pronto para liderar homens, apenas garotos. Peter Pan, nesse sentido, é a "evolução" do "romance familiar" para o "romance social 'edipiado'", de acordo com a tipologia de Robert[76], com algumas ressalvas próprias de uma literatura que se volta para o universo da infância[77]. A contribuição de Robert para esse tópico torna-se fundamental para a compreensão mais consistente da figura de Peter Pan em diálogo com a tradição da literatura inglesa. A interpretação de Robert para a personagem Robinson Crusoé, por exemplo, em muitos aspectos poderia servir para a leitura crítica de Peter Pan. Veja-se, por exemplo, o seguinte trecho de sua argumentação:

Ao contrário do adolescente do conto, cuja fuga tem como objetivo melhor preparar sua reconciliação com o ideal familiar; ao contrário mesmo de Ulisses, modelo de desbravador dos mares que é também o paladino do retorno, Robinson rompe de uma vez por todas com aqueles a quem renegou, nunca mais atravessará seu umbral, nunca mais se preocupará com eles, estão mortos para ele desde que os abandonou e a volta só lhe será permitida quando a morte, que ele não deixou de almejar secretamente, for finalmente um fato consumado. O castigo que irá depois extirpá-lo do mundo dos vivos não passa da manifestação visível dessa ruptura radical: tendo feito a promessa de não ser filho de ninguém, ele se torna efetivamente o órfão absoluto, o solitário absoluto, que se engendra a si mesmo em toda a pureza no reino do deserto perfeito.[78]

São inúmeros os pontos de conexão entre Robinson Crusoé e Peter Pan a partir da leitura de Robert. A mais evidente é a rejeição do "ideal familiar". Ao contrário dos heróis viajantes solitários da tradição literária, tanto Crusoé quanto Pan partem para nunca mais voltar, para serem reis em seus próprios reinos desérticos e perfeitos, em suas ilhas longínquas, são "filhos de ninguém" e não têm remorso de abandonar – e até odiar – aqueles que um dia foram seus familiares[79]. Há, no entanto, uma sensível diferença entre os dois heróis. Pois, se Crusoé almeja secretamente a morte, Pan venera a vida, a aventura, a excitação de estar consciente no tempo presente – e apenas no tempo presente.

A condição de náufrago, portanto, tanto para Crusoé como para Peter Pan, torna-se desafiadora por um único motivo: aceitar e lidar com a solidão. Para se libertar das responsabilidades, Peter leva sua crença às últimas consequências, mesmo que isso signifique enfrentar a incompreensão de seus amigos e, por fim, a solidão. Esse sentimento fica visível quando Peter pune os adultos diante da decisão de Wendy de voltar para Londres:

Esse medo [de a Ms. Darling achar que seus filhos estivessem mortos] fez com que Wendy nem levasse em conta os sentimentos de Peter, ainda assim bem fáceis de adivinhar, quando disse a ele secamente:
– Peter, você toma as providências?
– Se você quiser – respondeu ele, num tom frio, como se ela só tivesse pedido que ele lhe passasse as nozes.
Nem para dizer que iria sentir saudade dele! Se Wendy não se incomodava de ir embora, ele ia lhe mostrar uma coisa: também não dava a mínima.
Mas claro que ligava, e muito. E ficou com tanta raiva dos adultos – que, como sempre, iam estragar tudo – que assim que entrou na sua árvore respirou bem depressa de propósito, umas cinco inspirações e expirações por segundo. E fez isso porque, na Terra do Nunca, todo mundo acredita que morre um adulto no mundo cada vez que você respira; e Peter por vingança, estava matando o máximo que podia no mínimo de tempo.[80]

Esse trecho ressalta a característica complexa da construção da personagem, de acordo com os conceitos já vistos tanto em Forster quanto em Watt. Peter Pan age com fingimento na frente de Wendy, com cinismo e falsidade, dando a entender que não se importava com o retorno de seus amigos – e, por que não, de sua mãe? –, quando, no íntimo, sente raiva e se vinga, cruelmente, dos adultos que, mais uma vez, o fizeram sofrer. Não seria a primeira vez que Peter Pan esboça um sentimento de prazer em matar. A violência, contra outros e contra si mesmo, é a única prova viril de sua masculinidade, mas, ainda assim, um retrato de sua imaturidade. Mais uma vez, as belas palavras de Robert acerca de Robinson Crusoé podem ser emprestadas para a compreensão de Pan: "O náufrago que deve castigá-lo é ao mesmo tempo o instrumento de sua libertação, uma vitória sobre a morte e uma purificação, um renascimento no qual a angústia do abandono é incessantemente embalada pela embriaguez do recomeço"[81]. Assim como o naufrágio de Crusoé representa seu castigo e sua libertação, a Terra do Nunca representa, ao mesmo tempo, a liberdade de Peter de uma vida condenada ao trabalho, como a prisão de uma vida frívola. Não por acaso, Peter Pan só consegue dar sentido a sua existência quando repete, incessantemente, o ritual de, em todas as primaveras, buscar Wendy, e por sua vez a filha dela e futuramente sua neta, para continuar, mais uma vez, as mesmas brincadeiras na Terra do Nunca, num eterno tempo presente. Peter Pan torna-se, assim, uma figura errante, uma entidade que vagueia pelos céus e que, com o tempo, cai no esquecimento daqueles que uma vez já desembarcaram nas praias da Terra do Nunca para nunca mais voltar.

Entrevista Com Peter Hunt[1]

A era de ouro da literatura infantojuvenil representa o período em que foi escrita a maior parte dos livros fundamentais que as crianças e jovens leem até hoje. No seu livro Introduction to Children's Literature [1994] você afirma que, nesse período, "a literatura infantil estava crescendo" e se tornando um "clássico vivo". Por "clássico vivo" o senhor quer dizer que a obra e o autor foram reconhecidos imediatamente? Em sua opinião, quais são as forças que contribuem para que um livro se torne parte de um cânone?

Acredito que agora eu não usaria o termo "clássico vivo" – na verdade, acredito que a ideia de "clássico" e a de um "cânone literário" devem ser tratadas com grande desconfiança. Muitos "clássicos" podem estar vivos no sentido de que continuam disponíveis para compra e de que a maioria das pessoas de uma cultura ouviu falar deles, mas não estão "vivos" no sentido de ainda serem lidos por muitas pessoas. *Alice no País das Maravilhas* e *O Vento nos Salgueiros* são bons exemplos. São como as celebridades de hoje, bem conhecidas por serem bem conhecidas.

As forças que tornam clássico um livro têm, na verdade, pouca relação com o que existe em suas páginas. Existem clássicos de todos os tamanhos e formas, e com frequência eles têm pouco ou nada em comum. No Reino Unido e nos Estados Unidos, a ideia de um texto clássico – que de algum modo é "melhor" do que outros textos – é a de um fenômeno editorial, produzido pelos editores para manter o livro à venda com o máximo de lucro. Por exemplo, no Reino Unido, na primeira década do século xx, J.M. Dent começou a série Children's Illustrated Classics[2] (Clássicos Infantis Ilustrados) seguindo o princípio de que a palavra "clássico" possui uma qualidade misteriosa e de que as pessoas tendem a comprar livros em séries. Mas esses "clássicos" eram, na maioria, obras do século xix, cujos autores não precisariam receber direitos autorais. A primeira série do tipo nos Estados Unidos foi a coleção *Children's Classics* (Clássicos Infantis) publicada pela editora Macmillan, em 1922, com a mesma motivação. Hoje, "clássico" é um termo usado em demasia, aplicado a qualquer coisa, de Coca-Cola a qualquer livro que esteja no catálogo de uma editora e cuja reimpressão seja conveniente.

E tantos livros que foram *best-sellers* em sua época desapareceram, enquanto outros, não tão populares, sobreviveram em um tipo de meia-vida como "clássicos" – para serem dados como prêmio, ou presente, e às vezes utilizados como munição política em discussões educacionais a respeito do que as crianças devem ler. É muito estranho, por sua vez, que certos estilos de escrita, personagens e enredos, originados dessa coleção arbitrária de livros, e do período em que foram escritos, vieram a caracterizar, *retrospectivamente*, o que define um "clássico".

E quanto ao "cânone"? Um cânone surge apenas quando *necessário*, e nos anos 1970, quando a literatura infantojuvenil se estabelecia como uma disciplina a ser estudada com seriedade nas universidades – e antes que teoria e "desconstrução" literárias demolissem a ideia de que um livro pudesse ser cosmicamente "melhor" do que qualquer outro –, foi necessário, como tática política, estabelecer-se um cânone. E esse cânone precisava ser aceitável pela comunidade crítica adulta – e, portanto, precisava ser apreciado pelos homens brancos que arbitravam o bom gosto. Como consequência, os livros que adultos (homens velhos e brancos) gostavam tinham, em sua maioria, protagonistas homens com nostalgia da inocência da infância, ou eram escritos por autores adultos "respeitáveis" – em geral, homens: *Os Livros da Selva* [Rudyard Kipling], *O Vento nos Salgueiros*, *A Ilha do Tesouro*, *Tom Sawyer*, *O Hobbit* e *Peter Pan e Wendy*.

O fato de que mulheres sempre tiveram uma presença importante na literatura para crianças complicava as coisas, mas isso não produziu grandes mudanças, não até a década de 1970.

Então, cuidado com os cânones! Depois que lhe dizem do que você deveria gostar, fica mais difícil para você entender do que gosta de fato, e por quê.

Ainda com relação à Era de Ouro, muitas obras – pensadas para crianças ou não – usam, como estratégia narrativa, um lugar especial que as personagens infantis visitam como forma de fuga do "mundo real". A crítica da literatura infantojuvenil usa o termo "escapismo" para descrever essa estratégia. Como esse foi um fenômeno que ocorreu ao mesmo tempo em muitos livros considerados literatura infantojuvenil, pesquisadores atribuem essa estratégia a uma nova visão da infância como um lugar pertencente exclusivamente às crianças (para simplificar o conceito). Você concorda com essa interpretação? Como vê o escapismo?

É verdade que na Era de Ouro o conceito de infância estava mudando, e assim era atraente a ideia de mundos alternativos para crianças, nos quais estas podiam agir com independência: País das Maravilhas, Terra do Nunca, o Bosque dos Cem Acres, a Terra Média, a Margem do Rio. Contudo, embora a infância para crianças tenha sido um conceito que, no Reino Unido, floresceu na primeira metade do século xx, a ideia de que os mundos alternativos oferecidos para as crianças na ficção fossem uma forma de escapismo me parece errada.

O problema com escapismo é… escapar do quê, para onde? Em geral, pensamos que escapismo é fugir de algo ruim para algo bom, ao passo que, quase sem exceção (é difícil lembrar uma exceção), os mundos para os quais as personagens fogem são estranhos, assustadores ou hostis. Quem iria querer, de verdade, estar na Terra do Nunca, com índios selvagens e piratas assassinos, ou no País das Maravilhas, com uma rainha louca – ou mesmo no Bosque dos Cem Acres, com aquele Coelho desagradável? Na verdade, quase todos esses mundos, principalmente os que se seguem imediatamente ao livro *Alice* (como o de *Mopsa the Fairy* [A Fada Mopsa], ou o de *Speaking Likenesses* [Retratos Que Falam]) são moralistas, criados com a intenção de inculcar princípios religiosos ou éticos nas crianças, frequentemente ameaçando-as com castigos.

"Escapismo", em geral, tem conotação pejorativa: pessoas que fogem para mundos fantásticos não conseguem lidar com o mundo "real". Mas nos livros infantis, em geral são os escritores e leitores adultos que tentam fugir.

Muitos críticos e pesquisadores usam informações biográficas para justificar a análise que fazem do trabalho intelectual de autores e suas obras. Em algumas situações, exceto quando o autor declara que foi de fato influenciado por eventos pessoais para criar suas histórias, esse tipo de análise pode ser frágil e enganosa. Ainda assim, parece que os fatos que permeiam a vida de Lewis Carroll, J.M. Barrie e A.A. Milne são essenciais para uma leitura mais profunda de suas obras-primas. Isso se deve em especial ao fato de que as personagens principais dessas obras eram próximas dos autores ou serviram-lhes de inspiração. O senhor acredita que a leitura crítica das obras desses autores, especialmente Alice no País das Maravilhas, Peter Pan e Wendy e O Ursinho Pooh, pode ser imune às informações biográficas?

A questão é: deve a crítica ser imune a esse tipo de informação?

Um cínico pode dizer que a única razão para críticos usarem informações biográficas é que eles não têm mais nada para dizer! E eu concordo plenamente com você que é perigoso empregar informações biográficas na leitura de textos literários. Mesmo que esses autores declarem ter escrito para crianças específicas, isso não significa que tomaram o cuidado de levar em conta as necessidades dessas crianças. Carroll, embora tivesse uma ligação evidente com Alice Liddell (ele deu para a garota uma versão manuscrita do livro), escreveu, na verdade, para as muitas garotinhas que conhecia. A narrativa da infância interminável feita por Barrie estava mais relacionada ao passado dele do que aos seus relacionamentos com crianças reais. Milne era alheio à agonia que causava no filho ao retratá-lo como "Christopher Robin" nos livros para crianças.

Por outro lado, parece que os críticos supõem que o público leitor está mais interessado em saber se Carroll ou Barrie eram pedófilos (pelo menos Milne não é acusado disso, mas apenas de negligência para com o filho) do que com o conteúdo dos livros (a menos que sirva de evidência para as preconcepções biográficas dos críticos).

Mas quer usemos informações biográficas "externas", ou evidências "internas" aos livros, é útil refletirmos se e por quê deveríamos utilizá-las. Isso depende de vermos um texto como existindo – no que diz respeito ao leitor primário – por conta própria, ou se existindo em um *contexto* – como lido por pesquisadores e críticos... e adultos. Resumindo, depende de estarmos lendo o livro ou o escritor. Existem muitos argumentos dos dois lados, mas a leitura *holística* de um texto, que envolve tudo que se possa saber desse texto, fornece um tipo diferente de prazer do que uma leitura descontextualizada. Qual delas é mais apreciada depende de cada um, embora eu acredite que os melhores leitores consigam ler das duas formas mais ou menos simultaneamente.

Em sua recente obra The Making of the Wind in the Willows [*Os Bastidores de O Vento nos Salgueiros*], *você afirma que* O Vento [...] *não foi escrito para crianças. Em* When Dreams Come True [*Quando os Sonhos se Tornam Realidade*], *Jack Zipes afirma que* Peter e Wendy *também não foi escrito para crianças. Ainda assim, essas duas obras são obrigatórias em qualquer coleção básica de livros para crianças. Você pode falar um pouco mais sobre esses dois casos? E por que essas obras nunca foram consideradas "literatura adulta", se essa é a natureza delas?*

A inspiração, ou gatilho, original para esses dois livros pode ter sido o desejo de divertir uma criança específica, mas nos dois casos (assim como em outros, como *O Ursinho Pooh* ou *Mary Poppins*), as preocupações que os autores trouxeram para sua escrita sobrepuseram-se à intenção original. É uma suposição comum que os livros para crianças devem ser simples, como se escritos para seres simples (ou mais simples que os livros para adultos). Na verdade, são obras escritas por adultos que não conseguem evitar incluir seus próprios sentimentos e opiniões. Os autores podem tentar disfarçá-los, mas o fato de estarem escrevendo para um público menos experiente pode encorajá-los a "dizer" mais do que fariam se escrevessem para um público de iguais. C.S. Lewis disse (e eu o parafraseio aqui) que às vezes um livro para criança é o meio certo para o que você quer dizer. Isso com certeza é verdade para Kingsley em *The Water Babies* [Os Bebês Aquáticos], pois está repleto da filosofia frequentemente contraditória desse autor. Lewis Carroll também descobriu que podia esconder (ou confessar) nos livros seus sentimentos pelas pessoas que amava, como em *Alice Através do Espelho*. Pode-se debater se *O Vento nos Salgueiros* é na verdade uma sátira delicada da homossexualidade, e talvez uma declaração disfarçada de Grahame sobre sua própria sexualidade. *Peter Pan e Wendy*, do mesmo modo, é uma meditação a respeito da morte, direcionada (principalmente no fim) aos adultos, e com frequência é dirigida aos adultos sem que as crianças a entendam.

Peter e Wendy nunca foi considerado "literatura adulta" até, talvez, muito recentemente, porque derivava das peças de muito sucesso de Peter Pan, que foram feitas para crianças. Agora que sua complexidade foi reconhecida, provavelmente é muito mais lido por adultos do que por crianças.

O Vento nos Salgueiros, por outro lado, era visto como um livro adulto – nem seus editores nem seu autor afirmavam que fosse outra coisa. Contudo, logo foi adotado como um livro da família, e quando a editora Methuen lançou uma edição escolar, sua identidade como livro para criança foi confirmada.

Existe, contudo, uma razão mais simples para que esses livros sejam encontrados nas seções infantis: tratam-se de obras de *fantasias*, e não foi até as décadas de 1970 e 1980 que fantasia se tornou material respeitável de leitura para adultos. Livros como *O Senhor dos Anéis*, baseado no infantil *O Hobbit*, abriram o caminho, mas, com notáveis exceções, fantasia era para crianças.

Críticos de literatura infantojuvenil concordam que Peter e Wendy *foi um marco histórico, assim como* Alice no País das Maravilhas, *algumas décadas antes. As duas obras possuem tópicos semelhantes: ambas alcançam leitores adultos e crianças; ambas contêm referências à cultura inglesa; ambas clamam por novos padrões. Mas, ainda assim, são bastante diferentes em termos estéticos, e cada uma estabelece um novo modelo de escrita para crianças. Você vê algo que une as duas obras?*

Não. Eu penso que são obras *cognatas*, ou seja, possuem similaridades, mas uma não influenciou diretamente a outra. São resultados da soma das atitudes individuais dos escritores mais mudanças culturais, o que deu liberdade a seus autores para usarem o livro para criança como veículo de suas preocupações.

Assim, embora os dois se dirijam aos dois públicos, Carroll só se dirige aos adultos nos parágrafos finais de *País das Maravilhas* e nos poemas que balizam a narrativa. Fora isso, ele se dirige quase exclusivamente às crianças. Barrie, por outro lado, faz como Kingsley, misturando textos direcionados às crianças com textos para adultos. Pode-se sugerir, assim, que *Alice no País das Maravilhas* foi uma resposta a esse aspecto de *The Water Babies* que Carroll não gostava.

Se podemos dizer que algo os une é que ambos têm características de pesadelo, que é o oposto do que as pessoas pensam que os livros infantis são.

É evidente que Dickens e Stevenson foram influências importantes nas obras do tempo deles. Um relaciona-se mais ao "romance social", enquanto o outro ao "romance de aventura". Você acredita que eles continuam sendo, hoje, uma influência para os escritores?

Como esses dois escritores, ou suas obras, são elementos bem estabelecidos da cultura britânica, eles foram – e são – uma influência direta nos escritores modernos.

O estilo dickensiano passou a significar exagero, caricatura, a utilização do grotesco, de cenas muito dramáticas – ou melodramáticas, tramas complexas com muitas personagens, clima carregado, estilo pitoresco, frequentemente manifestando-se contra um mal social. Várias dessas características atraem autores infantis. Nos anos 1970, Leon Garfield (agora, talvez, pouco lido) produziu uma longa série de obras ambientadas em uma Londres dickensiana, como o livro *Smith*. Um dos últimos escritos de Terry Pratchett foi *Dodger*, desenvolvimento de uma personagem de *Oliver Twist*, de Dickens. De fato, a ambientação de muitos dos romances da série "Discword", de Pratchett, a cidade de Ankh-Morpork, parece enraizada na sátira e no exagero dickensianos. Existem, também, elementos dickensianos na obra de Philip Pullman (coleção *Fronteiras do Universo*) e nas personagens grotescas de Roald Dahl.

Mas eu diria que a influência de Dickens aparece com mais força na moda do *steampunk* e do *cyberpunk*, em escritores como Philip Reeve e Neil Gaiman.

Stevenson é um caso diferente, pois era um escritor muito mais variado, e boa parte de sua obra reflexiva e de viagem está fora de moda. Em *A Ilha do Tesouro*, sua tentativa deliberada de escrever um *best-seller*, ele não apenas produziu uma personagem mais memorável que qualquer outra – Long John Silver, um anti-herói assassino – como também criou um gênero de histórias de piratas que tem se mostrado extraordinariamente durável. Em especial, sua maior influência é na franquia de filmes *Piratas do Caribe*, e não em livros.

Acima de tudo, porém, o legado de Stevenson é a introdução da ideia de ambiguidade moral e ética nos livros para criança. Em *A Ilha do Tesouro*, as personagens evidentemente "boas", incluindo Jim Hawkins, o narrador, têm falhas morais sérias. *A Ilha do Tesouro* é um exemplo clássico de livro que é mais famoso do que lido; trata-se de uma obra bem sombria, até mesmo depressiva, com uma visão bastante desanimadora da natureza humana, e ainda assim é "lembrado" como uma aventura empolgante – e adequada para crianças!

O senhor poderia, por favor, comentar sua obra The Fabulous Journeys of Alice and Pinnochio, *coescrito por Laura Tosi, citando aspectos interessantes?*

Esse livro é resultado de uma série de palestras que eu e a professora Laura Tosi demos quando eu era professor visitante na Universidade Ca'Foscari, em Veneza. Nós estávamos escrevendo juntos um livro divertido sobre as diferenças culturais entre ingleses e italianos, que foi publicado como *As Fit as a Fish* [Forte Como um Touro]. Um dos muitos mistérios é como dois livros tão diferentes como *Alice no País das Maravilhas* e *Pinóquio*, escritos por autores tão diferentes, tornaram-se populares – icônicos – em todo o mundo.

Isso nos conduziu a diversas direções. Uma delas é a extensão da representação das culturas por meio de livros, e o quanto elas aceitam caricaturas. Assim, pode-se dizer que a personagem de Alice é quintessencialmente inglesa, porque equilibrada e educada, mas ao mesmo tempo implacável e arrogante. Da mesma forma, os italianos estão dispostos a aceitar Pinóquio como a imagem nacional de si mesmos – vibrantes e corajosos, mas também impetuosos, desonestos e não confiáveis.

O fato de os dois livros não serem o que pareciam foi estabelecido através da biografia comparada: ambos os escritores usavam pseudônimos, mas um deles era um revolucionário muito ativo, que arriscou a vida pela causa da unificação da Itália, enquanto o outro era um acadêmico – com um amplo espectro de interesses. Talvez o livro possa ser melhor explicado por um trecho da "Introdução":

Este livro trata sobre a leitura paralela de dois livros. Ou melhor, duas leituras que cruzam uma com a outra e com as sociedades e nações que produziram esses livros. Não se trata, apenas, de uma comparação entre as aventuras de *Pinóquio* e *Alice*, ou mesmo de um cotejo ou de uma justaposição: é a observação de cada livro através da lente do outro. Isso destaca similaridades e diferenças em termos de fantasia universal e características nacionais, além de abrir novas perspectivas críticas. Em 1977, Giorgio Manganelli chamou sua obra crítica sobre Pinóquio "um livro paralelo", com a plena consciência de que cada leitura crítica cria nova percepção de uma obra literária e, portanto, cria uma nova obra literária. Em seu prefácio, ele revela a regra de ouro do "paralelista profissional": "tudo arbitrário, tudo bem documentado".

Escrever um livro crítico paralelo para *Alice* e *Pinóquio* é, da mesma forma, uma empreitada arbitrária e bem documentada, que precisa lidar com a questão do internacionalismo em relação à literatura infantil. Conseguimos conceber um cânone internacional da literatura infantil (baseados em traduções)? A atitude da crítica é de desconfiança com relação a generalizações, e não muito otimista quanto a essa possibilidade. Maria Nikolajeva, em *Children's Literature Comes of Age* (A Literatura Infantil Amadurece, 1996), por exemplo, escreve que, "com pouquíssimas exceções, a literatura infantojuvenil, em diferentes países, tem pouco em comum"[3], com os textos sendo, na maioria, coleções de contos populares ou adaptações de textos adultos, como *Robinson Crusoé* (embora ela considere *Alice*, com muito cuidado, o único exemplo de "livro infantojuvenil realmente universal"[4]). Emer O'Sullivan faz um alerta quanto a tratarmos "clássicos" em sua língua original da mesma forma que os clássicos traduzidos (e usa *Pinóquio* em suas traduções para o alemão como exemplo em seu capítulo "World Literature and Children's Classics" [Literatura mundial e clássicos infantis[5]]). Sua conclusão é que um "*corpus* dos chamados clássicos da literatura infantil internacional [...] não pode ser equiparado a um cânone da literatura infantil"[6]. Outros autores, como Göte Klingberg, argumentam que trocas só podem ser identificadas dentro de países que pertencem aos mesmos grupos linguísticos e geográficos, como o grupo de países anglófonos ou o de países do sul da Europa[7]. Muito antes (e agora de modo muito mais polêmico), Paul Hazard, em seu *Les Livres, les enfants et les hommes* (Livros, crianças e homens, 1932), observou, no capítulo "Superioridade do Norte Sobre o Sul", a literatura infantojuvenil "superior" e mais prolífica[8] dos países do norte em comparação à dos países meridionais. Nada de interessante, afirma Hazard, acontece na Espanha, e ele conjectura, por exemplo, por que as obras-primas italianas *Pinóquio* e *Coração* "esperaram séculos para se fazerem conhecidas, se datam apenas do *Risorgimento*"[9]. A relação entre literatura infantojuvenil e identidade nacional é, de fato, crucial.

Também observamos o modo pelo qual os livros foram "transmitidos": as duas versões Disney estão entre as melhores produções do estúdio, em termos criativos, mas ambas quase arruinaram financeiramente a empresa. *Alice* reteve muitos elementos da cultura inglesa que não foram bem aceitos em outras culturas, enquanto Pinóquio foi retratado usando traje tirolês – uma infelicidade, dado que Collodi passou boa parte de sua vida lutando contra os austríacos!

Essa investigação intercultural desenvolveu-se, então, e passou a comparar histórias escolares – *Tom Brown's Schooldays* e *Coração* – e os romances de aventura de G.A. Henty e Emilio Salgari.

Para mim, o mais interessante em escrever esse livro foi que nossas leituras não eram restritas a uma única abordagem crítica. De fato, nós pudemos observar tudo, de biografia à história cultural e geografia, a cinema e mídia eletrônica – e até mesmo pudemos incluir um encontro ficcional entre Alice e Pinóquio! O livro é, principalmente, da professora Tosi, e espero que consiga demonstrar as possibilidades da cooperação internacional.

Notas

EPÍGRAFE

1. "Tocando uma flauta no vale selvagem / Tocando canções doces e alegres / Vi uma criança surgir nas nuvens, / E ela me disse a sorrir, // "Toque aquela do cordeiro"; / Então toquei com alegria; / "Toque, por favor, a canção de novo." / Então eu toquei, e ela chorou ao ouvir. // "Largue a flauta, tua flauta feliz / E cante canções que tragam alegria!" / Então toquei a mesma canção / Enquanto ela chorou deliciada ao ouvir. // "Flautista, sente-se e escreva / Num livro para que leiam." / Então ela desapareceu; / E eu catei um junco oco, // E fiz uma caneta rústica, / E mergulhei-a nas águas claras / Para escrever as felizes canções / Que toda criança adora ouvir." (Trad. Orlando Ferreira.)

PREFÁCIO

1. Os dados referentes à produção de dissertações e teses sobre literatura infantil no Brasil foram obtidos no precioso artigo de Maria do Rosário Mortatti e Fernando Oliveira, Produção Acadêmica Brasileira Sobre Literatura Infantil (1970-2016): Desafios de um Campo em Constituição, em: Márcia Cabral da Silva; Estela Natalina Mantovani Bertoletti (orgs.), *Literatura, Leitura e Educação (online)*, Rio de Janeiro: EdUERJ, 2017, p. 21-50.
2. Jorge Ruedas de la Serna, El método crítico de Antonio Candido, *História e literatura: Homenagem a Antonio Candido*, Campinas/São Paulo: Editora da Unicamp/Memorial da América Latina/Imprensa Oficial do Estado, 2003, p. 397-415.
3. Ver infra, p. 19.

NOTA INTRODUTÓRIA

1. E. Auerbach, *Mimesis: A Representação da Realidade na Literatura Ocidental*, p. 501-502.
2. Após a queda da monarquia, com a nova constituição política francesa, a família ganha importância central e a criança, um lugar primordial nos textos, especialmente nos chamados "romances infantis" (L. Hunt, op. cit.). Tais romances, ainda assim, não tinham como objetivo representar a infância, mas sim reforçar os valores burgueses da conquista e da transformação. O século XIX, no entanto, abriria espaço para a criança protagonista tanto em obras para leitores adultos como para crianças e jovens.

3. "Mais do que o livro genérico, o livro infantojuvenil se situa ao mesmo tempo no jogo social e no jogo cultural. É um objeto 'breve', mas é também um objeto textual, literário. Seu conteúdo é, em diversos graus, um reflexo da sociedade, das normas e dos valores. Está inscrito no campo da ideologia, em sentido amplo, e é um veículo de mensagem. Transmite uma experiência, uma visão de mundo e seu funcionamento" (D. Escarpit; M. Vagnés-Lebas, op. cit., p.13-14).
4. D. Escarpit, *La Littérature de jeunesse: itinéraires d'hier à aujourd'hui*, p. 73-74.
5. Ver F. Moretti, *The Way of the World*. (Tradução nossa.)
6. Ver G. Lukács, *A Teoria do Romance*.
7. Ver F. Moretti, op. cit., p. 15. (Tradução nossa.)

A REPRESENTAÇÃO DA INFÂNCIA NO ROMANCE, O ROMANCE COMO FABULAÇÃO DA INFÂNCIA

1. Ver S. Freud, Romances Familiares, *"Gradiva" de Jensen e Outros Trabalhos – 1906-1908*.
2. M. Robert, *Romance das Origens, Origens do Romance*, p. 49.
3. A qualificação "infantojuvenil" demanda explicações de ordem terminológica. Estudos do século XX convencionaram que a natureza das obras literárias para crianças e jovens admite uma distinção para cada um desses dois públicos. Assim, obras para crianças seriam "infantis" e para jovens, "juvenis". A opção pelo uso de "infantojuvenil" nesse texto advém de uma explicação histórico-temporal. Se hoje "infantojuvenil" soa anacrônico, em meados do século XIX e no início do século XX a incipiente distinção entre o que era uma criança e um jovem no contexto social permite que o conceito "infantojuvenil" seja melhor empregado.
4. D. Escarpit; M. Vagnés-Lebas, *La Littérature d'enfance et de jeunesse*, p. 209. (Tradução nossa.)
5. I. Watt, *A Ascensão do Romance*, p. 18.
6. Ver L. Hunt, *The Family Romance of the French Revolution*, p. 171-172.
7. De acordo com a pesquisa de Lynn Hunt (ibidem), as mais emblemáticas obras desse período são: *Victor, ou l'enfant de la forêt* (Victor ou O Menino da Floresta, 1797) e *Coelina ou l'enfant du mystère* (Coelina ou A Menina do Mistério, 1798), ambos de Françoise Guillaume Ducray-Duminil (1761-1819); *L'Enfant du carnaval* (A Criança do Carnaval, 1796), de Pigualt-Lebrun (Charles Pigault de l'Epinoy, 1753-1835).
8. E. Auerbach, *Introdução aos Estudos Literários*, p. 355.
9. Ver J. Bardet; O. Faron, Des Enfants sans enfance. Sur les abandonées de l'époque moderne, em E. Becchi; D. Julia (orgs.), *Histoire de l'enfance en Occident*.
10. Ibidem.
11. G. Ottevaere-van Praag, *La Littérature pour la jeunesse en Europe occidentale (1750-1925)*, p. 118-119. (Tradução nossa.)
12. Ver E. Auerbach, *Introdução aos Estudos Literários*, p. 348. Erich Auerbach demonstra como os escritores românticos, diferente do que realiza Hector Malot, idealizaram uma literatura cujo homem se aproximasse do lirismo e da natureza, recompondo um mundo alheio ao racionalismo e ao pragmatismo sem, porém, perceber o descompasso histórico da real condição humana do período, de um mundo injusto e degradante: "[…] Uma profunda decepção, vizinha do desespero, se apoderou das almas delicadas e idealistas quando se viu que, após tantos horrores e sangue derramado, embora fosse verdade que tudo tivesse mudado, o que saíra de todas as catástrofes da Revolução e da época napoleônica não era em absoluto um retorno à natureza virtuosa e pura, mas novamente uma situação inteiramente histórica, bem mais grosseira, mais brutal e mais feia que a que desaparecera; e, sobretudo, quando essas almas se deram conta de que a grande maioria dos homens a aceitava, exercendo ou padecendo a injustiça, a violência e a corrupção, como se não tivesse jamais esperado outra coisa".
13. Ver J. Briggs; D. Butts, The Emergence of Form, em P. Hunt, *Children's Literature*. Nesse artigo os autores afirmam: "O ano 1850 pode ser visto como uma linha divisória na história mercantil do livro como um todo e dos livros infantis em particular. Durante a segunda metade do século XIX, os editores competiam para produzir leitura barata para um mercado em expansão, além de melhorar a qualidade da matéria da leitura popular. O desenvolvimento das publicações para crianças reflete um crescimento demográfico e econômico, bem como uma sociedade mais sensível e responsável pelas necessidades das crianças. As crianças de classe média, que ganhavam livros, agora podiam escolher elas mesmas o que quisessem, e elas tinham uma vasta escolha, uma vez que histórias de aventura, histórias escolares, de *nonsense*,

fantasia e contos de fada, todos ficaram à disposição". (Tradução nossa.)

14. A tradição do romance de aventura na Inglaterra tem como antecessoras obras como *Robinson Crusoé* (1719), de Daniel Defoe (1660-1731) e *As Viagens de Gulliver* (1726), de Jonathan Swift (1667-1745). Uma das diferenças entre os autores reside no fato de que Defoe e Swift não escreviam com o intuito de atingir o leitor infantojuvenil. Para Tadié, o romance de aventura depende, tanto quanto participa, da "fenomenologia da leitura", ou seja, estabelece uma relação de codependência com o leitor: é produzido para ele de tal maneira que não se possa abandonar a leitura, criando um suspense atrás do outro. Por isso, tornou-se um gênero amado pelos leitores, inclusive pelos jovens e crianças (ver J.I. Tadié, *Le Roman d'aventures*, p. 7).

15. Denise Scarpit, em *La Littérature de jeunesse*, p. 241, propõe uma precisa definição sobre o "romance escolar" dentro do contexto da literatura inglesa: "O 'romance escolar' introduz à sua maneira a criança-vítima, intimidada por seus pares, esquecida por seus professores, que experienciam a escola como uma prisão e deve lidar com os conflitos sozinha. A Inglaterra é a pátria do gênero: *Tom Brown's School Days* (Os Dias de Escola de Tom Brown, 1857), de Thomas Hughes, focaliza os valores de formação dos internatos e mantém-se otimista; *Eric* (1858) é um romance pessimista e puritano de F.W. Farram; logo depois, *Stalky & Co.* (1889) de Rudyard Kliping manifesta o anticonformismo contra a instituição escolar". (Tradução nossa.)

16. Uma diferença, no entanto, entre o romance de formação e o de aventura é exatamente a relação entre vida e morte. Para Tadié, o romance de aventura proporciona "o diálogo entre a morte e a liberdade; salvo exceções, um romance de aventura não é trágico: diante da provocação mortal, os homens acham uma saída" (ver J.I. Tadié, *Le Roman d'aventures*, p. 12, tradução nossa).

17. De acordo com o *Dicionário de Termos Literários*, de Massaud Moisés (p. 57): "Modalidade de romance tipicamente alemã, gira em torno das experiências que sofrem as personagens durante os anos de formação ou de educação, rumo à maturidade, fundada na ideia de que 'a juventude é a parte mais significativa da vida [...], é a essência da modernidade, o sinal de um mundo que procura o seu significado no futuro, mais do que no passado' (Moretti). Considera-se o pioneiro nessa matéria o *Agathon* (1766), de Wieland, e o ponto mais alto, o *Wilhelm Meister* (1795-1796), de Goethe, mas a palavra para designar esse gênero de narrativa, *Bildungsroman*, foi empregada pela primeira vez em 1820, por Karl Morgenstern e posta em circulação por Wilhelm Diltey em 1870, na sua *Vida de Scheleiermacher*". E, ainda, no *Dictionary of Literary Terms and Literary Theory*, de J.A. Cuddon (p. 81-82): "Este é um termo mais ou menos sinônimo de *Erziehungsroman* – literalmente romance de 'formação' ou 'educacional'. Muito usado pelos críticos alemães, faz referência a romances que tratam do desenvolvimento da juventude de um herói ou heroína. O romance descreve o processo pelo qual a maioridade é atingida por meio de vários pontos altos e baixos da vida". (Tradução nossa.)

18. M. Mazzari, *Romance de Formação em Perspectiva Histórica: O Tambor de Lata de Günter Grass*, p. 73.

19. J. Briggs; D. Butts, op. cit., p. 150-151. (Tradução nossa.)

20. Ibidem, p. 150. Alguns dos primeiros autores britânicos de romances de aventura na Inglaterra nunca chegaram ao nosso conhecimento. Mas, no período em que publicavam, faziam muito sucesso. Vale a pena citar, por exemplo, o capitão F.W. Marryat, o capitão Mayne Reid (*The Desert Home*), R.M. Ballantyne (*The Coral Island: A Tale of the Pacific Ocean*), W.H.G. Kingston (*Peter the Whaler: His Early Life and Adventures in the Artic Region*) e G.A. Henry (*Union Jack Tales: For British Boys*), a maioria desses escritores com experiências náuticas ou militares.

21. "Durante os anos 1840 em adiante, garotos exploravam regiões remotas, navegavam altos-mares, escapavam de canibais como os peles-vermelhas na companhia de heróis que, mesmo sendo crias de diferentes autores, mantinham uma semelhança entre um e outro e eram, em geral, ganchos nos quais a aventura se pendurava em detrimento de personagens individuais. No começo dos anos 1880, no entanto, algo de estilo completamente diferente apareceu, e um novo marco foi estabelecido na escrita para crianças quando *A Ilha do Tesouro*, de Robert Louis Stevenson (1850-1894) surgiu em Young Folks em 1881-1882 e depois na forma de livro em 1883" (C. Meigs, *A Critical History of Children's Literature*, p. 223, tradução nossa).

22. F.J.H. Darton, *Children's Books in England*, p. 300. (Tradução nossa.)

23. C. Meigs, *A Critical History of Children's Literature*, p. 233. (Tradução nossa).

24. "Em *Stalky & Co.* (1899), Rudyard Kipling criou um humor ácido na escola de um garoto na qual deixa claro como água que, se o propósito da educação de garotos britânicos era realmente prepará-los para governar o império, então os pupilos

mais bem-sucedidos não necessariamente eram aqueles que jogavam cricket, mas sim aqueles que subvertiam o sistema". J. Briggs; D. Butts, p. 159. (Tradução nossa.)
25. Ibidem, p. 154.
26. Alguns autores e obras que também não ficaram conhecidos no Brasil, mas foram pioneiros do gênero: Thomas Hughes (*Tom Brown's Schooldays*, 1857), Frederic W. Farrar (*Eric, or Little by Little*, 1858) e Talbot Baines Reed (*The Fifth Form at St. Dominic's*, 1881).
27. "A aprovação do Ato Educacional de 1870, que previa educação básica para todos, também aumentou o potencial de número de leitores de ficção escolar e até 1880 os editores começaram a divulgar alguns livros como sendo 'histórias escolares' de fato, porque ambos, editores e leitores, tinham claras expectativas sobre o conteúdo de tais histórias". Ibidem, p. 157. (Tradução nossa.)
28. De acordo com os estudos de Franco Moretti (ver *The Way of the World*, p. IX): "Conjuntura revolucionária posta de lado, então, o encontro entre burgueses e aristocratas nestes romances tem um bom tempo de explicação: a burguesia do século XIX deu uma nova função a alguns aspectos do modo de vida aristocrático para sua própria formação cultural – e o *Bildungsroman*, por sua vez, foi a forma simbólica que mais rudimentarmente refletia esse estado de relação". (Tradução nossa.)
29. S. Lerer, *Children's Literature*, p. 107-108. (Tradução nossa.)
30. Ibidem.
31. Vale notar que a obra de Malot foi amplamente difundida na Itália, publicada na importante coleção Biblioteca dei Fanciulli (Biblioteca da Infância), editada por Emilio Treves, sendo *Avventure di Romain Kalbris*, em 1875, e *Senza famiglia*, em 1881. Treves, aliás, foi um dos grandes protagonistas do meio editorial italiano no que diz respeito à publicação de obras francesas de literatura infantojuvenil. Exilado na França por suas convicções liberais em 1854, foi nesse país que tomou conhecimento de um maquinário moderno, capaz de produzir tiragens altas com um valor baixo, as chamadas impressoras rotativas. De volta para a Itália, em Milão, onde a cena editorial era a mais central da Itália recém-unificada, Treves tratou de introduzir não apenas o maquinário novo, mas também obras importantes da literatura francesa como as da Condessa de Ségur e também a coleção criada pelos editores franceses contemporâneos dele, como Pierre-Jules Hetzel. A inserção massiva de obras traduzidas no mercado editorial italiano na segunda metade do século XIX foi um evento ambíguo do ponto de vista histórico. Apesar de significar um diálogo importante entre a Itália e outras culturas europeias, mais avançadas do ponto de vista do desenvolvimento de uma literatura infantojuvenil madura, esse movimento também foi criticado por sufocar um possível *break through* da literatura infantojuvenil italiana de maneira mais autônoma (Ver M. Colin, La Naissance de la littérature romanesque pour la jeunesse au XIXe siècle en Italie; entre l'Europe et la nation, *Revue de littérature comparée*, p. 513).
32. Mariella Colin (Ibidem, p. 509) relembra como alguns países da Europa já entravam na Era de Ouro da literatura infantojuvenil enquanto a Itália ainda buscava sua identidade como cultura coletiva: "Educação do sentimento nacional, da moralização, da instrução e da recusa do romanesco e do maravilhoso: esses são os imperativos pedagógicos de todos os educadores-escritores [*scrittori-pedagogi*], apegados muito mais à obediência religiosa do que ao positivismo laico. Para além das ideologias particulares, as obras dos autores de livros para crianças da Itália liberta continuaram a ser determinadas por essas grandes tendências, ao passo que, na Europa, já começava a surgir aquilo que ficou convencionado de chamar 'a Era de Ouro' da literatura para crianças e jovens, uma vez que a Condessa de Ségur publica *Os Desastres de Sophia* (1859), *Alice no País das Maravilhas* (1865), de Lewis Carroll, *Viagem ao Centro da Terra* (1864), de Jules Verne, e *Da Terra à Lua* (1865), sendo que a única obra que poderia ser considerada um 'romance para a infância' é *Memorie d'un pulcino* [*As Memórias de um Pintinho*, 1875], de Ida Baccini." (Tradução nossa.)
33. G. Ottevaere-van Praag, *La Littérature pour la jeunesse en Europe occidentale (1750-1925)*, p. 122-123.
34. Antonio Faeti, na obra Um Negócio Obscuro: Escola e Romance na Itália, em F. Moretti (org.), *O Romance 1 – A Cultura do Romance*, p. 142, afirma que o romance escolar se tornou um gênero específico da literatura infantojuvenil, além de bastante popular. Caracteriza-se por obras cuja ambientação se dá em escolas, como o próprio nome sugere, em tramas que realçam e estimulam a interação das crianças entre si, restringindo-se o papel do adulto geralmente ao de educador. Tem uma tendência altamente moralista e educativa. Antonio Faeti os descreve como "'antirromances' autônomos que sinalizam para a estrutura do próprio romance, mas que tornam estéril sua proposta, pois aprisionam o fluxo narrativo em escansões didáticas vigorosamente referidas de modo peculiar ao calendário escolar".

NOTAS

35. Reimpresso 68 vezes até 1910, tal número não representava um sucesso editorial, mas sim, era reflexo da imposição das escolas como leitura obrigatória. Ver L.A. Parravicini, *Giannetto*.
36. A. Faeti, op. cit., p. 141.
37. Ver M. Colin, La Naissance de la littérature romanesque pour la jeunesse au xixe siècle en Italie; entre l'Europe et la nation, *Revue de littérature comparée*, p. 513.
38. Ver J. Wullschläger, *Inventing Wonderland*.
39. "De muitas maneiras, a literatura infantil moderna permanece um fenômeno edwardiano. Esse período definiu, até hoje, a maneira como pensamos os livros infantis e a imaginação da criança. Durante os poucos anos de sua duração, essa era produziu um cânone de autores e trabalhos que ainda são poderosas influências na área. Ela forneceu um panorama da imaginação que ainda controla muito a escrita contemporânea. Filtrou obras anteriores através desse panorama a fim de produzir um cânone moderno". S. Lerer, op. cit., p. 253-254. (Tradução nossa.)
40. "Inocência e uma maneira amorosa e confiante são os atributos-chave do período vitoriano tardio e da criança ideal edwardiana. E a beleza ganhara grande importância. Para os moralistas georgianos, a beleza é um defeito positivo em uma criança. O começo do período vitoriano renunciou a comentários, mas seus descendentes a lisonjeavam – "delicado" era um dos adjetivos "favoritos". G. Avery, *Childhood's Pattern*, p. 153. (Tradução nossa.)
41. "Os escritores para crianças dos períodos vitorianos e edwardianos tinham estruturas sociais contemporâneas: a autoconfiança nacional, a suposição de que o *status quo* continuaria, a crença no futuro, o que fez com que a criança fosse um ícone natural, e tudo isso está no pano de fundo. Era o clima perfeito para a Era de Ouro dos livros infantis. Entre 1837, quando a rainha Victoria assumiu o trono, e o começo da Primeira Guerra Mundial, em 1914, quase todos os livros que agora consideramos como clássicos da literatura infantil tinham sido publicados: *As Aventuras de Alice no País das Maravilhas* e *Alice Através do Espelho*, os poemas *nonsense* de Edward Lear, as histórias da personagem Bastable e *The Railway Children* [As Crianças da Estação], de E.E. Nesbit, *O Pequeno Lord* e *O Jardim Secreto*, de Frances Hodgson Burnett, *A Ilha do Tesouro*, de Stevenson, *O Vento nos Salgueiros*, de Kenneth Grahame, *Peter Pan*, de J.M. Barrie, *Os Contos de Pedro, o Coelho*, de Beatrix Potter, e *Stalkey & Co.* e *Just So Stories* [Stalkey & Cia. e Apenas Histórias], de Kipling". J. Briggs; D. Butts, op. cit., p. 16. (Tradução nossa.)
42. J. Wullschläger, op. cit., p. 17. (Tradução nossa.)
43. "O Jardim Secreto já foi descrito como a versão infantil de Jane Eyre; como a culminação de um século de ficção para garotas; um manifesto feminista falido; o primeiro livro para crianças genuinamente do século xx – um livro que atingiu o *status* de clássico graças ao apelo popular em vez do elogio da crítica" (P. Hunt, Introduction, em F.H. Burnett, *The Secret Garden*, p. vii. (Tradução nossa.)
44. Ver S. Lerer, op. cit., p. 256-257. (Tradução nossa.)
45. Ibidem, p. 259. (Tradução nossa.)

"SANS FAMILLE" E O ROMANCE INFANTOJUVENIL REALISTA

1. Apesar de existir uma tradução do romance para o português (*Sem Família*, tradução Virginia Lefèvre, 1970, publicado pela editora Ediouro), trata-se de uma adaptação, ou seja, o texto foi reduzido e simplificado. Portanto, tal versão não foi considerada para fins de citação, tendo sido utilizadas traduções livres dos trechos da obra em francês.
2. "Poço cego" é a expressão usada pelos mineiros para se referirem a uma abertura ou passagem, dentro das minas, no sentido vertical ou fortemente inclinada, feita para conectar um local de trabalho a outro nível mais baixo. Esse sítio dentro da mina será de extrema importância para o desenrolar da narrativa.
3. H. Malot, *Sans famille*, p. 243-245. (Tradução nossa.)
4. Sobre a separação entre os mundos subjetivos e objetivos no romance, ver L.C. Lima, *Vida e Mimesis*.
5. Ver Y. Pincet, Hector Malot, romancier de la jeunesse active et volontaire, *Revue de littérature comparée*.
6. Para uma ênfase ainda maior sobre a intenção do romance como gênero, vale resgatar a definição proposta por Wolfgang Kayser (p. 229), em sua obra *Fundamentos da Interpretação e da Análise Literária*: "A narrativa do mundo 'total' (em tom elevado) chamou-se *epopeia*; a narrativa do mundo particular num tom particular e feita um leitor particular chama-se *romance*. Compreende-se facilmente que, desde sempre, o romance tivesse a tendência a ir buscar no mundo mais prosaico que descreve, precisamente as áreas e motivos envolvidos num clarão poético, já porque são os poucos comuns, os raros: o ladrão, o criminoso, o cigano, o jesuíta, o milionário, para certos

7. Y. Pincet, op. cit., p. 481-482. (Tradução nossa).
8. Aqui, toma-se a liberdade de expandir a ideia de "pacto autobiográfico", especialmente em Philippe Lejeune na obra *Je est un autre* (p. 21, tradução nossa), que o considera como: "o engajamento que faz com que um autor conte diretamente sua vida (ou uma parte dela, ou um aspecto ainda de sua vida) em um espírito de verdade", enquanto o pacto autobiográfico considera autor e leitor, o pacto ficcional consideraria narrador em primeira pessoa e leitor.
9. H. Malot, op. cit., p. 250. (Tradução nossa).
10. Ver P. Lejeune, *Je est un autre*, p. 15.
11. H. Malot, op. cit., p. 11. Para compreender a argumentação da análise, faz-se necessário citar o exemplo na língua original. Em português, a tradução do trecho ficaria da seguinte maneira: "Mas, aos oito anos, eu acreditava que, como todas as outras crianças, eu tinha uma mãe, pois, logo que eu chorava, havia uma mulher que me prendia carinhosamente em seus braços me embalando, que as minhas lágrimas paravam de escorrer".
12. Ver P. Lejeune, *Je est un autre*, p. 22.
13. H. Malot, op. cit., p. 235. (Tradução nossa).
14. Ibidem, p. 251. (Tradução nossa).
15. Y. Pincet, op. cit., p. 484-485. (Tradução nossa).
16. H. Malot, op. cit., p. 39. (Tradução nossa).
17. Ibidem, p. 201. (Tradução nossa).
18. L. Hunt, op. cit., p. 171.
19. Ver M. Bethlenfalvay, *Les Visages de l'enfant dans la littérature française du XIXe siècle*, p. 54.
20. Ver J. Bardet; O. Faron, op. cit.
21. "Apesar de tudo, a maior parte dos resultados converge para confirmar uma afirmação simples: durante o século XVIII e ainda mais na primeira metade do século XIX, o crescimento do número de crianças abandonadas por toda a Europa latina era bem superior ao da população. O ponto de partida desse aumento dramático da exposição de crianças pôde variar de uma região a outra, de um país a outro, mesmo de vila em vila, e, finalmente, se tornou universal. Na França, o fenômeno foi particularmente intenso". Ibidem, p. 120. (Tradução nossa).
22. Ibidem, p. 124-125; 134-135.
23. Ibidem, p. 135-136.
24. Ver M. Chassagnol, *Peter Pan: Figure Mythique*, p. 238 e 243.
25. Ibidem.
26. M. Bethlenfalvay, op. cit., p. 57. (Tradução nossa). A pesquisadora identifica as personagens dos seguintes romances: *Madame Bovary*, de Gustave Flaubert, *Le Lys dans la valleé*, de H. de Balzac, e *Nana*, de Émile Zola.
27. H. Malot, op. cit., p. 24-25. (Tradução nossa).
28. Nessa parte do livro, Rémi já é mais velho do que no início do livro, quando tinha oito anos, aproximadamente. Aqui, nessa segunda parte do livro, supõe-se que o garoto tenha de onze a doze anos.
29. Ver J. Campbell, *O Herói de Mil Faces*.
30. H. Malot, op. cit., p. 114. (Tradução nossa).
31. Ibidem, p. 156. (Tradução nossa).
32. Aqui se faz necessário esclarecer que os leitores de *Sans famille* eram, provavelmente, crianças burguesas, pois seriam as únicas que de fato saberiam ler e teriam acesso a livros. Importante também explicar que, para esse capítulo, foi utilizada a ideia de criança para esse leitor de acordo com os valores da época. Ou seja, a pessoa que ainda não é adulta. O conceito de adolescência – a fase entre a infância e a idade adulta – só será compreendida no século XX, de acordo com Philippe Ariès, na obra *História Social da Criança e da Família* (p. 14): "O primeiro adolescente moderno típico foi o *Siegfried* de Wagner: a música de *Siegfried* pela primeira vez exprimiu a mistura de pureza (provisória), de força física, de naturismo, de espontaneidade e de alegria de viver que faria do adolescente o herói do nosso século XX, o século da adolescência".
33. Ver J. Campbell, op. cit.
34. "Mas dado que a polarização domina a mente da criança, também domina os contos de fada. Uma pessoa é boa, ou má, sem meio-termo. Um irmão é tolo, o outro é esperto. Uma irmã é virtuosa e trabalhadora, as outras são vis e preguiçosas. Uma é linda, as outras são feias" (B. Bettelheim, *A Psicanálise dos Contos de Fadas*, p. 17).
35. Outro romance da segunda metade do século XIX que se propõe descrever a jornada de um herói "abandonado", desde sua infância até a idade madura, é *Histoire d'un homme du peuple*, escrito por Émile Erckmann-Chatrian (1822-1899) e publicado apenas alguns anos depois de *Os Miseráveis*, de Hugo, em 1865. No romance de Erckmann-Chatrian, o herói Jean-Pierre Clavel é enviado da pequena cidade de Saverne para grande Paris por seus pais adotivos a fim de que aprenda uma profissão. Além de o leitor acompanhar a trajetória do menino para se tornar um homem, testemunha-se também o ingresso do jovem adulto nos movimentos revolucionários que culminarão com os conflitos de 1848. Apesar de os romances de Erckmann-Chatrian e Malot guardarem algumas

semelhanças – a criança abandonada, a jornada do herói, o trabalho como valor edificante, claramente Malot não segue um caminho do homem político no que diz respeito ao destino de seus heróis. A mudança que Malot propõe está mais associada ao âmbito subjetivo, digamos, burguês – a ascensão do indivíduo na sociedade – do que a uma ideia de transformação coletiva. Ou seja, diferentemente de Jean-Pierre, que luta pela mudança social, Rémi está em busca de uma oportunidade no mundo burguês.

36. Vale notar que a sensível diferença entre Gavroche e Rémi é que, enquanto o primeiro questiona a organização social, o segundo conecta-se ao ideal burguês de ascensão social. Rémi busca a estabilidade da burguesia, enquanto Gavroche une-se àqueles que se sentem usurpados pela ordem social desigual. Esse tema poderia render uma pesquisa bastante interessante, o dos "meninos revolucionários e suas revoluções", porém, não caberia neste trabalho.

37. G. Lukács, op. cit., p. 120.

38. Ver G. Ottevaere-van Praag, *La Littérature pour la jeunesse en Europe occidentale [1750-1925]*.

39. Ver D. Escarpit; M. Vagnés-Lebas, op. cit., p. 25. (Tradução nossa.)

40. Ibidem, p. 25. (Tradução nossa.)

41. A título de curiosidade, o último momento de ruptura pós-1881 para a literatura infantojuvenil francesa se deu em 1968 com a promulgação de mais uma lei para a educação, dessa vez baixando a idade obrigatória para frequentar a escola para três anos de idade. Com isso, o campo editorial responde de maneira rápida com livros indicativos para faixas etárias específicas, obedecendo o desenvolvimento escolar das crianças e dos jovens (Ibidem, p. 26).

42. E. Auerbach, *Mimesis: A Representação da Realidade na Literatura Ocidental*, p. 445.

43. "[...] o realismo devia abranger toda a realidade da cultura contemporânea, na qual, embora predominasse a burguesia, as massas já começavam a pressionar ameaçadoramente, à medida que se tornavam cada vez mais conscientes da sua própria função e do seu poder" (Ibidem, p. 447).

44. "Levam a vida de burgueses remediados, moram confortavelmente, comem do bom e do melhor e se entregam ao gozo de todos os deleites da sensibilidade mais elevada, como a sua existência nunca se vê ameaçada por grandes estremecimentos e perigos, o que surge é, não obstante todo o gênio e toda a insubornabilidade artística, um quadro de conjunto singularmente mesquinho, o do grão-burguês egocêntrico, preocupado com conforto estético, nervoso, torturado pelos aborrecimentos,

maníaco enfim – só que a sua mania chama-se, no seu caso, 'literatura'" (Ibidem, p. 455).

45. Ibidem, p. 459.

46. As três fontes de Zola para *Germinal*, de acordo com Zakarian: *Sans famille*, *Le Grisou*, de Maurice Talmeyer (1880), e *L'Enfer social*, de Yves Goyot (1882). Ver R.H. Zakarian, *Zola's Germinal: A Critical Study of its Primary Sources*, p. 6.

47. É válido mencionar, no entanto, que essa interpretação inovadora sobre a obra de Malot não tem consenso de crítica. Malot é considerado escritor do *roman populaire*, ou seja, do "romance popular". O caráter maniqueísta e o tom exagerado do texto, além dos aspectos frágeis no âmbito psicológico – ainda que se destacando de seus antecessores –, lhe impossibilitaram ser considerado um autor – para usar o jargão editorial – de "primeira linha".

48. "De 1750 a 1850, o livro infantil é mais frequentemente baseado em estruturas estereotipadas. É reduzido a uma separação rígida e sistemática entre o bem e o mal e se esforça para promover o triunfo do bem através de um herói cujo valor simbólico supera a força vital. Em suma, por seu esquematismo, este livro [*Sans famille*] oferece muito pouco elementos à crítica literária. Mesmo depois de 1850, um número muito grande de histórias infantis continuam a ser desenvolvidas no modelo anterior, isto é, de acordo com um binariedade esclerosante muito parecida com o princípio dicotômico escrupulosamente respeitado pela novela popular: de um lado o bem, o belo, a justiça, do outro o maligno, o feio, a culpa, aqui a criança vítima e fraca, lá o adulto forte e malvado (Ver G. Ottevaere-van Praag, *La Littérature pour la jeunesse en Europe occidentale [1750-1925]*, p. 212).

49. H. Malot, op. cit., p. 246. (Tradução nossa.)

50. Ibidem, p. 260. (Tradução nossa.)

51. "Por outras palavras: os três gêneros do romance são o *romance de acção*, o *romance de figura* e o *romance de espaço*". E ainda: "O que importa precisamente é a exposição do mundo múltiplo, de todos os lados. O mosaico, a adição, é o necessário princípio de construção, e a abundância de cenários e figuras novas constitui característica intrínseca". E por fim: "O romance de espaço recebe especial colorido e, simultaneamente, uma delimitação por altura do século XIX. Como finalidade surge afora a representação deste mundo actual, contemporâneo – muitas vezes só de um setor nitidamente delimitado. O que correntemente se designa por *romance de época* e *romance de sociedade* são apenas tipos especiais do romance de espaço" (W. Kayser, op. cit., p. 230, 235 e 236).

52. W. Iser, O Jogo do Texto, em L.Costa Lima, *A Literatura e o Leitor*, p. 107.
53. Outro tema bastante abordado na análise da literatura infantojuvenil é a obrigatoriedade – ou não – do final feliz, de modo a evitar a decepção no leitor criança, uma maneira de "protegê-la" de "sentimentos ruins". É sabido que a literatura infantil mais tradicional almeja o final feliz como uma estratégia de poupá-la de temas polêmicos. Porém, essa visão tem mudado, especialmente na virada do século XXI, o que torna livros como *Sans famille* datados. Para ilustrar o argumento, ver o depoimento de Peter Hunt, em sua obra *Crítica, Teoria e Literatura Infantil*, acerca da literatura infantojuvenil contemporânea. O crítico afirma que as obras mais atuais abdicam desse recurso "clichê" para introduzir ao público infantojuvenil assuntos delicados, como morte e abandono. Certamente, *Sans famille* também aborda a morte e o abandono, além de conter passagens que poderiam ser questionadas hoje por seu caráter violento em relação às personagens crianças. Mas o sacrifício vale pela redenção final.
54. Ver D. Escarpit, op. cit., p. 237. Para efeitos de curiosidade, o historiador Jean de Trigon, em sua obra *Histoire de la littérature enfantine* (p. 124) informa no capítulo "L'Enfance malheureuse: Malot" que, em uma carta encontrada nos arquivos da editora Hachette, Hetzel pedia a Malot para que escrevesse um romance cuja personagem criança atravessasse a França, o que dava a entender que a intenção primeira do romance seria apresentar as regiões da França para os leitores iniciantes, partindo, então, de um princípio claro do que hoje se chamaria de "encomenda literária". (Tradução nossa.)
55. "Para além da dimensão iniciática dos romances de Malot, os jovens leitores também podem ser tocados pelas representações da infância e educação que lá estão: as de jovens próximos da natureza, educados de acordo com os princípios pedagógicos motivacionais. […] Criados em ambientes naturais, as personagens jovens de Malot são fundamentalmente boas. […] Assim, a representação da infância refletida pelas jovens personagens de Malot é próxima daquilo que inspirou Rousseau". Y. Pincet, op. cit., p. 486. (Tradução nossa.)
56. H. Malot, op. cit., p. 239. (Tradução nossa.)
57. Ibidem, p. 267-268. (Tradução nossa.)
58. G. Lukács, op. cit., p. 102.
59. Ver E.M. Forster, *Aspectos do Romance*.
60. Ibidem, p. 66.
61. Ibidem, p. 69-70.
62. Ver Anne-Marie Cojez, Hector Malot et l'écriture dickensienne, *Perrine: Revue em ligne de l'Association des amis d'Hector Malot*, p. 2.
63. Ibidem, p. 4. (Tradução nossa.)
64. Ibidem, p. 8. (Tradução nossa.)
65. Ver Y. Pincet, op. cit., p. 490.
66. J.P. Sartre, *As Palavras*, p. 36.
67. Outras personagens surgiram posteriormente na literatura infantojuvenil a partir da obra de Malot, não apenas caracterizando a "criança-vítima", mas sim a criança enferma, como explica D. Escarpit (ver op. cit., p. 241): "*Sans famille* também apresenta uma outra visão da criança-vítima, aquela da criança doente que será personagem central dos romances de Mme. de Pressensé; em *Jean l'innocent* (João, o Inocente, 1887), Mme. Colomb explorou o tema da criança deficiente intelectualmente e, em *La Fille de Carilés* (*A Filha de Carilés*, 1874), o tema da criança educada por boêmios e que por isso sofrerá na pele; e em Jules Renard, o tema da criança maltratada em *Poil de Carotte* (*O Ruivinho*, 1984)".
68. Vale lembrar que outro romance da época que desenha a sociedade francesa em todo o seu território, acentuando as nuances de cada região e tentando abarcar a maior gama de tipos sociais possíveis, foi *A Comédia Humana* (1829-1846), de Honoré de Balzac.
69. Ver F. Caradec, *Histoire de la littérature enfantine*.
70. Ver H. Malot, *Le Roman des mes romans*.
71. Ibidem.
72. Idem, *Sans famille*, p. 267. (Tradução nossa.)

AS TRANSFORMAÇÕES DE PINÓQUIO

1. Vale notar desde já que a Fada dos Cabelos Turquesa representa uma figura importante para uma série de questões abordadas neste capítulo. Questões que vão da discussão do gênero "conto de fada", pelo qual o livro de Collodi é muitas vezes classificado, como pela própria função da fada na narrativa. Por ora, basta mencionar que, nos contos de fada tradicionais, essas geralmente representam a mãe substituta – especialmente para os heróis órfãos – como a figura que cria atalhos para o herói em sua jornada, ajudando-o em situações de perigo (ver A. Jolles, *Formas Simples*).
2. C. Collodi, *As Aventuras de Pinóquio*, p. 255-256.
3. Ibidem, p. 255.
4. Ibidem, p. 262-263.
5. Ibidem, p. 265.
6. A título de curiosidade, o editor italiano Renato Bertacchini, em sua obra *Le "avventure" ritrovate*:

Pinocchio e gli scrittori italiani del Novecento (p. 229, tradução nossa) propôs cinco perguntas sobre o romance *As Aventuras de Pinóquio* para 63 escritores italianos. As perguntas eram: "Voltando um pouco na memória, quando e como aconteceu seu encontro com Pinóquio?", "O que você acha de Pinóquio agora que é adulto?", "O boneco Pinóquio lhe parece uma personagem poética, rica e autêntica do ponto de vista da invenção?", "Qual sua outra personagem favorita no romance?", "De acordo com uma afirmação de A. Asor Rosa, Pinóquio, esse 'boneco-povo-Itália', amadurecido pela dor e pela infelicidade, representa uma das poucas e verdadeiras 'pesquisas de identidade nacional'. Você está de acordo?". Dentre as inúmeras preciosidades encontradas no livro, destaque para o depoimento do escritor e designer Bruno Munari (1907-1998): "Pensando como adulto sobre Pinóquio fiz a seguinte consideração: o homem nasce livre e completo (e não como uma marionete) e depois, com a educação equivocada, e com os bons conselhos recebidos dos pais para o bem de suas crianças, com o ensino da religião e assim por diante, esse homem nascido livre se torna uma marionete e cada fio que a move é manipulado pela sociedade que o condiciona".

7. C. Collodi, op. cit., p. 263-264.
8. Ibidem, p. 266.
9. S. Freud, Além do Princípio do Prazer, *História de Uma Neurose Infantil ("O Homem dos Lobos"), Além do Princípio do Prazer e Outros Textos – 1917-1920*, p. 166.
10. C. Collodi, op. cit., p. 275.
11. C.S. Nobili, Inferno, em G.M. Anselmi; G. Ruozi (orgs.), *Luoghi della letteratura italiana*, p. 226. (Tradução nossa.)
12. C. Collodi, op. cit., p. 270-271.
13. No Brasil, essa personagem seria o Homem do Saco, uma figura medonha que anda com um saco de estopa nas costas, recolhendo crianças que ficam longe de adultos ou que, até mesmo, são entregues pelos pais por serem desobedientes. Na Europa, especialmente em Portugal, essa figura é mais conhecida como Homem do Surrão. Mas pode-se sim dizer que a figura está difundida no imaginário da maioria dos países europeus (ver J.C. Alves, *Abecedário de Personagens do Folclore Brasileiro*, 2017.)
14. C. Collodi, op. cit., p. 273.
15. Ibidem, 276.
16. Ver G. Manganelli, *Pinóquio: Um Livro Paralelo*, p. 157.
17. C. Collodi, op. cit., p. 282-283.
18. Ver G. Lukács, op. cit., p. 138.
19. Ibidem, p. 138.
20. Ibidem, p. 139-140.
21. Ver W. Benjamin, op. cit., p. 85.
22. Ibidem, p. 21-22.
23. No mesmo livro, Benjamin dedica um artigo à educação didática e à moral/ética, intitulado "O Ensino de Moral". Nele, o autor pondera sobre a diferença entre a educação didática e a moral: "De imediato, impõe-se uma conclusão: uma vez que o processo de educação ética contradiz, por princípio, toda racionalização e esquematização, então ele não pode ter nenhuma afinidade com o ensino didático. Pois esse representa, também por princípio, o instrumento de educação racionalizado". Ou seja, o "estudar por estudar", a sistematização do conhecimento aniquila a oportunidade de o indivíduo refletir sobre sua própria sociedade e conhecimento coletivo (Ibidem, p. 14).
24. G. Manganelli, op. cit., p. 157.
25. A história do boneco de madeira foi inicialmente escrita apenas com os quinze primeiros capítulos, sendo que, no último, Pinóquio é enforcado em uma árvore e deixado lá para morrer. Esse trecho será bem mais bem explicado ao longo do capítulo.
26. Ver E.M. Forster, op. cit.
27. C. Marini, *Pinocchio nella letteratura per l'infanzia*, p. 120. (Tradução nossa.)
28. Ver F. Cambi, *Collodi, De Amicis, Rodari: tre immagini d'infanzia*, p. 34.
29. Ibidem, p. 36. (Tradução nossa.)
30. C. Collodi, op. cit., p. 262.
31. Ferroni comenta a questão: "Nos primeiros cinquenta anos de unificação, o problema da comunicação linguística nacional se revelou cada vez mais um problema social e cultural: as imensas dificuldades encontradas pela educação linguística não derivavam tanto da escolha de modelos a serem usados mas sim das condições muitas vezes assustadoras de atraso e miséria. O progresso parcial só foi possível pela melhoria das condições de vida. O confronto entre as várias realidades dialetais teve efeitos profundos no desenvolvimento da língua italiana; enquanto uma função essencial, na elaboração de uma forma linguística 'média', eram os jornais as primeiras formas de comunicação de massa. A mais ampla circulação social das formas linguísticas operou nas mais diversas direções e, entre outras coisas, criou, especialmente no léxico, o novo mundo da tecnologia e dos objetos industriais; e daí a difusão de uma linguagem suntuosa, áulica e retórica de massa (tão diferente da do classicismo tradicional)". G. Ferroni, *Storia della letteratura italiana: dall'Otocento al Novecento*, p. 327. (Tradução nossa.)

32. Ver E. Gioanola, *La letteratura italiana, Tomo II*, p. 47. (Tradução nossa.)
33. A. Gramsci, *Literatura e Vida Nacional*, p. 63.
34. Em *Cartas do Cárcere*, uma coletânea de cartas endereçadas a familiares e amigos e publicada primeiramente em 1947 de maneira parcial, Gramsci produziu um rico repertório de documentos ao longo dos dez anos em que ficou preso (1926-1937). O interesse aqui se volta para a carta do dia 27 de junho de 1932, cujo destinatário era seu filho Delio, então com sete anos de idade, escrita na penitenciária de Turim. Nessa carta, Gramsci faz um comentário sobre uma edição ilustrada de *As Aventuras de Pinóquio* por Attilio Mussino: "Uma edição ilustrada pelo pintor Attilio Mussino existe mas, se bem me lembro, as ilustrações não são bem feitas, ou ao menos não me agradaram tanto. Eu tinha formado, desde menino, uma imagem minha de Pinóquio e ver depois uma materialização que era diferente daquela fantasia minha me indispunha e me revoltava" (A. Gramsci, *Lettere dal carcere*, tradução nossa). Em uma outra carta, ainda da penitenciária de Turim, em 11 de junho de 1933, Gramsci cita novamente o romance, dessa vez dizendo que está enviando um exemplar "de *Pinóquio*, além da novela *Rikki-Tikki-Tavi*", de Rudyard Kipling (ibidem, tradução nossa). E a última vez que o romance de Collodi foi mencionado é em uma outra carta endereçada aos filhos perguntando se receberam o exemplar ilustrado do romance e se gostaram das ilustrações.
35. Ibidem, p. 64.
36. Ver E. Zago, Carlo Collodi as Translator: From Fairy Tale to Folk Tale, *The Lion and the Unicorn*, p. 63.
37. Escreve Fanciulli: "Entre nós, embora os começos sejam atrasados pelas razões já mencionadas, a linha de desenvolvimento é semelhante à que se seguiu na Alemanha. Em primeiro lugar, as traduções e imitações de obras estrangeiras foram impostas, pertencentes aos 'contos morais'; e então, quando a produção de livros originais começou, a tendência pedagógica prevaleceu, tanto pelo hábito desses modelos quanto pela urgência de ter que providenciar a educação renovada dos italianos, tendo em vista os novos tempos". E, ainda: "Collodi (1826-1890), com seu famoso *Aventuras de Pinóquio*, abre um segundo período, no qual a arte prevalece. O elemento educacional brilha e funciona apenas através de uma fantasia brincalhona, e às vezes parece ter perdido tudo". G. Fanciulli, *Scrittori e libri per l'infanzia*, p. 22-23. (Tradução nossa.)
38. Que não fique esquecido o comentário famoso do escritor Massimo d'Azzeglio: "Agora que fizemos a Itália, precisamos fazer italianos". E. Zago, op. cit., p. 63. (Tradução nossa.)
39. G. Ferroni, op. cit., p. 325. (Tradução nossa.)
40. "Essa obra-prima parece oferecer à nova Itália o legado fantástico de um mundo arcaico no qual a infância não era uma ilha feliz, mas um espaço de sofrimento e miséria, de difícil luta pela vida, de primeiro confronto com inquietação e terrores: e o livro também deve o seu charme ao fato de que rejeita toda imagem açucarada do mundo da criança. Seu ritmo narrativo vivo e animado, sua carga comunicativa, presente nos momentos mais visionários, repousa em uma prosa simples e cordial, em um florentino ágil e concreto, feito de coisas e objetos, longe do assédio dos modelos 'manzonianos'". Ibidem, p. 419. (Tradução nossa.)
41. Ver L. Volpicelli, *La verità su Pinocchio e saggio sul "Cuore"*, p. 109. (Tradução nossa.)
42. Ver E.M. Meletínski, *Os Arquétipos Literários*, p. 94.
43. Em Pinóquio esse momento é metaforizado pela transformação do boneco de madeira em menino, na versão definitiva do romance de 1883.
44. Ver M. Colin, Les Aventures de Pinocchio de Carlo Collodi, *L'Âge d'or de la littérature d'enfance et de jeunesse italienne*.
45. "A verdade de Pinóquio ressoa, sobretudo, e isso é o que mais importa, em sua representação moral. Pinóquio é um menino que se opõe aos meninos da literatura infantojuvenil anterior, mesmo os melhores, que todos tinham em si algo de uniforme, um bem necessário, esquemático, obediente a um cânone pedagógico. O caminho para Pinóquio é aberto por *Giannettino*; mas se alguém observa como esse menino se transforma rapidamente e se submete à vigilância e aos ensinamentos do professor Dr. Boccadoro, nota-se qualquer coisa tradicional, uma certa pressa de Collodi para chegar a esse estado de bem que era a *ubi consistam* da literatura infantojuvenil. *Giannettino* é um livro que, antes de tudo, é instrutivo, depois educativo. *Pinóquio*, em vez disso, é um livro unicamente e sobretudo educativo. Não pretendia, além disso, ser adotado como um texto subsidiário das escolas; deve ter sido apenas uma literatura agradável. E Collodi para essa liberdade fez uma obra de arte". A. Michieli, *Commento a Pinocchio*, p. 94. (Tradução nossa.)
46. C. Collodi, op. cit., p. 285-286.
47. Ver A. Michieli, *Della letteratura per l'infanzia e la fanciullezza*, p. 45.
48. Ver E. De Amicis, *Coração*, p. 335-342.
49. Ver A. Faeti, O Pequeno Vigia e o Bonde Puxado a Cavalo, em E. De Amicis, *Coração*, p. 338-339.
50. Ibidem, p. 340-341.

51. Como para Anna Maria Favorini: "Pinóquio não é um conto de fada como qualquer outro, tem sua própria natureza singular, precisamente por seu equilíbrio quase perfeito entre o mundo quimérico da inventividade pura e o da humilde realidade cotidiana, com seus problemas, suas dificuldades. Isso dá a medida da natureza toscana de Lorenzini e reflete o ambiente histórico-cultural em que se escreveu a fábula, a segunda metade do século passado, caracterizada pela corrente estético-romântica". A.M. Favorini, L'Avventura educativa di Pinocchio, *Quaderni della Fondazione Nazionale "Carlo Collodi"*, p. 17. (Tradução nossa.)
52. C. Collodi, op. cit., p. 273.
53. Ibidem, p. 258.
54. Ibidem, p. 274.
55. Ibidem, p. 280.
56. Ibidem.
57. O conto dos três porquinhos se popularizou na Europa no começo do século XX com a edição proposta pelo australiano radicado na Inglaterra Joseph Jacobs. Porém, a história de fato já aparece em diversas coletâneas de fábulas.
58. Ibidem, p. 288.
59. A título de curiosidade, os irmãos Paggi foram responsáveis pela publicação de *Memorie d'un pulcino*, de Ida Baccini (1875), considerado um dos poucos romances italianos verdadeiros escritos para as crianças no século XIX, mas que não acrescenta quase nada para o desenvolvimento intelectual e criativo dos leitores, além de *As Aventuras de Pinóquio*, que também será publicado pelos mesmos editores em forma de romance (Ver M. Colin, Les Aventures de Pinocchio de Carlo Collodi, em *L'Âge d'or de la littérature d'enfance et de jeunesse italienne*, p. 509. Dos dois irmãos era Sandro Paggi o editor que reconhecia a importância – e a oportunidade mercadológica – de fomentar o mercado editorial de livros infantojuvenis com viés escolar. Sua livraria Felice Paggi Librario – Editore em Florença, era referência para a compra de material didático e escolar, além de obras francesas e alemãs (Ver C.I. Salviati; A. Cecconi, *Paggi e Bemporad*, p. 94).
60. Um pequeno *close* no mercado editorial italiano da época revela os livros europeus que já eram traduzidos para o italiano ou, ao menos, tinham versões acessíveis para o leitor, sendo a literatura francesa a mais difundida. Da literatura francesa, os leitores achavam disponíveis *La biblioteca dei fanciulli* (versão italiana de *Le Magasin des enfants*, de Mme. Leprince de Beaumont), *Il teatro ad uso delle fanciulle* (também a versão italiana para a obra francesa *Théâtre à l'usage des jeunes personnes*, de Mme. de Genlis) e *L'amico dei fanciulli* (*L'Amie des enfats*, Armand Berquin). Das obras pertencentes à língua inglesa, podia-se encontrar *Ivanhoe* (*Ivanhoé*, de Walter Scott), *L'ultimo dei mohicani* (*O Último dos Moicanos*, de Fenimore Cooper), *Oliver Twist* e *Le memorie di David Copperfield* (*David Copperfield*, de Charles Dickens), além de *La capanna dello zio Tomaso* ou *La schiavitù* (*A Cabana do Pai Tomás*, de Harriet Beecher Stowe), além de obras importantes publicadas ao mesmo tempo de seus países de origem, como *L'Isola del Tesoro* (*A Ilha do Tesouro*, 1883) de R.L. Stevenson e *Un piccolo lord* (*Little Lord Fauntleroy*, 1887), de F. Burnett. Essas obras representavam um tipo de publicação distinto daqueles voltados essencialmente para o universo escolar (ver M. Colin, Les Aventures de Pinocchio de Carlo Collodi, *L'Âge d'or de la littérature d'enfance et de jeunesse italienne*, p. 511-512).
61. Ver E. Zago, op. cit., p. 61; C.I. Salviati; A. Cecconi, op. cit., p. 95.
62. Importante dizer que Colin refuta essa ideia. Justamente pela exigência de uma rigidez quanto à moral do sistema educacional, na visão de Colin, tais textos como contos de fada e folclóricos eram rejeitados pelas escolas por provocarem a imaginação das crianças. As duas ideias, porém, não necessariamente são antagônicas, uma vez que se faz necessário considerar dois ambientes: o escolar e o do mercado. Ver M. Colin, Les Aventures de Pinocchio de Carlo Collodi, em *L'Âge d'or de la littérature d'enfance et de jeunesse italienne*, p. 509.
63. Ver E. Zago, op. cit., p. 65. (Tradução nossa.)
64. Ibidem, p. 66. (Tradução nossa.)
65. J. Zipes, Carlo Collodi's Pinocchio as Tragic-Comic Fairy Tale, *When Dreams Came True*, p. 181-182. (Tradução nossa.)
66. "Tipo humano e estrutura da ação, portanto, são condicionados aqui pela necessidade formal de que a reconciliação entre interioridade e mundo seja problemática mas possível; de que ela tenha de ser buscada em penosas lutas e descaminhos, mas possa no entanto ser encontrada" (G. Lukács, op. cit., p. 138).
67. Ver B. Bettelheim, op. cit., p. 17.
68. Ibidem, p. 101-102.
69. Ver B. Croce, op. cit.
70. Ver L. Volpicelli, *La verità su Pinocchio e saggio sul "Cuore"*. Uma outra pesquisa interessante, porém, sem espaço neste trabalho, seria fazer o caminho inverso: quais personagens da literatura universal surgiram a partir de Pinóquio. Menciono aqui apenas uma obra, a título de curiosidade, surgida na Alemanha, no começo do século XX: *Zäpfel Kerns Abenteuer* (1905), escrita por Otto Julius Bierbaum

(1865-1910) é descaradamente uma adaptação estilizada da obra de Collodi para o universo germânico. O exemplo demonstra, ainda, como *As Aventuras de Pinóquio* não foi um sucesso editorial restrito à Itália (Ver R. Wild, *Geschichte der deutschen Kinder- und Jugendliteratur*, p. 193).
71. H.C. Andersen, O Soldadinho de Chumbo, *Obra Completa: Histórias e Contos de Fadas*, p. 182.
72. C. Collodi, op. cit., p. 286 e 288.
73. H.C. Andersen, op. cit., p. 185-186.
74. C. Collodi, op. cit., 2012, p. 303-304.
75. A título de curiosidade bibliográfica, registra-se que a pesquisadora Ester Zago se debruça sobre as intenções de Collodi para com o uso do toscano e chega a uma conclusão polêmica. Para ela, o uso do toscano por Collodi está associado a um sentimento patriótico de unidade do povo italiano: "O uso que Collodi fez das expressões toscanas pode ser lido como uma escolha política e não estética. Ele era um florentino; já sabia como explorar a riqueza do idioma toscano. Mas ele também era um patriota e, para a *intelligentsia* italiana, o uso do dialeto toscano, tão próximo do italiano literário, representava a unidade do povo italiano; era o vernáculo que Dante tinha escolhido para sua *Divina Comédia*" (E. Zago, op. cit., p. 66, tradução nossa). Certamente, havia uma intenção política de afirmação pelo uso do italiano toscano em Collodi, mas também vale a pena lembrar que o autor nasceu na região e, durante o período de sua formação intelectual, esteve exposto a essa linguagem. Assim, pode-se arriscar a dizer que, para Collodi, o toscano era sua referência de língua materna.
76. Ver Mariella Colin, Les Aventures de Pinocchio de Carlo Collodi, em *L'Âge d'or de la littérature d'enfance et de jeunesse italienne: des origines au fascism*, p. 507.
77. Apesar da longa citação, vale a pena ler as palavras de Benedetto Croce acerca do lugar de *Pinóquio* em meio aos livros publicados no mesmo ano e como o romance de Collodi se destaca: "O 1883, tive ocasião de notar, foi um dos anos mais verdadeiramente férteis da literatura da nova Itália, pois vieram à tona, todas ao mesmo tempo, algumas das brilhantes obras de Carducci, Verga, Serao, D'Annunzio, Di Giacomo e de outros. E é daquele ano também o livro mais bonito da literatura infantil italiana, *Pinóquio* de Collodi. Poder-se-ia passar em silêncio nessa história literária? Sim, se pertencesse à literatura infantil especial e comum calculada para as crianças, porque neste caso seria um produto pedagógico ou de outra forma mais ou menos qualificado, desprovido de vida e valor artístico. Mas Pinóquio, que é tão popular e apreciado pelas crianças, também é apreciado pelos adultos, e não pela memória do prazer que eles outrora sentiram, ou não só por isso, mas por eles mesmos. É um livro humano, e encontra os caminhos do coração. O autor começou a escrever aquele bizarro conto das aventuras de um fantoche de madeira para atrair a curiosidade e a imaginação das crianças e administrar, através desse interesse, observações e admoestações morais: aqui e aí permanecem, de fato, algumas poucas e pequenas acentuações pedagógicas" (B. Croce, op. cit., p. 452, tradução nossa).
78. Mais uma vez, Michieli ajuda a compreender essa linha de pensamento: "Embora, como se acredita, Collodi não tenha proposto na composição uma clara tese de educação moral, e não pode ser estabelecido o quanto um objetivo educacional teve qualquer preponderância sobre o mais contingente e prático para entreter a numerosa audiência de leitores, certamente era por seu temperamento artístico e por sua sensibilidade jornalística que a consciência de que tinha que ser um livro para crianças já havia amadurecido nele. Collodi criou a obra-prima em si e viveu ali como objetivo por meio de outros livros infantis: *Giannettino* e *Minuzzolo*, que iniciaram a reação que *Pinóquio* traz ao máximo do desenvolvimento." A. Michieli, *Della letteratura per l'infanzia e la fanciullezza*, p. 56-57. (Tradução nossa.)
79. Ver S. Marx, *Le avventure tedesche di Pinocchio*, p. 12.
80. A tradução usada aqui como referência (ver C. Collodi, op. cit.) nem sempre obedeceu a esses componentes da linguagem original. Portanto, o texto fica em italiano com a sugestão de tradução da edição referenciada para maior compreensão do argumento.
81. Ibidem, p. 8.
82. Ibidem, p. 116.
83. Ibidem, p. 227.
84. Ibidem, p. 21.
85. Ibidem, p. 313.
86. Ibidem, p. 259.
87. Ibidem, p. 264-265.
88. Ibidem, p. 266.
89. Ibidem, p. 227.
90. Ibidem, p. 209.
91. Ibidem, 240.
92. Ibidem, p. 24.
93. S. Marx, op. cit., p. 12.
94. Ibidem, p. 13.
95. Ver C. Collodi, op. cit., p. 62.
96. Ibidem, p. 112.
97. S. Marx, op. cit., p. 13.
98. Ver C. Collodi, op. cit., p. 345.
99. Ibidem, p. 276.

PETER E WENDY: INVERSÃO DO FAZ DE CONTA; A REALIDADE DELIRANTE

1. Ver J. Wullschläger, *Inventing Wonderland*, p. 12.
2. Elementary Educational Act de 1870 é um documento público e está disponível no site da British Library, no endereço: <https://www.bl.uk/>.
3. A simbiose entre a Terra do Nunca e Peter Pan é evidente desde o começo da história. No capítulo 5 "A ilha vira realidade", porém, a questão fica mais explícita: "Sentindo que Peter estava de volta, a Terra do Nunca tinha retornado à vida. Devíamos usar o mais-que-perfeito simples e dizer que ela 'retornara', mas 'tinha retornado' soa melhor e era o que Peter sempre usava. Na sua ausência, geralmente as coisas ficam tranquilas na ilha. As fadas dormem uma hora a mais toda manhã, as feras cuidam dos filhotes, os peles-vermelhos comem bastante, seis noites e seis dias seguidos, e quando os piratas e os meninos perdidos se encontram só trocam caretas e gestos indecentes. Mas com a chegada de Peter, que detesta pasmaceira, tudo recomeça a acontecer o tempo todo: se você encostar o ouvido no solo, pode escutar a ilha toda fervilhando" (J. Wullschläger, op. cit., p. 70. Tradução nossa).
4. Sobre a figura feminina nos romances vitorianos, as meninas são caracterizadas por serem subservientes – muitas vezes em relação à figura masculina –, porém, também representam o bastião da moral e do não conflito disruptivo. Peter Hunt comenta o tema: "Livros para meninas naturalmente refletem a subserviência e muitas vezes o ideal feminino vitoriano do sacrifício, do anjo da casa. [...] A autonegação do feminino era a norma, e onde havia uma rebelião esta era resolvida pelo reestabelecimento da autoridade (normalmente masculina)" (ver P. Hunt, Introduction, em F.H. Burnett, *The Secret Garden*, 2011, p. x. Tradução nossa). Nesse contexto, Wendy contém os atributos para representar tanto a moral educacional esperada pelas crianças da época, como também a mulher dependente da figura masculina para estabelecer-se como indivíduo, identificando-se com a construção idealizada da menina do período vitoriano.
5. Ver J. Wullschläger, op. cit., p. 109.
6. S. Lerer, op. cit., p. 254.
7. Ibidem, p. 253-254. (Tradução nossa.)
8. Ibidem, p. 95.
9. J.M. Barrie, *Peter and Wendy*, p. 132.
10. Ibidem, p. 218.
11. J. Wullschläger, op. cit.
12. Não por acaso, a memória de Peter é curta. No final do livro, há um trecho significativo sobre essa característica de Peter Pan. Os irmãos Darling já tinham voltado para Londres e Peter Pan continuava a visitar Wendy. Esta, por sua vez, contava as aventuras que viveram juntos na Terra do Nunca, mas Peter já não sabia mais quem eram Capitão Gancho e Sininho (ver J.M. Barrie, *The Annotated Peter Pan*, p. 244). Não era apenas a memória de Peter que desaparecia, mas com ela a própria noção elástica do tempo. No trecho da página 245, o narrador assim diz: "Wendy ficou triste também ao ver que o ano passado, para Peter, era como o dia de ontem, quanto para ela aquele mesmo ano de espera tinha parecido interminável".
13. Ver N. Prince, Peter Pan, un conte à rebours, em M. Prince (org.), *Peter Pan: figure mythique*, p. 66-67. (Tradução nossa.)
14. J.M. Barrie, op. cit., p. 143-144.
15. Ver K. Reynolds, *Girls Only?*
16. J.M. Barrie, op. cit., p. 142-143.
17. Ibidem, p. 145-146.
18. Ver M. Nikolajeva, *The Rhetoric of Character in Children's Literature*.
19. A exceção que Nikolajeva reconhece seria justamente *Sans famille*: "A legítima probreza nunca força o jovem protagonista a conquistar seu ganha-pão trabalhando em uma fábrica ou em uma mina. Uma exceção bem conhecida é o clássico francês *Sans famille*, o qual, entre outras coisas, descreve o protagonista trabalhando em uma mina de carvão e quase acabando morto em um acidente. Um romance da escritora alemã Lisa Tetzner, Die schwarzen Brüder [Os Irmãos Negros], lida com o trabalho infantil na Itália na década de 1840. Em ambas as histórias, as personagens são eventualmente liberadas do inferno que é o trabalho manual: Rémi, quando descobre ser filho de uma família aristocrática rica; o pobre limpador de chaminés Giorgio, quando é adotado por uma família rica e recebe educação adequada. Um grande número de histórias vitorianas lida com crianças pobres da classe trabalhadora, que são sempre de maneira muito confortável eliminadas pelos autores, de maneira a proporcionar exemplos de boa moral para os seus leitores de classe média". Ibidem, p. 206 (Tradução nossa.)
20. Ibidem, p. 207. (Tradução nossa.)
21. K. Sterling, *Peter Pan's Shadows in the Literary Imagination*, p. 17. (Tradução nossa.)
22. Ver H. Carpenter, *Secret Gardens: The Golden Age of Children's Literature*, p. 180.
23. Ver K. Sterling, op. cit., p. 48.
24. Ver E.M. Forster, op. cit.
25. K. Sterling, op. cit., p. 169. (Tradução nossa.)

26. J.M. Barrie, op. cit., p. 13.
27. Ibidem, p. 14.
28. Ibidem, p. 157.
29. Maria Tatar comenta o mesmo trecho em suas notas: "O narrador usa a primeira pessoa do plural, identificando-se com as crianças ('nós batemos asas' e 'nós temos um tempo só para nós'), ao mesmo tempo em que produz juízos adultos sobre crianças ('sem coração', 'nobre')". Tatar não chega a admitir que o narrador se dirige a crianças e adultos ao mesmo tempo, mas também considera que o trecho contém uma estrutura peculiar que não deixa absolutamente claro a quem o texto se destina (ver M. Tatar, *The Annotated Peter Pan*, p. 126).
30. Ver S.L. Beckett, *Crossover Fiction*, p. 3.
31. Ibidem, p. 88. (Tradução nossa.)
32. Ver P. Hunt, *Crítica, Teoria e Literatura Infantil*.
33. Ibidem, p. 130.
34. J. Rose, *The Case of Peter Pan*, p. 70. (Tradução nossa.)
35. Ver J. Zipes, Posfácio, em J.M. Barrie, op. cit., p. 279.
36. O crítico e pesquisador inglês F.J. Harvey Darton corrobora a ideia de que Peter e Wendy e outros livros do período vitoriano que conquistaram jovens leitores não foram, de início, pensados para tal público: "Eles não foram escritos para crianças: tecnicamente, suponho, não eram 'livros para crianças'. O senso comum diz que agora eles são, e o que quer que os autores intentaram, tais livros são, para crianças, histórias diretas contadas com tanta facilidade e simplicidade, com tal propriedade do escritor no assunto, que a mera contação é sua força, o segredo de seu poder sobre mentes jovens". F.J.H. Darton, *Children's Books in England*, p. 107. (Tradução nossa.)
37. J. Wullschläger, op. cit., p. 4-5. (Tradução nossa.)
38. Ver H. Carpenter, op. cit.
39. Dos diários de J.M. Barrie: "Senti-me muitas vezes em sua cama tentando fazê-la esquecer-se dele, que era um jeito astuto de bancar o médico [...]. No começo, eles dizem que eu era muitas vezes ciumento, tentando bloquear as lembranças afetuosas dela com o grito 'Você não se importa nada comigo?', mas isso não durou muito tempo; esse lugar foi tomado por um desejo intenso (mais uma vez, acho, minha irmã deve tê-lo respirado em vida) de me tornar tão parecido com ele que até minha mãe não veria a diferença [...]. Ele tinha uma maneira tão alegre de assobiar, ela havia dito para mim, sempre a animara em suas tarefas ouvi-lo assobiar e, quando ele assobiava, ficava de pé com as pernas afastadas e as mãos nos bolsos das suas calças curtas. Decidi confiar nisso. Então, um dia, depois de ter aprendido o assobio dele [...] de meninos que haviam sido seus companheiros, vesti secretamente uma roupa dele [...] e assim disfarçado eu escorreguei, sem ninguém ver, para o quarto da minha mãe. Estremecendo, oh não duvide, ainda assim tão satisfeito, fiquei parado até que ela me viu, e então – como deve ter doído para ela! 'Ouça!', eu gritei em um repente de triunfo, e estiquei minhas pernas bem separadas e mergulhei minhas mãos nos bolsos das minhas calças curtas, e comecei a assobiar". J.M. Barrie, apud H. Carpenter, op. cit., p. 171-172. (Tradução nossa.)
40. Ver J. Wullschläger, op. cit., p. 125. (Tradução nossa.)
41. Ver H. Carpenter, op. cit.
42. Ibidem, p. 177-178. (Tradução nossa.)
43. Ibidem, p. 179.
44. J.M. Barrie, op. cit., p. 149-150.
45. Ver K. Sterling, op. cit., p. 48.
46. "Ele amava brincar de manipulador, ser Deus para outras pessoas; para moldar suas vidas, organizar suas amizades, torná-las tão dependentes dele quanto ele pudesse – mas ele se afastou de qualquer compromisso real com elas mesmas. A infelicidade de seu casamento e a estranha natureza de seu relacionamento posterior com os meninos que se tornaram seus pupilos e que inspiraram Peter Pan naturalmente sempre suscitaram especulações sobre sua sexualidade" (H. Carpenter, op. cit., p. 174).
47. O termo em alemão é formado pelas palavras Doppel (duplo) e Gänger (aquele que passa ou anda) e designa "o duplo de uma outra pessoa". Advindo da cultura popular germânica, o conceito é amplamente usado na literatura, especialmente a fantástica, como a de E.T.A. Hoffman (*Encyclopaedia Britannica*). A mitologia em torno do termo diz que, ao avistar o seu duplo, a pessoa estará fadada à morte. Ainda assim, Zipes usa de maneira irônica a ideia de Doppelgänger para exemplificar como a associação de Barrie com Peter Pan pode ser exagerada.
48. J.M. Barrie, op. cit., p. 157.
49. Ver A. Birkin, op. cit, p. 64.
50. Ibidem, p. 254.
51. F.J. Harvey Darton, *Children's Books in England*, p. 319. (Tradução nossa.)
52. "À medida que o gênero amadurecia, os contos de fada se desenvolveram nas décadas de 1850 e 1960 em fantasias literárias. Essas foram histórias episódicas sustentadas em lugares encantados com paisagens estranhas, acontecimentos mágicos e criaturas bizarras, e elas se tornaram a forma popular de escrita infantil". J. Wullschläger, op. cit., p. 125. (Tradução nossa.)
53. O título original em inglês é *Alice's Adventures in Wonderlands*.

54. "Das fantasias vitorianas, os livros de Carroll e Lear foram os mais influentes e duradouros. Os autores tiveram dois principais efeitos nos livros para crianças. Primeiro, ao estabelecer a fantasia como um elemento-chave na escrita infantil, eles determinaram a natureza de toda a literatura infantil subsequente. Em segundo lugar, ao descartar a moral e a pedagogia, e ao fazer do humor e da sátira ingredientes essenciais, eles definiram o tom dessa literatura em comédia e anarquia. Ambos os elementos passaram a dominar os livros infantis edwardianos. Antes de Carroll e Lear, o livro para crianças pregava o dever da convenção e criticava a estupidez e os maus modos". Ibidem, p. 103. (Tradução nossa.)
55. P. Hunt, Introduction, em F.H. Burnett, *The Secret Garden*, p. VIII.
56. "Provavelmente o elemento menos sutil do livro, Dickon, a quem Mary encontra pela primeira vez em uma floresta no parque, é o nobre selvagem, o espírito da terra, uma representação benevolente do Pan rural no tamanho de uma criança, arrastando não apenas nuvens de glória, mas uma variedade de animais e pássaros – além de tocar sua "flauta de madeira rústica". Ibidem, p. xv. (Tradução nossa.)
57. J. Wullschläger, op. cit., p. 106. (Tradução nossa.)
58. Ver H. Carpenter, *Secret Gardens: The Golden Age of Children's Literature*, p. 180.
59. "A noção dominante nesses esboços da era de ouro é a do Bom Lugar, a Cidade Dourada, uma Arcádia que sempre pode ser alcançada na imaginação, e cujas margens se pode ocasionalmente tocar de fato". Ibidem, p. 123. (Tradução nossa.)
60. Ibidem, p. 155. (Tradução nossa.)
61. P. Hunt, *The Making of the Wind in the Willows*, p. 15-16. (Tradução nossa.)
62. "Quando a peça é considerada em detalhes, fica claro que Barrie de fato nos fez lembrar uma centena de caprichos e escapadas para sonhos e adoradas ilusões tradicionais que a maioria de nós esqueceu, embora para nós também fossem uma só vida. Há um precedente para quase tudo no romance: um precedente ao aconchego da memória, e não na realidade. O diálogo e os falsos negócios fizeram o velho brilho livre novamente, com uma vivacidade sobrenatural que eles nunca tinham possuído quando foram iluminados pela primeira vez". F.J.H. Darton, op. cit., p. 9. (Tradução nossa.)
63. "*Ato I* é um ensaio no conto de fadas. Barrie extraiu trechos de Grimm, Mamãe Ganso e Andersen e os animou. Há a sombra que Pedro não pode seguir; o beijo estranho, mas poderosamente significativo, que Wendy plantaria em Peter; a chamada linguagem das fadas; os meninos perdidos. E depois há as histórias que Wendy contaria; ela relembra explicitamente a história de Cinderela e usa esse breve petisco de conto de fadas para fazer com que Peter a leve para a Terra do Nunca: 'Conheço muitas histórias', ela anuncia. 'As histórias que eu poderia contar para os meninos!'" (S. Lerer, op. cit., p. 260).
64. "Provavelmente a Never Never Land [primeiro nome da Terra do Nunca], por exemplo – um genuíno nome australiano – tinha chegado a Barrie e a garotos de muitas estrelas antes dele, de algum livro árido de disputas, ou mesmo de uma geografia muito comentada da época de 1820, quando a Austrália estava se tornando emocionante. A ideia de dispersar os lobos, olhando para eles por meio de suas pernas, é um conto de velho viajante. Piratas que conhecíamos desde que Morgan saqueou o Panamá ou Drake tomou o Cacafuego. As lagoas estavam em livros como o *Coral island* de Ballantyne para o qual, em 1913, Barrie escreveu uma introdução de início glorioso: 'Nascer é ser náufrago em uma ilha'. Peter gritando canções é Jim Hawkins em *A Ilha do Tesouro* ou, mais artificialmente, Capitão Boldheart em *Holiday Romance* de Dickens. Voar é eminente em *Peter Wilkins*. A ardilosa sombra de Peter pode ser encontrada em *A História Maravilhosa de Peter Schlemihl*, bem como em *Jardim de Versos*: de fato, os poemas de Stevenson contêm quase em si mesmos matéria-prima suficiente para a peça. O crocodilo pode ser uma lembrança das viagens de Waterton. Os índios vermelhos são de Fenimore Cooper. E assim por diante. O prefácio de Barrie para a peça impressa mostra os enrolamentos humorísticos de sua mente no trabalho". F.J.H. Darton, op. cit., p. 318-319. (Tradução nossa.)
65. Ver S. Lerer, op. cit., p. 260. (Tradução nossa.)
66. P. Hollindale, Introdução, em J.M. Barrie, *Peter Pan in Kensington Gardens and Peter and Wendy*, p. xx.
67. De aparência meio humana e meio animal, o deus Pã na mitologia significa tudo o que existe no mundo. Por isso, é uma figura perturbadora, sempre presente. Tornou-se símbolo do paganismo e originou a palavra "pânico", esse terror que se espalha em toda a natureza e em todo ser, ao sentir a presença desse deus que perturba o espírito e enlouquece os sentidos" (J. Chevalier; A. Gheerbrant, *Dicionário de Símbolos*, p. 676). Advindo da Arcádia, era cultuado na Grécia antiga como um ser ágil, rápido, rústico e apreciador da natureza. Aparece citado algumas vezes nas sagas de Homero como um bebê monstruoso (metade

animal, metade criança) que, rejeitado por sua mãe, foi levado por Hermes a Zeus no Olimpo. Os deuses do Olimpo atribuíram seu nome de Pã por trazer alegria a "todos" (cuja etnologia em grego aproxima-se de "pã" no alfabeto romano). Porém, de acordo com o Pierre Grimal (Ver P. Grimal, *Dicionário da Mitologia Grega e Romana*, p. 345-346), outras filiações são atribuídas a Pã, como ter sido fruto de várias relações sexuais que Penélope teve durante a ausência de Homero. Peter Pan guardaria semelhanças com esse deus meio humano, meio animal, absolutamente entregue à vida selvagem.

68. J.M. Barrie, *Peter Pan in Kensington Gardens and Peter and Wendy*, p. 12. (Tradução nossa).
69. J. Zipes, Revisiting J.M. Barrie's Peter Pan and Wendy and Neverland, *When Dreams Came True*, p. 225. (Tradução nossa).
70. Ainda em Carpenter: "Mas Barrie, por esse mesmo ato de escrever tanto sobre si mesmo, transformou-se em uma personagem em sua própria literatura, e devemos ser muito desconfiados em aceitar sua percepção de si mesmo como a verdade literal". H. Carpenter, op. cit., p. 171. (Tradução nossa).
71. Ver J. Zipes, Revisiting J.M. Barrie's Peter Pan and Wendy and Neverland, *When Dreams Came True*, p. 225. (Tradução nossa).
72. Ver A. Birkin, *J.M. Barrie and the Lost Boys: The Real Story Behind Peter Pan*.
73. "A peça de J.M. Barrie, *Peter Pan*, foi um sucesso desde a sua primeira apresentação, no Teatro Duke of York, em Londres, em 27 de dezembro de 1904. A reação do público – tanto adultos quanto crianças – foi muito entusiástica. Depois disso, a peça tornou-se um evento anual em Londres em cada Natal e também percorreu a Inglaterra durante a maior parte do ano, além de ser realizada de costa a costa nos Estados Unidos. Além disso, iniciou – ou desempenhou um papel maior do que qualquer outra obra – uma moda de "fadas" para a literatura e ilustração nos berçários edwardianos, uma moda que durou até 1930. O efeito de Peter Pan foi, em outras palavras, mais imediato que o de qualquer trabalho anterior de literatura infantil, incluindo *Alice no País das Maravilhas*". Ver H. Carpenter, op. cit., p. 170. (Tradução nossa).
74. J. Zipes, Revisiting J.M. Barrie's Peter Pan and Wendy and Neverland, *When Dreams Came True*, p. 238. (Tradução nossa).
75. J.M. Barrie, op. cit., p. 162.
76. Ver M. Robert, op. cit., p. 111.
77. De acordo com a definição de Robert para "romance familiar": "Não esqueçamos que é segundo a regra do 'romance familiar' que sugere que alguém se faz rei precisamente quando tal ideia é a mais quimérica e a imaginação torna-se a única arma contra o desespero". E, ainda, "quando houver amadurecido o suficiente para assumir as responsabilidades da vida adulta, poderá enfim governar realmente sobre uma terra repovoada". Ibidem.
78. Ibidem, p. 102.
79. A tradição robinsoniana é irrefutável para o desenvolvimento da literatura inglesa e universal e parece natural que Barrie volte a essas raízes para referências, como fez com os romances já citados anteriormente. Curioso, no entanto, o comentário de Robert (Ibidem, p. 125) acerca da posição do romance de Defoe na historiografia e do que a autora considera sobre a literatura infantojuvenil em termos comparativos à literatura mundial: "A obra-prima de Defoe tem direito a um lugar privilegiado nas altas esferas da literatura mundial; sob diversos aspectos é um livro inaugural, um livro eminentemente fundador, que impulsionou o romance do século seguinte à busca de espaços desconhecidos influenciando-o no mais íntimo de sua criação, na medida em que, rebaixado precocemente ao nível de literatura para crianças, tornou-se o guia e instrutor dos futuros romancistas".
80. J.M. Barrie, op. cit., p. 158-159.
81. Ver M. Robert, op. cit., p. 103.

ENTREVISTA COM PETER HUNT

1. Peter Hunt é fundador e professor emérito de literatura infantojuvenil da Cardiff University, o primeiro curso do gênero na Grã-Bretanha. Nascido em 1945, Hunt é um dos críticos contemporâneos mais importantes de literatura infantojuvenil e obteve reconhecimento internacional que lhe renderam os prêmios: International Brothers Grimm Award (Japão) e o Distingued Scholarship Award (Estados Unidos). É autor de importantes obras como *An Introduction to Children's Literature* (1994), *Children's Literature: an Illustrated History* (1995), *Understanding Children's Literature* (1999), bem como editor de diversos números da *Children's Literature: A Blackwell Guide*, além de assinar as notas e prefácios das edições de obras clássicas da Oxford University Press. Sua única obra traduzida no Brasil, *Crítica, Teoria e Literatura infantil*, foi publicada em 2010

NOTAS

pela editora Cosac Naify. Tive o prazer de coordenar a edição do volume como editora, que conta com modificações exclusivas para a edição brasileira, como um capítulo adicional e exemplos mais próximos do leitor brasileiro. Essa entrevista foi concedida exclusivamente para a tese de doutoramento e autorizada pelo autor a ser publicada neste livro. (Tradução nossa.)

2. Chamados de Dent's Children's Illustrated Classics, tal coleção é hoje considerada item de colecionador. Publicados a partir da década de 1960 pela editora J.M. Dent & Son, na Inglaterra, conta com mais de cinquenta títulos que vão de uma abrangência das fábulas de Esopo a Beleza negra, de Anna Sewell. Todos os volumes eram ilustrados, com acabamento de capa dura.

3. M. Nikolajeva, *Children's Literature Comes of Age*, London/New York: Routledge, 1996, p. 43.
4. Ibidem.
5. E. O'Sullivan, World Literature and Children's Classics, *Comparative Children's Literature*, London/New York: Routledge, 2005, p. 130-164.
6. Ibidem, p. 148.
7. G. Klingberg, *Children's Fiction in the Hands of the Translators*, Lund: CWK Gleerup, 1986, p. 39.
8. P. Hazard, *Les Livres, les enfants et les hommes*, Paris: Flammarion, 1932, p. 78.
9. Ibidem.

Bibliografia

Obras de Ficção

ALVES, Januária Cristina. *Abecedário de Personagens do Folclore Brasileiro*. Ilustrações de Berje. São Paulo: FTD Educação/Edições Sesc, 2017.
ANDERSEN, Hans Christian. O Soldadinho de Chumbo. *Obra Completa: Histórias e Contos de Fadas*. Trad. Eugênio Amado. Belo Horizonte: Villa Rica, 1996. V. 1.
____. *Contos de Andersen*. Trad. Monteiro Lobato. São Paulo: Companhia Editora Nacional, 1932.
BACCINI, Ida [1875]. *Memorie d'un pulcino*. Firenze: Pontecorboli, 2017.
BARRIE, James Mathew [1911]. *Peter e Wendy*. Trad. Sergio Flaksman. Posfácio Jack Zipes. Ilustrações Guto Lacaz. São Paulo: Cosac Naify, 2012.
____. *The Annotated Peter Pan: The Centennial Edition*. Edition, Introduction and notes by Maria Tatar. New York/London: W.W. Norton, 2011.
____. *Peter Pan in Kensington Gardens and Peter and Wendy*. Introduction Peter Hollindale. Oxford: Oxford University Press, 2008. (Oxford Worlds Classics.)
____. *Peter Pan*. Trad. Monteiro Lobato. São Paulo: Companhia Editora Nacional, 1930.
BASARI, Mario [1844]. *Esempi di bontà*. Brescia: La Scuola, 1959.
BLAKE, William [1789]. *Songs of Inocence and of Experience: Showing the Contrary States of the Human Soul*. Oxford: Oxford University Press, 1970.
BOCCACCIO, Giovanni [1349-1351]. *Decameron*. A cura di Vittore Branca. Milano: Arnoldo Mondadori, 1895.
BURNETT, Frances Hodgson. *The Secret Garden*. Edited with an introduction and notes by Peter Hunt. New York: Frederick A. Stokes, 1911.
____. *The Secret Garden*. New York/Oxford: Oxford University Press, 2011. (Oxford World's Classic.)

____. *O Jardim Secreto*. Trad. Sonia Moreira. São Paulo: Companhia das Letras, 2013.

CARROLL, Lewis [*Alice's Adventures in Wonderland*, 1865]. *Alice no País das Maravilhas*. Trad. Nicolau Sevcenco. São Paulo: Cosac Naify, 2009.

____. *As Aventuras de Alice no País das Maravilhas*. Trad. Monteiro Lobato. São Paulo: Nacional, 1936.

COLLODI, Carlo [*Le avventure di Pinocchio, Storia di un burattino*, 1883]. *As Aventuras de Pinóquio: História de um Boneco*. Trad. Ivo Barroso. Ilustrações de Alex Cerveny. Posfácio de Italo Calvino. São Paulo: Cosac Naify, 2012.

____. *Pinocchio*. Trad. Monteiro Lobato. 7. ed. São Paulo: Companhia Editora Nacional, 1955.

DANTE, Alighieri [1472]. *A Divina Comédia*. Tradução e notas de Italo Eugenio Mauro. São Paulo: Editora 34, 2007.

DE AMICIS, Edmondo [*Cuore: Libro per ragazzi*, 1886]. *Coração: Um Livro Para Jovens*. Trad. Nilson Moulin. Posfácio de Antonio Faeti. Ilustrações de Serrote. São Paulo: Cosac Naify, 2011.

DEFOE, Daniel [1719]. *Robinson Crusoé*. Trad. Sergio Flaksman. São Paulo: Companhia das Letras, 2012.

____. *Robinson Crusoé*. Trad. Monteiro Lobato. São Paulo: Companhia Editora Nacional, 1945.

GOETHE, Johann Wolfgang von [*Wilhelm Meisters Lehrjahre*, 1795-1796]. *Os Anos de Aprendizado de Wilhelm Meister*. Trad. Nicolino Simone Neto. São Paulo: Editora 34, 2006.

GRAHAME, Kenneth [*The Wind in the Willows*, 1908]. *O Vento nos Salgueiros*. Trad. Ivan Angelo. Consultoria editorial e prefácio de Ana Maria Machado. Ilustrações de Carlos Brito. São Paulo: Moderna, 2007.

GRIMM, Irmãos [*Kinder- und Hausmärchen, 1812-15*]. *Contos Maravilhosos Infantis e Domésticos*. Trad. Christine Röhrig. Apresentação de Marcus Mazzari. Ilustrações de J. Borges. São Paulo: Cosac Naify, 2012.

____. *Novos Contos de Grimm*. Trad. Monteiro Lobato. São Paulo: Companhia Editora Nacional, 1938.

____. *Contos de Grimm*. Trad. Monteiro Lobato. São Paulo: Companhia Editora Nacional, [s.d.].

HUGO, Victor [*Les Misérables*, 1862]. *Os Miseráveis*. Trad. Frederico Ozanam Pessoa de Barros. São Paulo: Cosac Naify, 2002. 2 v.

KIPLING, Rudyard [1899]. *The Complete Stalky & Co*. Oxford: Oxford University Press, 2009.

____ [*The Jungle Book*]. *Mowgli, o Menino Lobo*. Trad. Monteiro Lobato. São Paulo: Companhia Editora Nacional, 1933.

MALOT, Hector [1878]. *Sans famille*. Paris: Le Livre de Poche, 2000.

____. *Le Roman des mes romans*. Paris: Ernest Flammarion, 1896.

____. *La Vie moderne en Angleterre*. Paris: Frère Michel Levy, 1862.

MANZONI, Alessandro [1827]. *I promessi sposi*. Milano: Mondadori, 1990.

PARRAVICINI, Luigi Alessandro. *Giannetto*, 1837.

PERRAULT, Charles [*Histoires ou Contes du Temps Passé, avec des Moralités*, 1697]. *Contos da Mamãe Gansa ou Histórias do Tempo Antigo*. Trad. de Leonardo Fróes. Posfácio de Michel Tournier. Ilustrações de Milimbo. São Paulo: Cosac Naify, 2015.

____. *Contos de Fadas*. Trad. Monteiro Lobato. 3. ed. São Paulo: Companhia Editora Nacional, 1939.

ROUSSEAU, Jean-Jacques [1761]. *La Nouvelle Heloïse*. Paris: Gallimard, 1993.
STEVENSON, Robert Louis [*Treasure Island*, 1883]. *A Ilha do Tesouro*. Trad. Rodrigo Machado. Ilustração de Lelis. São Paulo: FTD, 2016.
____ [1878]. *Pan's Pipe. Virginibus Puerisque*. London: Penguin, 1949.
SWIFT, Jonathan [*Gulliver's Travels*, 1726]. *As Viagens de Gulliver*. Trad. Paulo Henriques Britto. São Paulo: Companhia das Letras, 2010.
VERNE, Julio [*L'Île mystérieuse*, 1875]. *A Ilha Misteriosa*. Trad. André Telles. Rio de Janeiro: Zahar, 2017.

Obras de Não Ficção

AGUIAR, Vera Teixeira de; CECCANTINI, João Luís; MARTHA, Alice Áurea Penteado (orgs.). *Heróis Contra a Parede: Estudos de Literatura Infantil e Juvenil*. 1. ed. Assis: Cultura Acadêmica/ANEP, 2010. V. 1.
ALBOUY, Pierre. *Mythes et mythologies dans la littérature française*. Paris: Armand Colin, 1969.
ARIÈS, Philippe [*L'Enfant et la vie familiale sous l'Ancien Régime*, 1973]. *História Social da Criança e da Família*. Trad. Dora Flaksman. 2. ed. Rio de Janeiro: LTC, 2011.
AUERBACH, Erich [*Introduction aux études de philologie romane*, 1949]. *Introdução aos Estudos Literários*. Trad. José Paulo Paes. Posfácio de Marcus Mazzari. São Paulo: Cosac Naify, 2015.
____ [*Mimesis: Dargestellte Wirklichkeit in der abendländischen Literatur*, 1946]. *Mimesis: A Representação da Realidade na Literatura Ocidental*. São Paulo: Perspectiva, 2004.
AVERY, Gillian. *Childhood's Pattern: A Study of the Heroes and Heroines of Children's Fiction*. Leicester: Hodder and Stoughton, 1975.
BARDET, Jean-Pierre; FARON, Olivier. Des Enfants sans enfance. Sur les abandonées de l'époque moderne. In: BECCHI, Egle; JULIA, Dominique (eds.). *Histoire de l'enfance en Occident: Du XVIII siècle à nos jours*. Paris: Seuil, 1998. Tome 2.
BATTISTELLI, Vicenzina [1947]. *Il libro del fanciullo. La letteratura per l'infanzia*. 2. ed. Firenze: La Nuova Italia, 1959.
BAY, André [1958]. Littérature enfantine. In: QUENEAU, Raymond (ed.). *Histoire des littératures 3: Littératures françaises, connexes e marginales*. Paris: Gallimard, 1978.
BECCHI, Egle; JULIA, Dominique (eds.). *Histoire de l'enfance en Occident: Du XVIII siècle à nos jours*. Paris: Seuil, 1998. Tome 2.
BECKETT, Sandra L. *Crossover Fiction: Global and Historical Perspectives*. New York/London: Routledge, 2009.
BENJAMIN, Walter [*Über Kinder, Jugend und Erziehung*, 1913-1932]. *Reflexões Sobre a Criança, o Brinquedo e a Educação*. Trad. Marcus Vinicius Mazzari. 3. ed. São Paulo: Editora 34/Duas Cidades, 2002.
BERTACCHINI, Renato (A cura di.). *Le "avventure" ritrovate: Pinocchio e gli scrittori italiani del Novecento*. Pescia: Fondazione Nazionale "Carlo Collodi", 1983.
BETHLENFALVAY, Marina. *Les Visages de l'enfant dans la littérature française du XIXe siècle: Esquisse d'une typologie*. Genève: Librarie Droz, 1979.
BETTELHEIM, Bruno [*The Uses of Enchantment: The Meaning and Importance of Fairy Tales*, 1976]. *A Psicanálise dos Contos de Fadas*. Trad. Arlene Caetano. 34. ed. Rio de Janeiro: Paz e Terra, 2017.

BIRKIN, Andrew [1979]. *J.M. Barrie and the Lost Boys: The Real Story Behind Peter Pan*. Yale: Yale University Press, 2005.

BRAZOUSKI, Antoinette; KLATT, Mary J. (eds.). *Children's Books on Ancient Greek and Roman Mythology: An Annotated Bibliography*. London: Greenwood, 1994.

BRIGGS, Julia; BUTTS, Dennis. The Emergence of Form. In: HUNT, Peter (ed.). *Children's Literature: An Illustrated History*. Oxford/New York: Oxford University Press, 1995.

BROWN, Penny. *A Critical History of French Children's Literature*. New York/London: Routledge, 2008. V. 2: 1830-Present.

BRUNEL, Pierre (ed.) [*Dictionnaire des mythes littéraires*, 1988]. *Companion to Literary Myths, Heroes and Archetypes*. Translation Wendy Allastson, Judith Haywards, Trista Selous. London: Routledge, 1992.

CAMBI, Franco. *Collodi, De Amicis, Rodari: Tre immagini d'infanzia*. Bari: Dedalo, 1985.

CAMPBELL, Joseph [*The Hero with a Thousand Faces*, 1949]. *O Herói de Mil Faces*. Trad. Adail Ubirajara Sobral. São Paulo: Pensamento, 2007.

CANTU, Cesare. [1872]. *Buon senso e buon cuore*. Milano: Giacomo Agnelli, 1879.

CARADEC, François. *Histoire de la littérature enfantine*. Paris: Albin Michel, 1977.

CARPENTER, Humphrey. *Secret Gardens: The Golden Age of Children's Literature. From Alice's Adventures in Wonderland to Winnie-the-Pooh*. Boston: Houghton & Mifflin, 1985.

CHASSAGNOL, Monique (ed.). *Peter Pan: Figure mythique*. Paris: Autrement, 2010.

CHEVALIER, Jean; GHEERBRANT, Alain (eds.) [*Dictionnaire de symboles: Mythes, rêves, coutumes, gestes, formes, figures, couleurs, nombres*, 1997]. *Dicionário de Símbolos: Mitos, Sonhos, Costumes, Gestos, Formas, Figuras, Cores e Números*. Trad. Vera da Costa e Silva, Raul de Sá Barbosa, Angela Melin, Lúcia Melin. 8. ed. Rio de Janeiro: José Olympio, 2008.

CHIESA, Mary Tibaldi. *Letteratura infantile*. Milano: Garzanti, 1959.

CHOMBART DE LAUWE, Marie-José [*Un Monde autre: L'Enfance*, 1979]. *Um Outro Mundo: A Infância*. São Paulo: Perspectiva, 1991.

CIBALDI, Aldo [1967]. *Storia della Letteratura per l´infanzia e l´adolescenza*. 3. ed. Brescia: La Scuola Editrice, 1968.

COCCHIARA, Giuseppe [1940]. *Genesi di Leggende*. Palermo: G.B. Palumbo, 1949.

COELHO, Nelly Novaes. *O Conto de Fadas*. 3. ed. São Paulo: Ática, 1998.

COJEZ, Anne-Marie. Hector Malot et l'écriture dickensienne. *Perrine: Revue en ligne de l'Association des amis d'Hector Malot*, Boulogne, 2015.

COLIN, Mariella. Les Aventures de Pinocchio de Carlo Collodi. *L'Âge d'or de la littérature d'enfance et de jeunesse italienne: Des origines au fascisme*. Caen: Presses Universitaires de Caen, 2002.

____. La Naissance de la littérature romanesque pour la jeunesse au XIXe siècle en Italie; entre l'Europe et la nation. *Revue de littérature comparée*, v. 304, n. 4, 2002. Disponível em: <https://www.cairn.info>. Acesso em: 8 set. 2018.

COTT, Jonathan [1981]. *Pipers at the Gates of Dawn: The Wisdom of Children's Literature*. New York: Random House, 1983.

CROCE, Benedetto. Aggiunte alla Letteratura della Nuova Italia. *La critica – rivista di letteratura, storia e filosofia diretta da B. Croce*, n. 35, 1937.

CUDDON, J. A [1976]. *Dictionary of Literary Terms and Literary Theory*. London: Penguin, 1999.

DARTON, F.J. Harvey [1932]. *Children's Books in England: Five Centuries of Social Life*. 2. ed. Cambridge: Cambridge University Press, 1966.

DES GRANGES, Charles Marc. *Histoire de la littérature française: Des origines à nos jours*. Paris: Hatier, 1954.

ESCARPIT, Denise. *La Littérature de jeunesse: Itinéraires d'hier à aujourd'hui*. Bordeaux: Magnard, 2008.

ESCARPIT, Denise; VAGNÉS-LEBAS, Mirreille. *La Littérature d'enfance et de jeunesse*. Paris: Hachette, 1988.

FAETI, Antonio. O Pequeno Vigia e o Bonde Puxado a Cavalo. In: DE AMICIS, Edmondo [*Cuore: libro per ragazzi*, 1886]. *Coração: Um Livro Para Jovens*. Trad. Nilson Moulin. São Paulo: Cosac Naify, 2011.

____. Um Negócio Obscuro: Escola e Romance na Itália. In: MORETTI, Franco (org.) [*Il romanzo: la cultura del romanzo*, 2001]. *O Romance 1 – A Cultura do Romance*. Trad. Denise Bottmann. São Paulo: Cosac Naify, 2009.

FANCIULLI, Giuseppe. *Scrittori e libri per l'infanzia*. Nuova ed. aggiorn. a cura di Mario Pucci. Torino: Società Editrice Internazionale, 1960.

FAVORINI, Anna Maria. *L'Avventura educativa di Pinocchio*. Pescia: Fondazione Nazionale Carlo Collodi, 1980. (Quaderni della Fondazione Nazionale "Carlo Collodi", n. 12.)

FERNÁNDEZ-LÓPEZ, Marisa. La Naissance du roman hispanique à la lumière de ses modèles français, anglais et américains. *Revue de Littérature Comparée*, v. 304, n. 4, 2002. Disponível em: <https://www.cairn.info>. Acesso em: 8 set. 2018.

FERRONI, Giulio. *Storia della letteratura italiana: Dall'Otocento al Novecento*. Milano: Mondadori Università, 2012.

FONDAZIONE NAZIONALE CARLO COLLODI. *Pinocchio oggi. Atti del Convegno Pedagogico*. Pescia: Fondazione Nazionale Carlo Collodi, 1980.

FORSTER, Edward Morgan [*Aspects of the Novel*, 1927]. *Aspectos do Romance*. Trad. Maria Helena Martins. 2. ed. São Paulo: Globo, 1998.

FREUD, Sigmund [1918]. Além do Princípio do Prazer. *Obras Completas, v. 14: História de Uma Neurose Infantil ("O Homem dos Lobos"), Além do Princípio do Prazer e Outros Textos – 1917-1920*. Trad. Paulo César de Souza. São Paulo: Companhia das Letras, 2010.

____. [1909 ou 1908] Romances Familiares. *"Gradiva" de Jensen e Outros Trabalhos – 1906-1908*. ESB, 1907, v. IX. Rio de Janeiro: Imago, 2006.

GIOANOLA, Elio. *La letteratura italiana, Tomo II: Ottocento e Novecento*. Milano: Jaca Book, 2016.

GONÇALVES FILHO, Antonio. A Literatura Para Crianças Vista de Perto. *O Estado de S. Paulo*, São Paulo, 28 ago. 2010. Disponível em: <https://cultura.estadao.com.br>. Acesso em: 8 set. 2018.

GRAMSCI, Antonio [1947]. *Lettere dal carcere*. A cura di Paolo Spriano. Turim: Einaudi, 2015.

____ [*Letteratura e vita nazionale*, 1950]. *Literatura e Vida Nacional*. Trad. Carlos Nelson Coutinho. Rio de Janeiro: Civilização Brasileira, 1968.

GREEN, Roger Lancelyn. [1946]. *Tellers of Tales: Children's Books & Their Authors from 1800 to 1968*. Revised and enlarged edition. London: Kay and Ward, 1969.

GRIMAL, Pierre [*Dictionnaire de la mythologie grecque et romaine*, 1951]. *Dicionário da Mitologia Grega e Romana*. Trad. Victor Jabouille. Rio de Janeiro: Bertrand Brasil, 2005.

GUIDI, Augusto. *Collodi e Andersen*. Pescia: Fondazione Nazionale Carlo Collodi, 1970. (Quaderni della Fondazione Nazionale "Carlo Collodi", n. 6.)

HAZARD, Paul. *Les Livres, les enfants et les hommes*. Paris: Ernest Flammarion, 1932.

HOLLINDALE, Peter. Introduction. In: BARRIE, James Matthew. *Peter Pan in Kensington Gardens and Peter and Wendy*. Oxford: Oxford University Press, 2008. (Oxford Worlds Classics.)

HOURIHAN, Margery. *Deconstructing the Hero: Literary Theory and Children's Literature*. London: Routledge, 1997.

HUNT, Lynn [1992]. *The Family Romance of the French Revolution*. Berkeley: University of California Press, 2017.

HUNT, Peter. *The Making of the Wind in the Willows*. Oxford: The Bodleian Library University of Oxford, 2018.

____. Introduction. In: BURNETT, Frances Hodgson [1911]. *The Secret Garden*. London: Oxford World's Classics, 2011.

____ [*Criticism, Theory and Children's Literature*, 1991]. *Crítica, Teoria e Literatura Infantil*. Trad. Cid Knipel. São Paulo: Cosac Naify, 2010.

____. *Children's Literature: An Illustrated History*. Oxford/New York: Oxford University Press, 1995.

____. *An Introduction to Children's Literature*. Oxford/New York: Oxford University Press, 1994.

ISER, Wolfgang. O Jogo do Texto. In: COSTA LIMA, Luiz (seleção, org. e trad.). *A Literatura e o Leitor: Textos de Estética da Recepção*. São Paulo: Paz e Terra, 2002.

JANKEVICIUTE, Giedre; GEETHA, V. *Another History of the Children's Picture Book: From Soviet Lithuania to India*. India: Tara, 2017.

JOLLES, André [*Einfache Formen: Legende, Sage, Mythe, Rätsel, Spruch, Kasus, Memorabile, Märchen, Witz*, 1930]. *Formas Simples: Legenda, Saga, Mito, Adivinha, Ditado, Caso Memorável, Conto, Chiste*. Trad. Álvaro Cabral. São Paulo: Cultrix, 1976.

KAYSER, Wolfgang [*Das sprachliche Kunstwerk. Eine Einführung in die Literaturwissenschaft*, 1848]. *Fundamentos da Interpretação e da Análise Literária*. Coimbra: Arménio Amado, 1948. V. II.

LATZARUS, Marie-Thérèse. *La Littérature enfantine en France: Dans la seconde moitié du XIX siècle*. Paris: Les Presses Universitaires de France, 1924.

LEJEUNE, Philippe. *Je est un autre: L'Autobiographie de la littérature aux médias*. Paris: Seuil, 1980.

____. *Le Pacte autobiographique*. Paris: Seuil, 1975.

LERER, Seth [2008]. *Children's Literature: A Reader's History from Aesop to Harry Potter*. Chicago: The University of Chicago Press, 2009.

LETOURNEUX, Matthieu. Le Roman d'aventure, un récit de frontières. In: NIÈRES-CHEVREL, Isabelle (ed.). *Littérature de jeunesse, incertaines frontières*. Paris: Gallimard Jeunesse, 2005.

LIMA, Luiz Costa. *Vida e Mimesis*. São Paulo: Editora 34, 1995.

LUKÁCS, Georg [*Die Theorie des Romans*, 1916]. *A Teoria do Romance*. Tradução, posfácio e notas de José Marcos Mariani de Macedo. 2. ed. São Paulo: Duas Cidades/Editora 34, 2015.

LUGLI, Antonio. *Libri e figure: Storia della letteratura per l'infanzia e per la gioventù*. Bologna: Nuova Casa Editrice L. Cappelli, 1982.

LURIE, Alison. *Don't Tell the Grown-Ups: Subversive Children's Literature*. Boston: Little, Brown, 1990.

MANGANELLI, Giorgio paralelo [*Pinocchio: um libro parallelo*, 1977]. *Pinóquio: Um Livro Paralelo*. Trad. Eduardo Brandão. São Paulo: Companhia das Letras, 2002.

MANGUEL, Alberto [*Nuevo elogio de la locura*, 2006]. Como Pinóquio Aprendeu a Ler. *À Mesa Com o Chapeleiro Maluco*. Trad. Josely Vianna Baptista. São Paulo: Companhia das Letras, 2009.

MARINI, Carlo [1999]. *Pinocchio nella letteratura per l'infanzia*. Urbino: QuattroVenti, 2000.

MARX, Sonia. *Le avventure tedesche di Pinocchio*. Padova: Università di Padova/ Istituto di Anglistica e Germanistica, 1987.

MAZZARI, Marcus Vinicius. *Romance de Formação em Perspectiva Histórica: O Tambor de Lata de Günter Grass*. São Paulo: Ateliê, 1999.

MEIGS, Cornelia (ed.) [1953]. *A Critical History of Children's Literature: A Survey of Children's Books in English*. London: Macmillan, 1969.

MELETÍNSKI, Eleazar M. [1994]. *Os Arquétipos Literários*. Trad. Aurora Fornoni Bernardini, Homero Freitas de Andrade e Arlete Cavaliere. 2. ed. São Paulo: Duas Cidades, 1998.

MICHIELI, Armando. *Commento a Pinocchio*. Milano: Fratelli Bocca, 1993.

_____. *Della letteratura per l'infanzia e la fanciullezza*. Padova: Cedam, 1941.

MIGNOSI, Pietro. *Il pregiudizio della letteratura per l'infanzia. L'Educazione nazionale*. Roma: Associazione Nazionale per Il Mezzogiorno, 1924.

MOISÉS, Massaud [1974]. *Dicionário de Termos Literários*. 12. ed. São Paulo: Cultrix, 2013.

MORETTI, Franco [1987]. *The Way of the World: The Bildungsroman in European Culture*. Trad. Albert Sbragia. New York: Verso, 2000.

NASTI, Emma. *Pinocchio: Libro per adulti*. 2. ed. Pescia: Fondazione Nazionale Carlo Collodi, 1968. (Quaderni della Fondazione Nazionale "Carlo Collodi", n. 3.)

NIKOLAJEVA, Maria [2002]. *The Rhetoric of Character in Children's Literature*. Lanham: Scarecrow, 2003.

NOBILI, Claudia Sebastiana. Inferno. In: ANSELMI, Gian Mario; RUOZI, Gino (a cura di.) *Luoghi della letteratura italiana*. Milano: Bruno Mondadori, 2003.

OTTEVAERE-VAN PRAAG, Ganna. *Histoire du récit pour la jeunesse aux XXe siècle (1929-2000)*. Berne: Peter Lang, 1999.

_____. *La Littérature pour la jeunesse en Europe occidentale (1750-1925)*. Berne: Peter Lang, 1987.

PENNINGTON, John. Peter Pan, Pullman and Potter: Anxieties of Growing Up. In: WHITE, Donna R.; TARR, Anita C. (eds.). *J.M. Barrie's In and Out of Time*. Lanham: Scarecrow, 2006.

PERRIN, Raymond [2001]. *Un Siècle de fictions pour les 8 à 15 ans (1901-2000): À travers les romans, les contes, les albums et les publications pour la jeunesse*. Paris: L'Harmattan, 2005. (Édition revue.)

PERROT, Jean. *Le Secret de Pinocchio: George Sand & Carlo Collodi*. Paris: Editions in Press, 2003. (Collection Lectures d'enfance.)

PERROTTI, Edmir. A Criança e a Produção Cultural: Apontamentos Sobre o Lugar da Criança na Cultura. In: ZILBERMANN, Regina (org.). *A Produção Cultural Para a Criança*. 4. ed. Porto Alegre: Mercado Aberto, 1990.

PINCET, Yves. Hector Malot, romancier de la jeunesse active et volontaire. *Revue de Littérature Comparée*, v. 4, n. 304, 2002. Disponível em: <https://www.cairn.info>. Acesso em: 8 set. 2018.

POWERS, Alan [*Children's Book Covers*, 2003]. *Era Uma Vez Uma Capa: História Ilustrada da Literatura Infantil*. Trad. Otacílio Nunes. São Paulo: Cosac Naify, 2008.

PRINCE, Nathalie. *La Littérature jeunesse*. Paris: Armand Colin, 2010. (Collection U.)

____. Peter Pan, un conte à rebours. In: PRINCE, Monique (ed.). *Peter Pan: Figure mythique*. Paris: Autrement, 2010.

REYNOLDS, Kimberly. *Girls Only?: Gender and Popular Children's Fiction in Britain 1880-1910*. Hemel Hempstead/Birmingham: Harvester Wheatsheaf, 1990.

ROBERT, Marthe [*Roman des origines et origines du roman*, 1972]. *Romance das Origens, Origens do Romance*. Trad. André Telles. São Paulo: Cosac Naify, 2007.

ROSE, Jacqueline [1984]. *The Case of Peter Pan: or the Impossibility of Children's Fiction*. London: Macmillan, 1985. (Collection Language, Discourse and Society.)

SALVIATI, Carla Ida; CECCONI, Aldo. *Paggi e Bemporad: Editori per la scuola*. Firenze: Giunti, 2007.

SARTRE, Jean-Paul [*Les Mots*, 1964]. *As Palavras*. Trad. Jaime Guinsburg. 6. ed. Rio de Janeiro: Nova Fronteira, 1984.

STERLING, Kirsten. *Peter Pan's Shadows in the Literary Imagination*. New York/London: Routledge, 2012.

TADIÉ, Jean-Ives. *Le Roman d'aventures*. Paris: Presses Universitaires de France, 1982.

TATAR, Maria. *The Annotated Peter Pan: The Centennial Edition*. New York/London: W.W. Norton, 2011.

TRIGON, Jean de. *Histoire de la littérature enfantine: De Ma Mère l´Oye au Roi Babar*. Paris: Hachette, 1950.

TURCHI, Maria Zaira; SILVA, Vera Maria Tietzman; MELLO, Ana Maria Lisboa de. *Literatura Infanto-Juvenil: Verso & Prosa*. Goiânia: CEGRAF/UFG, 1995. V. 1.

VOLPICELLI, Luigi. *Bibliografia Collodiana (1883-1980)*. Pescia: Fondazione Nazionale Carlo Collodi, 1981. (Quaderni della Fondazione Nazionale "Carlo Collodi", n. 13.)

____ [1954]. *La veritá su Pinocchio – E saggio sul "Cuore"*. Terza edizione. Roma: Armando, 1963.

WALL, Barbara. *The Narrator's Voice: The Dilemma of Children's Fiction*. London: Macmillan, 1991.

WATT, Ian [*The Rise of the Novel: Studies in Defoe, Richardson and Fielding*, 1957]. *A Ascensão do Romance: Estudos Sobre Defoe, Richardson e Fielding*. Trad. Hildergard Feist. São Paulo: Companhia de Bolso, 2010.

WHITE, Donna R.; TARR, C. Anita. *J.M. Barrie's Peter Pan In an Out of Time: A Children's Classic at 100*. Lanham: Scarecrow, 2006.

WILD, Reiner (org.). *Geschichte der deutschen Kinder- und Jugendliteratur*. Stuttgart: Metzler, 2008.

WULLSCHLÄGER, Jackie. *Inventing Wonderland: The Lives and Fantasies of Lewis Carroll, Edward Lear, J.M. Barrie, Kenneth Grahame and A.A. Milne*. New York: The Free Press, 1995.

ZAGO, Ester. Carlo Collodi as Translator: From Fairy Tale to Folk Tale. *The Lion and the Unicorn*, v. 12, n. 2, Dec. 1988.

ZAKARIAN, Richard H. *Zola's Germinal: A Critical Study of its Primary Sources*. Genève: Droz, 1972.

ZIPES, Jack David [*Peter and Wendy*, 1911]. Posfácio. In: BARRIE, James Mathew. *Peter e Wendy*. Trad. Sergio Flaksman. São Paulo: Cosac Naify, 2012.

____. *When Dreams Came True: Classical Fairy Tales and Their Tradition*. 2. ed. New York/Oxon: Taylor & Francis, 2007.

AGRADECIMENTO

A pesquisa que resultou neste livro contou com bolsa de estudos da Internationale Jugendbibliotek, de Munique. Pela oportunidade, a autora agradece a Jochen Weber. A autora também aproveita a oportunidade para agradecer a Marcus Mazzari, orientador da pesquisa de doutorado que originou este livro. E, finalmente, aos pais pelo apoio carinhoso e constante.

Este livro foi impresso em São Bernardo do Campo,
nas oficinas da Paym Gráfica e Editora, em outubro de 2020,
para a Editora Perspectiva